AMOR, SUBLIME AMOR

AMOR, SUBLIME AMOR

Antônio Demarchi

pelo espírito José Florêncio

AMOR, SUBLIME AMOR

Edição e Distribuição:

CEAC
EDITORA
Rua 7 de Setembro, 8-56 • Fone/Fax 14 3227 0618
CEP 17015-031 - Bauru - SP
www.ceac.org.br e-mail: editoraceac@ceac.org.br

Catalogação na Fonte do Departamento Nacional do Livro

Florêncio, José (Espírito)
Amor, sublime amor! / Espírito José Florêncio ; [psicografado por] Antônio Demarchi. -- Bauru, SP : CEAC Editora, 2006.

ISBN 978-85-86359-59-0

1. Espiritismo 2. Psicografia 3. Romance espírita
I. Demarchi, Antônio. II. Título.

06-9069 CDD:133.9

Índices para catálogo sistemático:
1. Romance espírita : Espiritismo 133.9

Projeto Gráfico: Júnior Custódio
Capa: Júnior Custódio/Luiz Gustavo de Souza Zeca
Revisão: Maria Zélia Martucci • Sylvio Guilherme de Mello
4ª edição: fevereiro/2008
2.000 exemplares
13.001 a 15.000

Índice

Estranhos acontecimentos

A noite descera rapidamente com seu negro manto, trazendo a escuridão do breu, que toldava completamente a vista, enquanto o vento soprava sibilante açoitando os arbustos da margem daquela estrada deserta. No horizonte, pesadas nuvens de cúmulos e nimbos levantavam ameaçadoras, enquanto os clarões dos relâmpagos riscavam o céu em rápidos *flashes,* com o ribombar ensurdecedor dos trovões, prenunciando iminente temporal.

A situação do Dr. Sérgio não era das mais confortáveis, pois parecia que, por um desagradável capricho da sorte, seu carro apresentara problemas mecânicos justamente naquela hora tão imprópria e exatamente num local absolutamente deserto, quando retornava de um atendimento de emergência a uma parturiente em um sítio ermo e distante da cidade onde tinha sua clínica.

Preparou-se, então, psicologicamente, procurando não se aborrecer, porque não tinha outra alternativa a não ser pernoitar na estrada e, no dia seguinte, solicitar socorro mecânico. Resignado, sentou-se no banco traseiro, onde poderia se acomodar melhor para passar a noite. "Parece incrível, mas as coisas poderão se complicar ainda mais!..." – pensava consigo mesmo, quando começaram a cair os primeiros pingos de chuva, e logo percebeu que eram pedras de gelo, produzindo um barulho característico e aterrorizante. O médico então previu preocupado que aquela seria uma chuva violenta e torrencial.

Suas preocupações se confirmaram, pois, em pouco tempo, desabou violento temporal de granizo com barulho ensurdecedor. Entre um clarão e outro dos raios que riscavam o firmamento, o Dr. Sérgio alarmou-se, porque o volume da enxurrada que descia pela encosta da estrada, era muito volumoso, oferecendo perigo de inundação. Na casa dos trinta anos de idade, ainda era muito jovem, mas, se havia uma coisa que o médico desconhecia, era o medo.

Então, começou a recordar como era um homem corajoso e decidido, pois, quando uma desilusão amorosa quase destruíra sua vontade de viver, tomara uma atitude intempestiva, porém, essencialmente firme, ao abandonar tudo, procurando sepultar no esquecimento seu passado de desencantos e desventuras.

O que ele mais desejava, na época, era esquecer sua amargura e começar vida nova em um local distante da grande metrópole paulistana. Assim, logo que um amigo lhe disse que o prefeito de pequena cidade do Interior de São Paulo estava em busca de um médico para o município, não titubeou: pediu demissão do Hospital, vendeu todos os seus bens, adquiriu um carro de segunda mão e partiu decididamente para Paineiras, despedindo-se apenas de alguns amigos mais próximos.

Era, então, o início dos anos setenta, totalmente influenciado pela década de sessenta, com as músicas revolucionárias dos *Beatles* e pelo movimento da Jovem Guarda, no Brasil, enquanto o país vivia em pleno regime militar, impulsionado pelo milagre econômico e pela euforia da recém-conquista do Tricampeonato Mundial brasileiro, no México. Cantavam-se baladas românticas, embalando uma juventude sonhadora. Entretanto, o que o Dr. Sérgio queria mesmo era fugir do movimento e da agitação da cidade grande, sentindo que aquela pequena e pacata cidade no Interior faria bem ao seu coração amargurado.

Fora bem recebido pela população; mas o fato de ser ainda muito jovem trazia-lhe alguns inconvenientes. No início, a desconfiança, pois estava substituindo o Dr. Heráclito, um médico muito respeitado e querido pela comunidade. Seu antecessor era daqueles médicos que fizera do exercício da medicina um sacerdócio, conhecendo todos os habitantes da região. Da grande maioria, o médico realizara o parto, acompanhara o crescimento e as intercorrências, e muitos, já na idade adulta, nutriam um sentimento de carinho e respeito por ele, que conhecia os problemas e as particularidades de cada um, pois havia tratado a todos sem exceção. Infelizmente, esse tão querido facultativo viera a falecer, e substituí-lo era de fato uma missão extremamente difícil, considerando ser ele venerado por toda população da pequena Paineiras.

A sua fisionomia de jovem enganava à primeira vista, pois o esculápio também abraçara a medicina com altruísmo e desprendimento. Era um médico que se destacara entre os demais de sua turma, sendo muito elogiado por seus superiores, em virtude de suas condutas sempre revestidas de equilíbrio, ponderação e de uma incrível precisão ao diagnosticar. Todos o admiravam, porque ele parecia ter uma inspiração divina: era capaz de acertar os diagnósticos dos casos mais complicados.

Um outro inconveniente era que, por ser jovem, contrastava com a figura venerável do velho médico já conhecido da população, causando, no primeiro momento, certa dose de desconfiança aos pacientes.

Outra desvantagem era que ele poderia ser considerado um homem muito bonito, além de ser portador de um físico privilegiado, fisionomia agradável e... estava solteiro. Em suma, era, o que se poderia dizer, um homem belo de aparência e, conseqüentemente, logo as mocinhas da cidade se sentiram atraídas e apaixonadas pelo jovem facultativo. Algumas chegaram ao cúmulo de inventar doenças para serem examinadas em consulta pelo médico, que simplesmente ignorava os perigosos dardos disparados pelos olhares apaixonados das beldades da região.

Envolvido apenas com o trabalho, ele não tinha tempo nem espaço em seu coração para sentimentos amorosos. Entretanto, era atencioso com todos os pacientes, e, com o acerto nos diagnósticos aliado aos resultados dos tratamentos ministrados, em pouco tempo, foi conquistando a simpatia, a confiança e a admiração das pessoas, também por sua seriedade, respeito e simplicidade no trato às criaturas menos afortunadas.

Outro problema, ainda, era ser ele extremamente

reservado e retraído. Estava sempre calado e raramente sorria. Seus olhos exibiam uma sombra de tristeza que intrigava e instigava a curiosidade das pessoas, despertando as paixões mais secretas nas jovens casadoiras de Paineiras. No início estranhou, mas, com o tempo, foi se acostumando com os presentes que recebia. Era comum, após um atendimento, quando o paciente ficava refeito, mandar-lhe um frango, uma leitoa ou um cabrito como gratidão. De vez em quando, recebia das moças apaixonadas alguns quitutes, bolos e doces, que ressaltavam os dotes culinários das pretendentes. Se no início estranhou, logo se habituou com os costumes daquela gente simples, doando muitas vezes o presente recebido para alguma família mais necessitada que aparecia no consultório.

Vivia uma vida solitária na imensa casa que lhe fora destinada pela municipalidade, sem se preocupar com isso, pois sempre estava envolvido na leitura dos livros de medicina, estudando e pesquisando. Na verdade, fizera de tal hábito e dos estudos uma fuga, uma forma de esquecer, de passar o tempo e, então, não se aborrecia, quando, em pleno sábado, domingo ou de madrugada, alguém batia à porta de sua casa, procurando-o para atendimentos emergenciais.

Sua experiência, naquele pequeno lugar, revestia-se de grande responsabilidade. Cuidava desde as verminoses da criançada, das artrites dos idosos, até as enxaquecas das senhoras e dos chiliques das "bacanas". Ampliou sua experiência, atuando também como ginecologista e obstetra, orientando as mães desde o pré-natal até o parto.

Transcorrido um ano, já se tornara um médico respeitado por todos. As mocinhas sonhadoras já haviam percebido que seu coração estava refratário aos dardos de cupido, impermeável ao amor, mas no fundo não perdiam as esperanças.

Entretanto, a tristeza ainda era um sentimento que fizera morada em seu coração, criando raízes profundas. Isolado em seu mundo, embora o exercício da medicina fosse um bálsamo para sua amargura, nos últimos tempos, passou a experimentar estranhas sensações, as quais começaram a preocupá-lo.

Ele, que sempre tivera sono leve e calmo, começou a ter pesadelos angustiantes e repetitivos. Em sonhos, inimigos ferozes o espreitavam, movendo perseguições aterradoras, das quais tentava fugir, porém sentia as pernas amarradas. Às vezes, na tentativa de fuga aos inimigos, caía em abismos insondáveis e tenebrosos, acordando com o coração descompassado e com muito suor a inundar-lhe a fronte. O restante da noite passava em claro, porque não mais conseguia dormir.

Não sentia medo, mas os pesadelos estavam se

tornando incômodos. Durante o dia, quando não recebia nenhum paciente, tinha às vezes a impressão de que alguém o observava e, constantemente, sentia-se impelido a olhar para trás, porém não via ninguém. Tal fato lhe provocava uma sensação desagradável e persistente.

Em certas ocasiões, à noite, após o banho, no vapor da água quente, parecia divisar estranhas figuras amorfas e observar, em rápidos lampejos no reflexo do espelho, formas horripilantes e ameaçadoras. Virava a cabeça, constatando apenas o vazio: não havia ninguém no ambiente. Outro fenômeno passou a intrigá-lo: enquanto lia, tendo os olhos atentos ao livro, com os cantos dos mesmos, parecia-lhe divisar vultos de pessoas que se deslocavam silenciosamente pelos corredores da casa. Quando fixava a vista, tudo se desvanecia no nada absoluto.

Entretanto, o rugir da tempestade e a escuridão da noite fizeram-no retornar à preocupante realidade do momento. Os raios faiscavam no espaço celeste, cortando-o em descargas violentas, que iluminavam por breves segundos, permitindo que o médico pudesse avaliar a complexidade daquela situação: a estrada estava totalmente alagada e, mesmo que o carro pudesse ser consertado, não haveria condições de tráfego.

Enquanto meditava, observou um fato insólito, que

jamais esqueceria em toda sua vida: quando um novo raio riscou o céu, iluminando a estrada com sua luz, pôde vislumbrar a figura de uma mulher com o rosto ferido e as mãos ensangüentadas, a estenderem-se em sua direção, como se estivesse pedindo-lhe socorro. A cena foi rápida, mas de profundo impacto emocional para ele, como num quadro de fortes cores que sensibilizam e dão medo. Foram apenas segundos fugazes, porém o suficiente para criar um transtorno psicológico, pois o médico sentiu que o sangue gelou em suas veias, os pêlos de seus braços se arrepiaram e seus cabelos ficaram completamente eriçados. Uma sensação estranha e inexplicável o dominou. De repente, sentiu-se fragilizado, angustiado, impotente e só. Ele, que não tinha o hábito de orar, colocou-se imediatamente em oração, de forma desordenada, pedindo a Deus auxílio e proteção.

Não se sentia em condições de avaliar o que estava acontecendo: se fora apenas imaginação, ou se o que vira era realidade. Sentiu, naquele instante, medo de olhar e confirmar aquela visão aterradora. Entretanto, quando nova faísca iluminou o espaço, verificou que a estrada estava vazia: apenas enxurrada e lama por todos os lados. Com o coração em descompasso, avaliou a situação: não poderia ficar no carro, naquele lugar ermo e tétrico. Sentia-se profundamente perturbado e de uma coisa tinha certeza: teria que tomar uma atitude. Deveria haver alguma casa em algum sítio vizinho, de forma que, assim que a chuva cessasse, seu ímpeto seria de deixar o carro e procurar ajuda para passar a noite, mesmo porque a temperatura começava a cair abruptamente, e ele já estava sentindo frio.

De súbito, da mesma forma como veio, a chuva também se foi. O céu, até então negro, começou a abrir-se, mostrando o belíssimo manto de estrelas que faiscavam na imensidão celeste. A extraordinária visão da Via Láctea devolveu-lhe um pouco de coragem.

Tiritando de frio, o médico abriu a porta do veículo, abandonando o carro no meio da estrada, subindo com dificuldade o barranco para desviar da enxurrada. Com os olhos acostumados à escuridão, divisou uma tênue trilha que se estendia pela campina e, como que impelido por uma força desconhecida, começou a caminhar naquela direção.

O trajeto era difícil, pois a trilha estava encharcada pelas águas e, de vez em quando, ele enroscava os pés nos arbustos molhados, caindo ao chão. Sentia-se cansado e desorientado, sem saber mais o que fazer. Calculou que já estava caminhando há mais de meia hora, e o desespero começou a tomar conta de seu íntimo, por ter a nítida impressão de que parecia estar perdido na imensidade dos campos, quando divisou, à distância, diminuta chama luminosa.

Sentindo-se reanimado, resolveu estugar os passos na direção da pequena luz. Caminhou célere, mas sua visão o havia enganado, pois ela parecia mais distante do que imaginara no início. Percebia claramente que quanto mais caminhava, mais distante ficava aquela luz, quando, na tentativa de correr naquela direção, enroscou um dos pés, caindo de mau jeito. Pensou consigo mesmo: "Pronto, hoje não é mesmo meu dia de sorte. Só me faltava esta: me machucar exatamente agora!". A dor foi intensa e o médico não conseguiu levantar-se, porque havia sofrido violenta torção no pé. Resolveu pedir socorro; alguém deveria ouvi-lo e, quem sabe, ajudá-lo. Então, gritou com todas as suas forças:

– Ó de casa! Alguém por aí? Por favor, alguém me ajude! Estou machucado!

Seu grito reboou no silêncio da noite. Apenas ouviu como resposta o eco de sua própria voz, que vibrava na distância adormecida. Não poderia desistir e, então, gritou novamente, ainda com mais força:

– Ó de casa! Pelo amor de Deus, me ajudem! Estou machucado!

Naquele instante, pareceu-lhe que a luz se moveu. Não, não estava enganado, pois ela realmente estava vindo em sua direção. Fechou os olhos e agradeceu a Deus. Alguma alma caridosa havia ouvido seu grito e vinha agora socorrê-lo.

Ficou imóvel, enquanto a luz se aproximava. Podia agora divisar a figura de um homem que empunhava uma candeia, cuja chama era forte o suficiente para clarear o caminho. Quando ele estava já bem próximo, pôde então distinguir a figura de um preto velho que o olhava com singularidade. O médico vislumbrou, num relance em que a luz da candeia iluminou-lhe o semblante, que a expressão dos olhos daquele homem revelava simplicidade e paz. Sentiu-se reconfortado, dando-se pressa em se apresentar:

– Eu sou o Dr. Sérgio, médico de Paineiras, meu senhor. Estava voltando de um atendimento, quando meu carro quebrou e fui apanhado pela tempestade. Necessito de ajuda, pois caí e torci o pé. Não consigo caminhar. Preciso pernoitar por aqui, para amanhã procurar auxílio.

O homem não respondeu. Apenas sorriu, estendendo-lhe a mão, para que o médico se erguesse e se apoiasse em seus ombros. Caminharam com dificuldade pelo gramado encharcado de água, a qual parecia verter por todos os lados. "Estranha figura!" – pensava consigo mesmo. "Por que era tão calado?!".

Ele estava surpreso, pois, apesar da aparente idade avançada, aquele senhor demonstrava uma força sobre-humana. Como o pé estivesse, realmente, muito dolorido, ele tinha que se apoiar nesse amigo providente, que parecia não sentir nenhum peso adicional. Oferecia o ombro em que o Dr. Sérgio se apoiava e, com a outra mão, segurava o lume.

Ao chegarem à choupana, o preto velho mostrou ao médico uma cama de varas improvisada, entre folhagem e penas, sinalizando que era lá que deveria se deitar. Obedeceu, sem questionar, confiante, enquanto o bom homem o auxiliava a se acomodar.

A cama era rústica, porém, naquele momento, pareceu-lhe a melhor das acomodações que nenhum hotel de luxo lhe oferecera até então. O facultativo se acomodou, sentindo-se melhor, embora achasse tudo aquilo muito estranho. Insistiu, mais uma vez, em puxar assunto, para que viesse a conhecer melhor seu anfitrião improvisado.

– Muito obrigado por tudo que fizeste, meu amigo! Sou médico e, se um dia precisares de meus préstimos, estarei às tuas ordens. Queria, de coração, agradecer-te a atenção e o carinho.

O preto velho não respondeu e, enquanto preparava ungüentos, olhou para o ferido e sinalizou para o alto, como querendo dizer: "Agradeça a Deus, apenas a Deus!".

O pé doía muito. Dr. Sérgio tirou o sapato, levantou a barra da calça, para melhor avaliar a situação, e verificou que realmente a torção fora feia: o pé estava inchado, e a cor, azulada, típica de sangue pisado; isso era sinal de que teria que ficar imobilizado.

Não teve muito tempo para pensar, pois o preto velho trouxe-lhe uma beberagem quente, sinalizando que deveria tomar. O médico obedeceu quase que de forma mecânica, constatando que aquela bebida quente era reconfortante, percebendo que um suave calor cobria seu corpo. A dor desapareceu, e ele se acomodou, enquanto sentia que leve torpor tomava conta de sua consciência. Antes de adormecer, percebeu que o dedicado homem colocava em seu pé um emplastro quente, envolvendo-o com um pano, para oferecer melhor proteção à região lesada.

Em seguida, adormeceu profundamente, num sono sem sonhos nem pesadelos. Era como se tudo tivesse apagado em sua mente, em sua memória, e ele não existisse. Quanto tempo dormiu? Não soube precisar. A verdade é que, quando despertou, teve a sensação de ter perdido completamente a noção do tempo e do espaço.

Viu-se em uma choupana abandonada, deitado em uma cama de varas, cuja folhagem havia servido de colchão para seu repouso. Fez um esforço para se levantar e logo sua memória voltou, pois percebeu que seu pé estava envolvido em uma espécie de bandagem rústica de panos e ungüentos e imobilizado com algumas talas de lascas de taboca, que o fixavam adequadamente. Por incrível que pareça, não doía mais, contudo percebeu que, se o forçasse, não seria bom. Observou, ao seu lado, um galho de árvore em forma de forquilha, como se fora deixado propositadamente, pois o médico estendeu as mãos e percebeu que servia, perfeitamente, como muleta improvisada.

Com cuidado e preocupação, saiu da choupana, notando que tudo estava vazio, e o aspecto era de abandono, visto que o mato crescia viçoso à volta, juntamente com os arbustos e ervas daninhas, que proliferavam naquele local. Onde estava o preto velho que o havia ajudado? Gritou, mas o som de sua própria voz é que foi a resposta que ecoou distante.

Abriu a porta de madeira e deu mais uma olhada dentro dos aposentos da casa abandonada, observando que os raios de sol penetravam pelas frinchas, iluminando o ambiente interno. O fogão que vira fumegando, onde o bom homem havia aquecido a beberagem, agora não tinha nenhum sinal de cinzas, o que valia dizer que havia muito tempo não era usado. Teria sido um sonho? Um pesadelo? Uma visão como aquela da mulher na chuva? Não poderia ser, pois alguém tinha cuidado de seu pé, e o curativo, a tala e a muleta não eram fruto de seus sonhos e delírios. Alguém estivera ali naquela noite e o socorrera. Mas, quem?

Pela posição do sol no zênite, calculou que deveria

ser quase uma hora da tarde. Caminhava com dificuldade e muito cuidado, pela trilha coberta de mato, para não forçar o pé, quando divisou à distância um homem que estava a cavalo pela campina da planície, a qual se estendia a perder de vista. Gritou o mais alto que pôde, acenando para ser visto, e logo o cavaleiro galopou em sua direção. Ao se aproximar, indagou:

– O senhor é o Doutor Sérgio?

– Sim, eu mesmo.

– Graças a Deus! Todos estávamos apreensivos na cidade! Ontem à noite, o prefeito o procurou muito preocupado, pois a tempestade foi bastante violenta, e o senhor não havia retornado. Sabíamos que teria ido a local distante, para atender uma paciente, e que possivelmente alguma coisa havia acontecido. Hoje, logo de manhã, os pacientes o procuraram e não o encontraram, e então começamos as buscas. Ficamos ainda mais inquietos, quando encontramos seu carro atolado na lama da estrada, sem nenhum sinal do senhor. Em vista disso, o prefeito determinou que vasculhássemos as redondezas, para que o encontrássemos. Graças a Deus, o senhor está bem!

Nada como a luz do sol que brilha, espantando as trevas, afastando as sombras, iluminando a vida e extinguindo os temores. Se, naquela noite insólita, o Dr. Sérgio havia experimentado, pela primeira vez, a sensação de medo, naquele momento, diante da luz solar, que iluminava e alegrava toda natureza à sua volta, sentiu-se novamente fortalecido.

Auxiliado pelo cavaleiro, montou cuidadosamente na garupa do animal e, em poucos minutos, chegavam ao local onde estava seu carro. O mecânico já havia consertado o defeito e, auxiliado por várias pessoas que o ajudaram empurrando o carro, este se livrara do atoleiro. A terra, aquecida pelo sol, já estava em condições transitáveis, de forma que o médico agradeceu o auxílio de todos e se acomodou como pôde no banco de passageiros, enquanto o mecânico dirigia.

Ao chegarem à cidade, puderam notar que o interesse de saber o que havia acontecido com o Dr. Sérgio, naquela noite terrível de tempestade, era compartilhado por todos os habitantes de Paineiras.

O médico também se perguntava intimamente: "Teria tudo sido fruto de minha imaginação? Teria eu sofrido um impacto emocional muito forte e criado uma ilusão mental temporária como defesa para meu próprio medo?". Pensava e pensava, pois a mente tem seus mistérios, e muitas vezes criamos e destruímos barreiras psicológicas, que apenas existem em nossa imaginação.

É verdade que essa parecia ser a explicação mais lógica e racional em relação ao que havia acontecido com ele naquela noite. Sim, passara por uma experiência traumática: tomara chuva, entrara em delírio e inconscientemente ele mesmo havia achado algum pano velho abandonado e improvisado seu auto-atendimento. Então, essa parecia ser de fato a explicação adequada. No entanto o próprio Dr. Sérgio sabia intimamente que essa não era a verdade. Ainda assim, para não enlouquecer de vez, procurava provar para si mesmo que o que havia acontecido fora exatamente isso.

As dores do sentimento

Nos dias que se seguiram, o médico procurou se entregar ao trabalho, para tentar esquecer aquela estranha noite, mas tudo era em vão. Pensamentos conflitantes da ferida que ainda sangrava em seu coração pelo desengano amoroso, os acontecimentos vividos naquele local estranho, a visão que tivera e a figura daquele preto velho eram muito reais em sua memória. Aquela sensação estranha de que alguém o observava dia e noite e os lampejos de visões que se esvaiam no ar, continuavam a povoar-lhe a mente.

Naquela tarde, o movimento dos pacientes estava mais tranqüilo, de forma que a enfermeira-assistente procurou aproximar-se do médico para uma tentativa de conversa. Embora fosse triste por natureza, solitário em sua sala de atendimento, transmitia a imagem de um homem abandonado, frágil e ainda mais triste que de costume. Então, ela aproximou-se receosa, pois, apesar de estarem trabalhando juntos, há mais de um ano, o Dr. Sérgio era extremamente profissional, não dando espaço para nenhuma liberdade fora do trabalho.

– Perdoe-me, doutor. Não quero ser inconveniente nem interromper sua paz de espírito, mas gostaria muito de lhe falar um minuto. Será que o senhor poderia me atender?

O médico levantou os olhos, revelando o semblante abatido. Assim, pela primeira vez, a enfermeira Cristina o viu sorrir, mas era um sorriso triste.

– Perdoe-me, senhorita, se sou muito calado, mas é que sou assim mesmo. Você falou em paz de espírito, e é exatamente o que não tenho. Sente-se, por favor – convidou amavelmente, estendendo uma cadeira.

Cristina ficou surpresa, pois não esperava aquela gentileza do médico. Aquele semblante taciturno dava-lhe uma impressão de homem mais maduro, mas, naquele momento em que demonstrou amabilidade e sorriu, pareceu-lhe mais simpático e mais jovem.

– Pois não! Poderia ajudá-la em alguma coisa? –

perguntou educadamente.

– Desculpe-me, Doutor Sérgio, mas na verdade não estou precisando de nenhuma ajuda. Apenas estou preocupada com o senhor. Tenho notado que sua tristeza aumentou ainda mais nesses últimos dias. Sou uma pessoa que tem muita sensibilidade, e o que sinto é que seu coração ainda sangra, mas, além disso, existem outras preocupações que o senhor não consegue identificar, o que muito o aflige.

O médico ficou surpreso diante da manifestação daquela moça que sempre estivera ao seu lado e em cujos olhos ele jamais se dignara a olhar. Naquele momento, pôde notar que ela era uma criatura simples, todavia muito bela. Morena, de olhos verdes e de um sorriso cativante. Mas, o que mais chamou a atenção de Sérgio naquele instante, era que a expressão dos olhos da jovem irradiava uma coisa boa que lhe tocava a sensibilidade: um misto de bondade, meiguice e simplicidade, que traduzia paz de espírito. Experimentara a mesma sensação inexplicável no olhar do preto velho.

– Você disse que é sensitiva, Cristina! – exclamou o médico, interessado. – Por favor, explique-me o que isso significa.

– Sim, doutor, eu sou sensitiva. Às vezes, tal sensibilidade se manifesta por visões, outras vezes por sensações de coisas que ainda não aconteceram e depois acontecem, ou ainda sentindo o que vai no íntimo de cada um. No seu caso, percebo que seu coração vive entristecido, doente e sangra muito. Mas sinto também que existe algo mais que o está perturbando muito.

O médico se calou surpreso com o que a enfermeira lhe dizia. Na verdade, o sentimento que ela traduzia, era, exatamente, o que se passava em seu íntimo. De um modo geral, algumas pessoas tinham conhecimento de seu passado, porém, naquela cidade, que ele soubesse, até então, ninguém tinha notícia de nada. Como ela poderia lhe dizer tudo aquilo? E, ainda, em relação ao que estava acontecendo com ele nos últimos tempos? Era algo tão íntimo em seus pensamentos, que jamais havia revelado a ninguém. Como poderia ela saber? Procurou manter serenidade, mas sentiu interesse em conhecer mais.

– Muito interessante isso que está me dizendo, Cristina. Poderia me esclarecer mais? Confesso que estou muito curioso, pois o que aconteceu comigo, quando pernoitei na estrada, para mim é um mistério insondável, em que eu mesmo procuro não acreditar, mas aconteceu na realidade.

– E o que aconteceu com o senhor naquela noite, doutor?

O médico permaneceu, por alguns segundos, calado, pensando em como traduzir em palavras confiáveis, para não ser confundido como um louco ou místico. O que ocorrera tinha sido algo sério. Por tal razão, ele tinha que ter cuidado com as palavras. Em seguida, relatou-lhe, pormenorizadamente, os acontecimentos estranhos vividos naquela insólita noite.

Primeiro, o carro enguiçado em lugar ermo, depois a chuva torrencial, a sensação estranha de que alguém o observava, a visão da mulher ensangüentada, o encontro com o preto velho, o fato de ter pernoitado naquela choupana e, no dia seguinte, constatar que era uma cabana abandonada. Tudo aquilo era por demais estranho, e os acontecimentos inexplicáveis. Ele tinha plena convicção de que não tivera condições de se automedicar, nem colocar a tala sobre o pé machucado. O que poderia então ter acontecido naquela noite?

Cristina ouviu tudo atentamente. Em seguida, procurou encorajá-lo, uma vez que, contrariando sua personalidade, o médico abrira seu coração. Era uma prova de confiança em sua pessoa.

– Doutor Sérgio, temo que o que vou dizer-lhe, ao invés de esclarecer, irá trazer ainda mais pontos de interrogação em sua cabeça, mas o que está me dizendo é realmente algo extraordinário. Seu carro quebrou em uma curva da estrada onde, há mais de dez anos passados, um peão matou sua jovem esposa por ciúmes. É uma história muito triste, que todo povo da região conhece. A cruz ainda se encontra naquele local, doutor, rodeada pelo mato e já corroída pelo tempo. Quanto à cabana em que o senhor pernoitou, realmente ela é abandonada, porém, há mais de cinco anos, nela morou um preto velho chamado Leôncio, que lá vivera, desde jovem, na época da escravidão. Era um homem de bom coração e estimado por todos os que o conheciam. Formulava remédios de ervas do mato como poucos e sabia fazer rezas e benzimentos que curavam muita gente desenganada por médicos. Ele morava sozinho naquele casebre, e, um dia, foi encontrado morto. Possivelmente, havia morrido enquanto dormia, pois todos diziam que era uma santa criatura e que a fisionomia de seu rosto estava perfeita: parecia que o preto velho apenas dormia.

– Então, pelo que estou entendendo, algo de incomum, realmente, aconteceu comigo naquela noite. A visão que tive, pelo que você me disse, foi da mulher assassinada, e o homem que me socorreu, foi um fantasma do preto velho Leôncio?

– Pelo que o senhor relatou, é exatamente isso que aconteceu, Doutor Sérgio. Ainda menina, eu estava em uma fazenda próxima daquele local, a passeio, quando caí do cavalo, dando uma violenta entorse em meu pé. Eu gritava desesperada pela dor, e todos pensavam que eu havia quebrado algum osso, de forma que resolveram me levar até a cabana do preto velho Leôncio. Ele me examinou com calma e fez sinal com a cabeça, dando a entender que não era nada grave. Ele era um homem de poucas palavras, sempre calado. Quando alguém lhe agradecia, ele esboçava um sorriso e, com um gesto, mostrava o céu, como querendo dizer: agradeça a Deus. Lembro bem daquele dia: primeiramente, o preto velho me deu uma beberagem, que eu jamais soube o que era e, em seguida, colocou uns panos aquecidos em meu pé, juntamente com folhagens embebidas em ungüentos. A verdade é que me levaram para a fazenda e dormi a noite toda. O senhor sabe como é criança. Quando acordei, no dia seguinte, percebi que meu pé não mais doía, e então quis andar a cavalo novamente. Minha mãe ficou muito brava comigo, dando-me algumas palmadas. Daí, chorei novamente, mas por outro motivo.

O Dr. Sérgio estava pensativo. Se o que Cristina dizia era verdade, então ele vivera uma experiência sobrenatural. Mas, por que ele?

– Cristina, estou impressionado com o que me contou e acredito em você. Embora eu procurasse refutar esses acontecimentos, no fundo de minha alma, já havia percebido tudo isso. No entanto aquilo que vivi e presenciei ainda é algo que escapa à minha compreensão. Apenas fico me questionando por que isso aconteceu comigo. Eu nunca tive medo de nada, mas ultimamente vinha percebendo sombras furtivas a me acompanharem, culminando com os acontecimentos daquela noite. O que isso significa?

– Olhe, Doutor Sérgio, nossa cidade é muito pequena, e o povo, muito religioso, porém, às vezes, ignorante das coisas espirituais; por isso temos que ter cuidado com o que falamos. Eu diria que o senhor é portador de mediunidade, como eu, apenas não educou sua sensibilidade.

– Mediunidade?! Sensibilidade?! O que quer dizer com isso?

– Certamente, o senhor é médium, mas para a ignorância de muitos é melhor dizer "sensitivo", pois não cria nenhuma prevenção contrária. Sim, o senhor é sensitivo, porque, caso contrário, como poderia ter as visões que teve? Como pôde estar junto do preto velho Leôncio e presenciar seu atendimento? Tudo isso é sintoma de sensibilidade que está aflorando. Para que serve? Ora, o senhor melhor que ninguém sabe e já até deve estar aplicando em sua vida, doutor. Serve para ajudar as pessoas, faz parte do serviço do Bem. Quando tem uma inspiração e efetua o diagnóstico de um doente, quando receita um medicamento, está sendo um instrumento da Espiritualidade, por meio de sua sensibilidade, o que permite o serviço do Bem em favor dos menos favorecidos. Assim, acima de tudo, ela serve para amenizar a dor e o sofrimento. Justamente, para tudo isso, é que serve a nossa sensibilidade mediúnica.

O médico calou-se por alguns instantes. Para ele, aqueles eram conceitos novos. Precisava de tempo para assimilar tudo que havia ouvido da enfermeira.

– Cristina, sou muito agradecido por sua atenção e pelas informações que me deu hoje. Obrigado! Fico-lhe grato de coração! Na verdade, preciso conhecer melhor tudo isso, aprofundar-me nesse assunto. Existe alguma literatura a respeito?

– Sim, doutor. Se o senhor assim deseja, posso trazer-lhe alguns livros, mas o mais importante é *O Livro dos Espíritos*, de Allan Kardec.

Novamente, ele experimentou estranha sensação ao ouvir "Livro dos Espíritos". Misteriosamente, aquilo soava como algo familiar, na acústica de sua memória.

– Por favor, Cristina, ficaria muito grato se me trouxesse esse livro. Desejo, com ansiedade, ler algo que me possa esclarecer um monte de perguntas sem respostas as quais povoam meus pensamentos.

***

Assim aconteceu. Cristina passou a observar que, nas horas vagas, o médico lia avidamente o livro que havia lhe emprestado. O Dr. Sérgio não voltou mais a tocar no assunto, e ela respeitou seu silêncio, mas notou que ele se tornara extremamente gentil e atencioso.

Um mês já havia transcorrido. Numa tarde, enquanto ela cuidava de uma aplicação a uma paciente, o médico pediu que fosse ao seu consultório, assim que concluísse seus afazeres.

Ao aproximar-se dele, pôde notar que sua fisionomia estava mais descontraída; seu sorriso era a prova de que algo começava a mudar em seu coração.

– Quer falar comigo, doutor?

– Sim, Cristina. Sente-se, por favor. Em primeiro lugar, quero agradecer-lhe pelo livro. Ainda nem cheguei na metade, pois o estou lendo vagarosa e atentamente. Entretanto, estou muito impressionado com tudo que li até agora e quero agradecer-lhe também por isso. Realmente, o que tenho lido em *O Livro dos Espíritos* tem mudado completamente minhas concepções a respeito da vida e dos problemas. Estou dando mais valor a tudo o que está me auxiliando na compreensão do significado das coisas, o que tem feito muito bem ao meu coração. Na verdade, estou entendendo que, para toda situação vivida, existe uma causa, um motivo justo, o que, de certa forma, reconforta o espírito, mas meu coração ainda sangra.

A enfermeira sorriu satisfeita, pois percebeu que o livro despertara no médico o desejo do conhecimento pela lógica do raciocínio.

– Fico muito feliz com suas palavras, doutor. A busca do conhecimento e da verdade é um importante indicativo que demonstra que estamos nos movendo no sentido da evolução. Entretanto, temos que nos esforçar para deixar, no passado, aquilo que nos feriu e magoou. No fundo, sinto que necessita perdoar, mas principalmente necessita mesmo é do autoperdão. O senhor terá que se perdoar intimamente, para alcançar a paz que tanto procura.

O Dr. Sérgio sentiu um arrepio. Como aquela moça, aparentemente tão simples e ingênua, poderia dizer que ele precisava perdoar-se? Como poderia ela dizer assim algo tão íntimo que ele guardava de forma tão avara em sua intimidade pessoal? Momentaneamente, em pensamento, viajou no tempo, recordando sua angústia, sua dor, sua decepção, seu desespero e seu sentimento de culpa. O que não daria para retornar ao passado, apagando seus equívocos, redirecionando suas atitudes!

No entanto, reconhecia que Cristina tinha razão, pois seu coração ficara com profundas marcas pela mágoa que o sufocava, mas, no fundo mesmo, sabia que tivera sua parcela de culpa, e esse sentimento doía na alma como dor sem remédio e sem trégua. Realmente, necessitava de um estímulo para vencer seus conflitos íntimos, porém, acima de tudo, precisava encontrar um motivo para se perdoar, reencontrar a alegria de viver, de sonhar como sempre fora nos anos dourados de sua juventude.

Com a voz embargada pela emoção e os olhos marejados de lágrimas, respondeu:

– Não sei onde você buscou inspiração para me dizer tudo isso, Cristina. Sinto-me, entretanto, forçado a reconhecer que está coberta de razão. Trago em meu peito a dor que não tem remédio: a dor do sentimento. Do sentimento envenenado por decepções que marcaram, profundamente, minha vida. A dor que corrói, enlouquece e mata aos poucos a alegria de viver, a qual faz com que tudo na vida perca a importância, o colorido e o sabor. Na verdade, se não enlouqueci, foi graças à minha paixão pela medicina. Você tem razão. No fundo, necessito de perdoar-me, pois também me condeno por tudo que aconteceu em minha vida.

A jovem permaneceu em respeitoso silêncio, por perceber que, no momento, o médico estava apenas necessitando de alguém que o ouvisse sem nenhum comentário. Era um desabafo, equivalendo a uma terapia.

O rapaz suspirou fundo e, com a respiração opressa pela angústia, concluiu:

– Desculpe-me, mas ainda não me encontro em condições de falar a respeito do assunto, pois ele continua me fazendo muito mal.

Dizendo isso, abaixou a cabeça, enquanto grossas

lágrimas desciam pelo seu rosto. Naquele momento, a enfermeira via, em sua frente, não o médico inteligente, impermeável, calado e frio que sempre aparentara ser. Parecia-lhe, por ora, uma criança frágil e desamparada, a qual não sabe o que fazer diante de uma situação de dor e incompreensão.

Então, tomada por profundo sentimento de carinho, ela segurou suas mãos como que oferecendo amparo e afeto na condição de amiga e irmã que deseja repartir a dor do sofrimento e oferecer algum conforto espiritual.

– Doutor, não precisa me dizer nada. Apenas gostaria de ajudá-lo, se o senhor permitir. Na verdade, sinto que necessita de uma pessoa amiga com quem possa, no momento que julgar oportuno, abrir seu coração, conversar e colocar para fora o que está represado em seu peito. Conte comigo, doutor.

Sérgio sorriu com tristeza, diante do comentário espontâneo e carinhoso de Cristina, que, a seu ver, na realidade, era a única pessoa a quem ele tivera a oportunidade de abrir seu coração. Sentiu que poderia confiar naquela moça que se revelava tão firme e, ao mesmo tempo, capaz de entender seus sentimentos mais íntimos.

– Mais uma vez, obrigado, Cristina. Realmente, sinto que cheguei a um ponto que, se não tiver alguma ajuda, vou enlouquecer. A dor mais aguda e profunda é a dor do sentimento de nossas fibras mais sensíveis da alma. Acho que você é uma pessoa de bom coração a quem poderei, no momento certo, abrir meu coração por inteiro.

Dizendo isso, levantou-se, abraçando-a, enquanto depositava suave e respeitoso ósculo em sua fronte.

Uma história, um segredo.

Os dias que se seguiram, vieram encontrar o Dr. Sérgio como uma pessoa diferente, e todos notaram sua mudança. Continuava sendo o mesmo médico de sempre, atencioso para com os doentes. No entanto, se anteriormente vinha se mostrando reservado, agora parecia mais sociável: sorria e conversava mais com os pacientes.

Muitos comentavam admirados, quando ele lhes endereçava os cumprimentos – um bom-dia ou uma boa-tarde – com um sorriso nos lábios. Na realidade, a leitura de *O Livro dos Espíritos*, que fazia diariamente, obedecendo a uma disciplina espartana, trazia-lhe novos conceitos a respeito da vida, os quais o levavam a uma meditação muito profunda relativamente à sua própria existência, às tribulações e aos desencantos. Por outro lado, as palavras da enfermeira haviam despertado em sua consciência a visão de que ele mesmo deveria buscar em si próprio a cura, pelo autoperdão, para reconquistar a paz de espírito, que, há muito tempo, havia perdido. Por tal motivo, procurou mudar as atitudes e seu próprio comportamento; entretanto, apenas ele sabia a dificuldade que estava enfrentando no esforço da modificação íntima.

Cristina sentia-se feliz ao notar que de alguma forma estava colaborando, para que o médico viesse a vencer seu estado de apatia e de tristeza. Sentia-se atraída pelo jovem, mas sempre soubera manter uma distância respeitosa e profissional. No fundo, experimentava uma sensação de alegria pelo fato de vê-lo sorrir, mostrando assim toda a sua beleza. Por sua sensibilidade, entretanto, ela pressentia que tudo isso era uma tentativa de mudança da parte dele, pois sabia que, em seu íntimo, havia uma ferida não cicatrizada, que ainda sangrava.

No final do dia, ela não se surpreendeu, quando o médico a chamou de novo, ao término do expediente. É que ele queria conversar um pouco mais.

– Desculpe-me, Cristina, mas nossa conversação do outro dia me fez refletir muito a meu respeito. Por outro lado, a leitura de *O Livro dos Espíritos* está mexendo comigo em relação ao significado da vida. Confesso que estou começando a entender que, para todos os acontecimentos que passamos, existe uma razão lógica, que não há nenhum determinismo em nossa vida e que tudo depende de nosso próprio esforço. Comecei a pensar que os problemas encontram-se dentro de nós mesmos, e a solução também. Tenho me sentido bem com as conversas que temos tido e com suas ponderações. Na verdade, percebo que você é uma pessoa que me faz bem. Queria lhe agradecer por tudo. Obrigado por sua paciência em me ouvir e tentar me compreender.

A moça sentiu o coração bater descompassado, estremecendo emocionada diante do depoimento sincero daquele homem ainda tão jovem, mas que já trazia, em seu íntimo, um segredo: algo muito triste que ocorrera em um passado não muito distante e o transformara em uma criatura torturada e amarga pelos revezes e peças que, muitas vezes, a vida nos impõe. Sabia que tinha diante de si um homem fragilizado em seus sentimentos e, por tal razão, ela deveria ser muito cuidadosa, para que não viesse a confundir nenhuma sensibilidade de gratidão com outros sentimentos que agasalhava em seu coração de moça sonhadora.

Ela também já havia sofrido decepções e tristezas que tinham deixado marcas profundas e, melhor que ninguém, era capaz de avaliar a dor do desgosto que sufoca o ser que foi magoado pela incompreensão, do ressentimento e das mágoas provocadas por aqueles que não sabem respeitar os sentimentos íntimos de cada um. Sorriu um tanto quanto desconcertada, mas procurou logo se recompor com um outro sorriso nos lábios.

– Ora, doutor, não imagina como fico feliz com suas palavras. Sei que o senhor tem em seu coração um sentimento de dor que ainda sangra muito e que apenas o tempo será o bálsamo que o abrandará. Entretanto, apenas pelo fato de ver que já se esforça para sorrir e sair da clausura mental a que se submeteu, pode-se notar que fez um grande progresso. O senhor deveria procurar se distrair, sair um pouco do consultório e de sua casa, arejar a mente em algum passeio pelos campos. Paineiras tem lugares muito belos, os quais ainda não conhece. Vale a pena conhecê-los.

O médico pensou por um instante, para responder em seguida:

– Você tem toda razão mais uma vez, Cristina. Sinto-me tal qual uma casa fechada que a luz do Sol não encontra frestas para penetrar e arejar. Porém, agora, estou entendendo a necessidade de abrir as janelas e as cortinas, para que, em espírito, eu possa receber a luz da Vida, da alegria que eu mesmo espantei do meu coração. Entretanto, conheço pouca gente aqui. Apenas o prefeito e algumas pessoas. Ainda não cheguei a estabelecer laços de amizade mais profundos com ninguém.

Cristina sorriu com emoção contida, pois tinha medo

de que seus sentimentos pudessem transparecer em sua fisionomia. No entanto, ela mesma tinha sua história e um doloroso segredo. Talvez essa fosse a oportunidade de abrir seu coração para contar-lhe sobre sua vida, suas lutas e suas desventuras. Quem sabe também não o encorajaria a abrir seu próprio coração? Suspirou fundo e tomou coragem, dizendo-lhe:

– Doutor Sérgio, imagino que deve ter ocorrido algo extremamente doloroso que modificou sua vida, deixando-o com o coração muito amargurado, levando-o a fugir de tudo. Também sei que ainda não está preparado ou não deseja tocar no assunto, pois isso lhe faz mal. Entretanto tenho igualmente minha história. Até há
pouco tempo, falar sobre ela me machucava muito. Hoje, graças a Deus e ao auxílio de uma pessoa maravilhosa que conheci e por meio da qual me tornei espírita, alcancei o equilíbrio psíquico e o espiritual, e já posso dizer que o acontecido está quase que superado em minha vida. Não obstante, sei o quanto sofri por tudo isso.

O médico se surpreendeu com aquela confidência da enfermeira.

– Cristina, acredito que seu horário já acabou e penso que deve ter outros compromissos. No entanto, se não tiver pressa, gostaria muitíssimo que me falasse sobre você, sobre sua vida. Afinal, trabalhamos juntos há mais de um ano e nos conhecemos tão pouco! Prometo que, quando estiver em condições de falar sobre meu problema, a primeira pessoa a quem gostaria de abrir o coração, seria você.

A moça sorriu satisfeita. Era o que mais queria: ficar perto dele todo o tempo do mundo. Por um lado, isso lhe parecia que, finalmente, a vida fazia algum sentido, mas, por outro, como sensitiva, captava toda a amargura que ia no coração do jovem médico, o que lhe fazia mal. Por essa razão, falar sobre suas desventuras era também uma maneira de ajudá-lo a vencer a muralha psicológica que ele havia imposto para si mesmo. Entretanto, antes que ela pudesse articular alguma palavra, ele complementou:

– E, por favor, quero lhe pedir uma gentileza: não me chame de doutor nem de senhor, quando estivermos a sós, pois, para mim, você é a única amiga que tenho aqui nesta cidade. Vamos deixar as formalidades apenas para o momento do expediente de trabalho, o qual requer hierarquia e disciplina. Aqui, somos simplesmente dois amigos, e confesso que, mesmo sem conhecê-la mais intimamente, sinto que posso confiar em você, pois já a admiro muito. Mas, me conte sua história, que estou curioso!...

Cristina fechou os olhos, e duas lágrimas desceram pelo seu belo rosto. O médico percebeu que possivelmente a moça evocava lembranças tristes e dolorosas.

– Antes de tudo, obrigada por suas palavras, Sérgio. Elas me fazem muito bem, sabia? No entanto, será difícil me acostumar a chamá-lo dessa forma, pois já estou tão habituada ao tratamento de "doutor", que ela soa estranha aos ouvidos. Mas deixe-me contar um pouco sobre minha vida. Se, até há algum tempo, eu vivi com traumas, hoje, sinto que foi tudo um duro aprendizado. Agora, tenho muito carinho por algumas pessoas que antes não compreendia, porque tanto me magoaram, me feriram. Em determinado tempo, cheguei a odiá-las, mas atualmente, quando penso nelas, apenas sinto compaixão, conseguindo perdoá-las. Já me desvencilhei dos sentimentos de ódio, os quais quase me enlouqueceram. Assim, sinto-me feliz por ter superado tal etapa tão triste de minha vida.

Então, com um suspiro profundo, Cristina contou-lhe sua história, que ele ficou ouvindo, por horas, muito atento.

Desde minhas mais tenras lembranças, recordo a figura de meu pai, um homem bondoso e carinhoso, que sempre me contava histórias, me carregava no colo e brincava de cavalinho. Minha mãe, ao contrário, sempre ralhando comigo, sempre nervosa, e, quando ele não estava por perto, jamais perdia oportunidade alguma de me castigar, por qualquer motivo que fosse. Meu pai se chamava Anselmo e minha mãe, Maria da Glória, mas todos a chamavam de Dona Glória. Eu não era capaz de compreender, em minha inocência, por que mamãe demonstrava predileção por minha irmã mais velha. Seu nome era Maria Aparecida, porém todos a chamávamos pelo apelido de Tida, e assim ficou. Em minha ingenuidade, podia perceber que mamãe fazia diferença entre nós, enquanto meu pai parecia nos querer igualmente. Na frente de papai, mamãe procurava se controlar, todavia, ao estarmos a sós, eu tinha que ficar quietinha, fazer todas as minhas obrigações e ainda ajudar Tida, e, alguma coisa dando errado, era apenas eu que levava as palmadas. Confesso que o olhar de minha mãe me dava medo, pois sua expressão traduzia algo incompreensível, que me amedrontava. Entretanto, quando papai estava junto de nós, eu me soltava com a alegria típica das crianças que ainda não conhecem a maldade humana. A vida me parecia algo belo e, apesar dos problemas com minha mãe, eu era uma criança risonha e feliz.

Assim, fomos crescendo juntas. E, por mais que procurasse agradar minha irmã, havia algo que eu não sabia explicar, pois Tida, sempre que possível, fazia pouco caso de mim diante de suas amigas, quando eu procurava me aproximar de seu círculo de amizade.

– Ah! Sai pra lá, "Jeca"!

Logo em seguida, dizia para as amigas, que riam gostosamente:

– Olhem a Cristina! Ela não parece mesmo um "Jeca Tatu"?

E, zombando, se afastavam, fazendo com que eu me sentisse deprimida. Era-me difícil entender o porquê daquela rejeição por parte de minha mãe e de minha irmã. Dessa forma, eu tinha poucas amigas, pois todas as garotas demonstravam predileção por Tida. Apenas duas ou três meninas eram minhas amigas verdadeiras, e, com o tempo, como que em minha defesa própria, eu mesma fui procurando me isolar das amigas de minha irmã. Entretanto, na escola, meu aproveitamento era muito melhor que o de Tida. Em casa, quando tinha que preparar as lições, ela ficava amuada e chorava. Minha mãe, então, me obrigava a fazer as tarefas no lugar dela. Assim, fui me acostumando a ficar calada, com um sentimento de mágoa no coração, que me machucava. Quantas vezes chorei sozinha no quarto, apenas na companhia do travesseiro amigo!

Já éramos mocinhas, e confesso que, em meus quinze anos, ainda não tinha sequer ousado levantar o olhar para nenhum garoto de minha época, pois permanecia sempre de cabeça baixa e envergonhada. Entretanto, não podia deixar de observar, à distância, um garoto chamado José Antônio, que deveria ter, mais ou menos, uns dezessete anos, por quem eu era apaixonada, e aquele segredo guardava apenas para mim, no silêncio de meu coração.

Dessa forma, tornei-me uma pessoa introspectiva, também porque, se falasse algo errado, mamãe me corrigia e minha irmã zombava. Quando, então, me tornei mocinha, as coisas se complicaram ainda mais, pois me sentia frágil, necessitando do apoio, da orientação e da compreensão materna, para entender as transformações que meu corpo sofria, mas mamãe jamais teve paciência para me dizer qualquer coisa sobre tão delicado assunto. Apenas ficava a observar que Tida era, realmente, a filha predileta de minha mãe.

Naquela altura, a única coisa que compensava era o carinho de papai, que nunca me faltou. Quando estávamos sozinhos, eu chorava em seu peito, reclamando de mamãe e de Tida, e ele apenas afagava meus cabelos carinhosamente, encorajando-me com suas palavras:

– Filha, você tem que ter paciência com sua mãe e com sua irmã. Elas também gostam de você, só que do jeito delas. Não fique triste, pois você é minha filha muito querida.

Os afagos de meu pai me confortavam, pois sentia que eram sinceros. Ele me amava de verdade. Estando junto dele, sentia-me confiante e feliz, esquecendo as diferenças com mamãe e Tida.

Para complicar ainda mais a situação, minha irmã, que completara então dezessete anos, começou a namorar com José Antônio. Sofri, em silêncio, com meu amor platônico. De vez em quando, arriscava apenas um olhar para o meu amado, mas me sentia culpada, porque ele era, no momento, o namorado de Tida. Entretanto, estava sendo difícil controlar minha tristeza, pois meu coração chorava por um amor ingênuo da meninice, sem maldade. Esse sentimento era tão puro e verdadeiro, que só de pensar no rapaz, eu sorria. No entanto, quando recordava que seu coração pertencia à Tida, eu queria morrer.

Todos esses sentimentos foram, com o passar do tempo, matando em mim a alegria de viver. Às vezes, papai me dizia: "– Filha, onde está a pequena Cristina que sempre sorria? Onde está o sorriso do papai?". Então, eu sorria, mas, juntamente com meu sorriso, desciam lágrimas, e ele parecia adivinhar que o que estava em meu peito, era uma paixão não correspondida. Assim, completava, acariciando meus cabelos: "– Não fique triste, não, minha filha, pois essas coisas da juventude são passageiras. Tudo passa, e, um dia, você descobrirá o verdadeiro amor". Sábias palavras! Hoje, consigo avaliar o que papai me disse. Entretanto, até tudo passar, quanta tristeza e sofrimento, quantas lágrimas!...

Oficializado o namoro, José Antônio freqüentava nossa casa assiduamente, para seus encontros com Tida. Mamãe parecia estar flutuando nas nuvens de tanta felicidade, pois tal galanteio lhe fazia gosto. Havia razão para isso, porque o jovem era filho de um dos mais ricos comerciantes da região, portanto, bom partido. Namorar com ele era o que todas garotas desejavam. Além do mais, ele era muito bonito; apenas, um pouco inconseqüente e farrista. Mas, por sua posição social, tudo a ele era permitido, sendo levado à conta de rapaz "esperto" e inteligente. Como ele fosse desejado por todas as mocinhas da cidade, minha irmã se considerava uma felizarda.

Papai fazia questão de que os namorados não ficassem sozinhos, "para evitar falatórios"; e mamãe exigia que eu sempre estivesse junto. Esse era mais um motivo para ser hostilizada por

Tida, pois, na frente de papai e mamãe, ela concordava, porém, quando eles não estavam por perto, me agredia com palavras grosseiras:

– Vê se "se manca", sua tonta! Vá procurar sua turma, em vez de ficar aqui "segurando vela"! Não vê que você é demais?

Eu percebia que às vezes José Antônio me olhava de forma diferente, talvez, por pena ou piedade pelo tratamento que minha irmã me dispensava. Uma vez até tomou partido em meu favor.

– Ora, benzinho, deixe sua irmã. Por que você implica tanto com ela? Até que ela é legal; nunca fala nada...

– O que você está me dizendo, Zeca?! Defendendo minha irmã!? Não vê que ela é um traste, que está sempre nos atrapalhando?!

– Foi sua mãe que mandou; não é culpa dela. Você quer ver como ela é legal?

E, voltando-se para mim, pediu:

– Cristina, eu e Tida gostaríamos de ficar a sós, por alguns minutos. Será que você poderia se afastar um pouquinho, dar umas voltinhas?...

Não sei por que, mas aquela forma com que José Antônio me tratou, deixou-me feliz. Parecia que ele havia notado minha presença. Sem me dar conta, afastei-me, pois queria fazer a vontade de meu amado. Aquilo acabou virando uma cumplicidade, porque, pela primeira vez, minha irmã começou a me tratar melhor, e eu me sentia feliz em deixá-los namorando, enquanto ficava à distância, sem que papai e mamãe soubessem.

Mais de um ano se passou, e o namoro assumiu contornos mais sérios. Oficializaram o noivado para a felicidade das famílias, que se confraternizavam, antecipando o casamento dos filhos. José Antônio já era considerado como um filho por meus pais e, nos finais de semana, dormia em nossa casa.

Freqüentemente, saíamos pelos campos a cavalgar, e eu sempre junto, apesar do noivado. "– Sabe como é", dizia papai, "a boca do povo é como a boca da noite: ninguém consegue fechar; e não quero que ninguém fale de minha filha."

A verdade é que, com o passar do tempo, Tida parecia já satisfeita em sua ansiedade de namoro e mostrava não mais dar tanto valor aos "agarra-agarra" tão típicos dos jovens apaixonados. Pareciam ainda apaixonados, mas sem aquele fogo devorador dos primeiros tempos. Comecei a achar interessante o fato de que José Antônio agora conversava longamente comigo, sem que minha irmã desse a isso a menor importância. Entretanto, tal atitude de sua parte começou a me preocupar, porque já falavam em casamento, quando ele, também, começou a elogiar minha beleza. Tida não estava percebendo nada, pois parecia um tanto quanto distante, mas seu noivo começou a ficar cada vez mais insinuante, a tocar em meus braços de forma discreta, porém maliciosa. Tudo aquilo reacendeu em mim a antiga paixão que nutria pelo rapaz, e aquela proximidade me despertou um sentimento tão belo que voltei novamente a sonhar acordada e a sorrir. Afinal, ele sempre fora minha paixão secreta e proibida. Sendo muito perspicaz, logo percebeu que eu era apaixonada por ele. Assim, toda vez que podia, sussurrava em meus ouvidos:

– Meu Deus, como não havia notado antes!? Você é muito linda, Cristina!

Aquelas simples palavras eram suficientes para que eu delirasse em meus sonhos e "viajasse" pelo espaço, na dimensão dos devaneios coloridos do amor e da paixão.

Aproximava-se o final do ano. O tão esperado casamento fora marcado para o início do ano vindouro, e os preparativos já se antecipavam, prevendo uma festa memorável e inesquecível. Na cidade, o enlace de Tida e José Antônio era o acontecimento em destaque. Foi nesse período que ele resolveu partir com todas suas armas para me conquistar.

– Cristina, – dizia-me ele – não sei até quando irei resistir, pois confesso que estou apaixonado por você.

Aquela conversa insinuante trazia-me angústia, deixando-me confusa e desorientada. Era noivo de minha irmã, e estavam com casamento marcado. "O que, afinal, queria ele comigo?" – questionei.

Um dia, estávamos no pomar, apanhando frutas. O sol se tornava escaldante, e Tida, reclamando do calor, resolveu retornar para o alpendre de nossa casa, onde preguiçosa rede era um convite para descanso, pois leve aragem começava a soprar. José Antônio preferiu continuar colhendo frutas comigo. Tão logo ficamos a sós, aproximou-se insinuante:

– Cristina, perdoe-me, mas sinto que não posso mais

resistir. Meu coração está a ponto de explodir, e não sei até quando vou opor-me a tal tentação. Não consigo deixar de pensar em você em nenhum instante, e continuar desse jeito está ficando cada vez mais difícil para mim.

Fiquei séria, pois parecia que ele estava decidido mesmo. O que fazer? Eu também o amava, e tudo estava muito difícil realmente, mas aquilo não era justo com minha irmã. Então, reagi indignada:

– José Antônio, você está para se tornar meu cunhado, casando-se com minha irmã. Como pode ficar se insinuando dessa forma? E se Tida souber? Será o fim de tudo.

– Você quer mesmo saber a verdade? No momento é o que mais desejo, pois descobri que não amo sua irmã. Minha verdadeira paixão é você.

– Desculpe-me, porém não posso concordar com tamanha loucura. Não acha que já é um pouco tarde para me dizer tais coisas? Você não pensa no sofrimento que irá causar à minha irmã? Você acha isso justo para com ela? E eu? Como fico nessa situação?

– Se é justo com sua irmã?! Faz-me rir! – exclamou debochado. – Justamente sua irmã, que nunca se importou com você? Aliás, muito pelo contrário, sempre a humilhou. Pensa que nunca percebi? Sua irmã não está nem aí para com o casamento. Na verdade, para ela eu sou apenas um capricho de suas conquistas egoístas.

– Mesmo assim, não posso concordar com essa sua idéia estapafúrdia – respondi preocupada. – E o desgosto de meus pais e dos seus? Você não pensa no sofrimento dos outros?

José Antônio não respondeu. A verdade é que eu me encontrava no limite de resistência de minhas argumentações, e ele percebeu. Aproximou-se calado, segurou minhas mãos, enquanto eu deixava cair o cesto de frutas. Levou minhas mãos aos lábios e as beijou. Então, senti que tudo rodava à minha volta.

– Sempre sonhei com este momento, Cristina, e confesso que não posso mais me controlar. Diga-me que você também deseja, diga que não é verdade, vamos, diga! – insistiu.

Em seguida, envolveu minha cintura com seus braços, trazendo-me para junto de seu corpo, e eu não mais conseguia resistir àquele abraço de amor, com o qual sonhara anos e anos a fio. Finalmente, sentia seu peito ofegante junto ao meu e o hálito de sua respiração quente, que me envolveu num beijo de carícia e paixão, o qual me devorava por dentro. Aquele foi meu primeiro beijo. Jamais poderei esquecê-lo, pois meu coração de menina-moça, que desabrochava para os sonhos e ilusões, viajou pela eternidade, no breve e fugaz minuto, que marca para sempre um momento, uma paixão, uma vida para todo o sempre. Assim, permaneci tomada por sentimentos de alegria, emoção, prazer, parecendo flutuar no espaço, enquanto José Antônio me envolvia com seus braços fortes, num tão doce enlevo que eu desejaria fosse eternizado, para que jamais acordasse daquele sonho.

De repente, acordei, percebendo que aquele sonho se transformava em um pesadelo terrível, ao ouvir o grito estentórico de minha irmã, que resolvera retornar para nos ajudar:

– O que é isso?! O que estou vendo?! José Antônio, Cristina, o que vocês estão fazendo?

Realmente, aquele foi um dos piores momentos de minha vida, quando conheci a verdadeira personalidade covarde das criaturas traiçoeiras, pois ele se afastou de mim, tentando se justificar para minha irmã:

– Eu não tenho culpa, eu não tenho culpa! – repetia acovardado. – Foi ela que me agarrou! Eu não queria, eu não queria!

O sangue gelou em minhas veias, e fiquei sem nenhuma reação, enquanto Tida vociferava contra mim todos os impropérios que conhecia:

– Vagabunda, vagabunda, isso é que você é: uma vagabunda! – gritava descontrolada, ao mesmo tempo que me batia no rosto.

Senti que meus lábios sangravam, mas permaneci calada, sem reagir, e ela continuava a me bater, dizendo:

– Você é uma vagabunda qualquer, pois não é e nunca foi minha irmã, sabia? Você não é minha irmã, você não é minha irmã, por isso fez essa traição comigo.

– Me perdoe, Tida, pois eu não queria, magoá-la – dizia assustado José Antônio. – Me perdoe, por favor!

Então sua ira voltou-se contra o noivo, dando-me uma trégua, enquanto minha mãe e meu pai corriam ao pomar, atraídos pela algazarra que se fazia ouvir ao longe.

– Covarde! Você é um covarde, José Antônio! Não quero mais me casar com você. Vá embora!!! – gritava ela, descontrolada. E ele, atarantado, corria com pavor da reação incontrolável da jovem. – Vá embora, seu covarde!!! – continuava gritando minha irmã.

– O que aconteceu, meu Deus? – interrogou minha mãe, desesperada, enquanto meu pai tentava segurar Tida.

– Pergunte para essa vagabunda, mamãe! Vamos, pergunte a ela! Estava agarrada com José Antônio aos beijos! Vamos, diga-lhe que ela não é sua filha, que não é minha irmã, nem nunca foi! Conte-lhe que a criamos de favor e que agora ela nos paga dessa forma!

Naquele instante, senti que o mundo desabava aos meus pés. Não sabia mais quem era eu, o que estava fazendo ali, o que aqueles que eu sempre acreditara serem meus pais representavam agora para mim. Aquela revelação, feita num momento tão doloroso, modificava completamente minha vida. De repente, eu não sabia mais nada da vida nem quem era. Eu, que até então me mantivera em pé, apesar da agressão de minha irmã, desabei no chão, em soluços convulsivos. Perdi completamente a razão, enquanto uma força estranha tomava conta de meu ser, uma força que eu não conseguia controlar, juntamente com um sentimento de ódio profundo por minha mãe e por minha irmã. Minha vontade era de matá-las com minhas próprias mãos. Senti tudo escurecer ao meu redor, e não vi mais nada.

Lembro-me de que, quando acordei, estava em um lugar estranho. Parecia um hospital, mas era um hospital diferente. Sentia-me fraca, e um grande vazio tomava conta de minha cabeça. Meu corpo estava todo dolorido, como se despertasse depois de longo torpor. Não recordava o que havia acontecido, estava com amnésia parcial. Entretanto, com o passar dos dias, minha memória foi voltando gradativamente. Já começava a me lembrar de papai, de mamãe, de Tida, mas um espaço de tempo fora apagado de minha mente. Sentia uma sensação de dor e de angústia que pressionavam meu peito O pessoal de enfermagem que atendia a ala onde me encontrava, parecia penalizado com minha situação. Os medicamentos me deixavam dopada, e minha cabeça continuava a sofrer torturas.

Os dias se sucediam ininterruptamente. Embora me sentisse por demais estranha naquele local e apesar de experimentar dificuldades de raciocínio, não perdera completamente a razão, ao verificar que meus companheiros de infortúnio pareciam dementados, loucos. Cheguei à conclusão de que, realmente, me encontrava em um hospício. No entanto, se, por um lado, não me achava louca, por outro, não me encontrava no domínio completo de meu raciocínio lógico. O que estava errado comigo? Por que fora parar em um hospício? Por que meus pais não me visitavam? Por quê? Por quê? Eram perguntas que eu me fazia, sem encontrar respostas.

A verdade é que, em meu coração, havia um sentimento de ódio, o qual eu não conseguia controlar. Sentia-me dominada por forças estranhas e, de vez em quando, dava-me vontade de quebrar tudo, momento em que necessitava de vários enfermeiros para me segurarem, dada a força que eu parecia possuir. Colocavam-me em uma camisa-de-força e me aplicavam medicação que me deixava mais dopada ainda, mas que não diminuía a intensidade do ódio que se instalara em meu peito. Nem sabia de quem eu tinha ódio, entretanto aquela força me assustava, porque eu mesma não podia me controlar.

Quando me encontrava sonolenta pelo efeito dos barbitúricos e "sossega-leões" que tomava, eu via formas horrendas que gargalhavam e zombavam de mim, divertindo-se de minha desgraça. Ficava assustada, porém impotente para reagir, totalmente à mercê daquelas figuras horríveis.

Somente sentia que encontrava um pouco de paz de espírito, quando um grupo de oração nos visitava aos domingos e às quartas-feiras, de forma regular. Não sei por que, mas senti simpatia por uma senhora de aspecto muito venerável, de cabelos brancos como a neve, que era componente daquele grupo. Chamava-se D. Samara, e, com o tempo, fizemos amizade. O interessante é que eu observava que a direção do hospital permitia que alguns dos doentes passassem por tratamento diferenciado, ministrado por aquele grupo que nos visitava periodicamente. Fui uma das pacientes escolhidas para tal tratamento, que me informaram ser "espiritual". Então, minha amiga procurou me orientar a respeito desse tratamento tido, também, como "alternativo".

– Sabe, minha filha, nem todas os pacientes que se encontram internados nas casas de psiquiatria, são loucos. Muitos são simplesmente médiuns perturbados, que não desenvolveram sua sensibilidade mediúnica com equilíbrio e, de repente, são envolvidos por forças desconhecidas, alterando atitudes e personalidades, sendo levados à conta de loucos, porém não o são.

Pela primeira vez, ouvia alguém dizer aquelas palavras, que soavam estranhas aos meus ouvidos: médiuns, sensibilidade mediúnica, envolvimento por forças desconhecidas, etc. Mas uma coisa me agradou: Como D. Samara fosse daquelas criaturas que irradiavam bondade, quando me disse que eu não era louca, que, possivelmente, sofrera algum choque emocional muito forte, o qual provocara em mim uma inconsciente reação de defesa psíquica, reação essa agravada por minha sensibilidade mediúnica, e que isto poderia ter sido a causa que me levara a um descontrole emocional e à amnésia parcial de que eu fora vítima, não entendi nada, todavia fiquei feliz por alguém compreender que eu não era louca e que não tinha perdido a razão.

A verdade é que, a partir do instante em que iniciei o tratamento espiritual, ministrado pelo grupo de oração, passei a me sentir melhor e menos agitada. Percebia que meu peito estava menos opressivo, que a angústia começava a ceder, sentindo-me mais calma, dormindo melhor, com sonhos ainda desconexos, contudo livre dos pesadelos terríveis que invariavelmente me perseguiam sem trégua.

Graças ao grupo de oração e à D. Samara, uma enfermeira que simpatizava com o trabalho do grupo, cujo nome era Sheila, se interessou por mim, dando-me atenção, e, em pouco tempo, passei a nela confiar como se fôssemos velhas conhecidas, embora eu tivesse a consciência de que, na condição de paciente daquele hospital, não poderia abusar da boa-vontade de minha nova amiga.

O hospital era cercado por altos muros, mas, além das dependências, havia, ao lado de extenso gramado, um grande jardim, que eu olhava pela janela, observando que alguns pacientes eram levados lá para passear. Entretanto, à medida que sentia melhoras sensíveis e tomava consciência de meu estado, ficava, cada vez mais, assustada comigo mesma, quando me olhava, atentamente, no espelho: eu havia emagrecido muito, e meus olhos exibiam olheiras assustadoras. Então, chorava, sentindo uma grande tristeza interna, falando comigo mesma: "– Meu Deus, o que está acontecendo comigo? O que haveria provocado em mim doença tão estranha, que me deixa prostrada a um leito de um hospital psiquiátrico?! Que mal tão terrível teria eu praticado?!".

Eu chorava copiosamente, olhando pela janela o sol que brilhava no jardim do lado de fora, quando Sheila se aproximou de meu leito. Vendo-me naquele estado de prostração, sentiu-se penalizada. Aproximou-se e me abraçou, enquanto afagava meus cabelos. Pensei em meu pai com saudades. Por que pelo menos ele não me fazia uma visita? Sentia falta de seus abraços, de seus carinhos, de suas palavras amorosas.

Na condição de enfermeira e amiga, Sheila tentou me animar para que eu mudasse minha sintonia mental, que era de sentimento de tristeza e abandono:

– Se você me prometer que vai fazer um esforço em se controlar, vou pedir permissão ao médico para que ele autorize que eu a leve a passear pelo jardim. – Isso irá lhe fazer bem, Cristina – completou carinhosamente.

Sorri amargurada, procurando enxugar as lágrimas.

– Obrigada, amiga! Por favor, faça mesmo isso por mim.
Acho que, se pudesse tomar um pouco de sol e passear pelo jardim, eu me sentiria melhor. Só o fato de sair um pouco deste lugar fechado me faria bem.

– Espere um pouco, então, que o Dr. Délvio, que está na chefia, é muito compreensivo. Vou falar com ele, porque tenho a certeza de que irá autorizar.

Sheila saiu rápido, e, de repente, senti-me envolvida por uma onda de alegria que, há muito tempo, não sentia. Com a simples idéia de que poderia sair daquele lugar horroroso e passear um pouco pelo jardim, comecei a me perceber alegre e bem-disposta, na expectativa de que a enfermeira retornasse com uma resposta positiva.

Logo em seguida, minha amiga voltou com um sorriso nos

lábios. Nem chegou a dizer nada, pois, pela alegria que irradiava de seu rosto, eu já estava certa de que o Dr. Délvio havia dado autorização. Abracei-a com lágrimas nos olhos, enquanto ela me confirmava:

– Ele concordou, desde que o enfermeiro Carlos nos acompanhe. Simples precaução, considerando que é a primeira vez que você sai.

Ao sairmos, Sheila me segurava pelo braço de forma carinhosa, como se fôssemos duas amigas que costumavam passear pela praça da cidade, enquanto Carlos nos acompanhava à distância. Nem me importei com sua presença, porquanto me sentia tão feliz como uma criança que acabara de ganhar um brinquedo novo.

Quando a carícia da brisa tépida soprou o meu rosto, senti como se a vida retornasse para meu peito. Então, aspirei profundamente aquele ar puro, enchendo meus pulmões de novas energias balsamizantes. Caminhamos entre gerânios, begônias e rosas multicoloridas, enquanto a luz do sol me envolvia todo o corpo num banho de luz e calor. Eu tremia toda e caminhava leve e sensível como se fora uma pluma que flutuasse no espaço, soprada pelo vento calmo. Enquanto ouvia o alegre canto dos pássaros na castanheira ao lado, não deixava de observar o vôo distraído das borboletas coloridas, à semelhança de pequenos e delicados flocos esvoaçantes, que se desfazem no ar ao sopro da brisa mais vigorosa. Beija-flores riscavam o espaço em vôos rápidos, detendo-se e desafiando a força da gravidade, para sugar o néctar das flores que pareciam agradecer a visita de ave tão bela e delicada. Olhei para o céu, e o azul infinito do firmamento me encantou. Por ele, nuvens brancas passavam preguiçosas...

Senti-me emocionada, pedindo a Sheila se podíamos sentar num banco, diante do qual havia um canteiro de margaridas. Naquele instante, sentei e chorei. Chorei emocionada, recordando minha infância e meus dias felizes. Solucei, incapaz de reter as lágrimas que brotavam de meus olhos, por não mais saber quem eu era, o que acontecera comigo, o porquê de minha internação e do abandono de meus familiares.

Minha amiga acariciou-me os cabelos, e eu encostei minha cabeça em seu ombro. Naquele momento, ela e D. Samara eram as únicas criaturas com quem eu podia contar e que me ofereciam atenção e respeito.

Aos poucos fui me recompondo, enquanto Sheila aguardava pacientemente, com profundo e respeitoso silêncio. Por fim, quando me senti em condições de me manifestar, pude, então, agradecer-lhe por tudo que estava fazendo por mim.

– Obrigada, minha amiga, do fundo de meu coração! Jamais, em toda a minha vida, por mais que eu faça, terei condições de pagar o bem que tem feito por mim. Obrigada mesmo! Que Deus a abençoe e ilumine! Não se incomode com meu choro: é apenas de emoção e alegria por sentir novamente a sensação de liberdade. Neste instante, é como se eu estivesse, ainda que momentaneamente, deixando uma prisão de dor e

escuridão. Sinto-me melhor agora.

– Não tem que me agradecer, minha querida. Hoje, você é quem precisa de ajuda, mas, amanhã, será você quem certamente ajudará outras pessoas. D. Samara disse que, com o tratamento espiritual, você poderá deixar o hospital muito em breve.

– Ai, meu Deus, não vejo a hora que isso aconteça! Preciso entender o que houve comigo e por que fui abandonada pelos meus familiares.

– Você não deve se preocupar com isso agora, minha amiga. Neste momento, o mais importante é sua recuperação, que está evoluindo muito bem. O Dr. Délvio me disse que vem diminuindo as doses de sua medicação e, dentro de pouco tempo, se tudo correr bem, ela será totalmente suspensa. Você ainda ficará em observação por algum tempo e, depois, então, receberá alta.

– Meu Deus, mal posso acreditar no que estou ouvindo! Confesso que houve um período em que me sentia tão deprimida e triste, que achei que jamais iria recuperar a saúde.

– Confie no Pai, Cristina, e você verá que para Ele nada é impossível, quando O buscamos no fundo de nosso coração. Logo mais, você será outra pessoa, pode acreditar.

Conversamos longamente, enquanto o enfermeiro Carlos aguardava com paciência, ao lado. Quando retornamos ao meu quarto, o sol já se deitava no horizonte, e eu me sentia renovada. Antes que Sheila deixasse seu plantão, entrou no meu quarto para me ver. Então, juntas oramos, agradecendo a Deus.

Naquela noite, tive um sono tranqüilo e reparador. O passeio fora para mim um motivo de muita alegria, enchendo meu coração de novas energias.

Com autorização do Dr. Délvio, saíamos a passeio de vez em vez. Já não mais havia necessidade de que alguém nos acompanhasse. Comecei a perceber que, a cada dia, outras novas energias brotavam em meu peito, e as visitas do Grupo de Oração, juntamente com o tratamento espiritual a que eu estava sendo submetida, faziam-me muito bem.

Passaram-se dois meses. Finalmente, em uma bela manhã, que jamais esquecerei, por tudo que significou para mim, recebi uma visita inesperada: Era minha protetora que me visitava, juntamente com minha amiga Sheila. Fiquei curiosa, pois aquele não era o horário de trabalho da enfermeira nem dia de visita de D. Samara.

– Que surpresa! – exclamei feliz, diante da presença daquelas pessoas tão queridas. – A que devo tamanha alegria por esta visita tão inesperada?!

Elas, simplesmente, sorriram sem me dizer nada. Aproximaram-se e, com carinho, apenas me abraçaram demoradamente. Percebi que havia alguma novidade no ar. Por fim, D. Samara me esclareceu:

– Hoje é um dia feliz para todos nós, Cristina. Estou aqui para levá-la porque você irá embora do hospital. Daqui a pouco, o Dr. Délvio estará assinando sua alta. Para nós, tal fato é uma grande vitória, pois sempre acreditamos em sua recuperação.

Hoje, vemos que felizmente você demonstra que se libertou afinal dos problemas que a trouxeram aqui.

Confesso que quase nem acreditava no que ouvia.

– Quer dizer que, finalmente, estou livre?

Ante minha incredulidade, D. Samara sorriu amorosamente, acariciando meus cabelos.

– Sim, minha filha, com a graça de Deus, você está livre.

Chorei, copiosamente, de emoção nos ombros de minha protetora e de minha amiga. Eram poucas as pessoas que pareciam acreditar em mim, e Dona Samara e Sheila eram aquelas que mais acreditavam. Meu coração estava entristecido, magoado, por não compreender ainda o que ocorrera comigo.

Sentia que fora abandonada pelos meus entes queridos, mas aquelas criaturas, mesmo que estranhas ao meu convívio, me auxiliaram, me ampararam, quando mais precisei e, o que é mais importante, creram em mim.

No entanto, eu me questionava intimamente: "Se estava saindo do hospital, para onde iria agora? Por que meus familiares nunca teriam vindo me visitar? Por que não estavam ali naquele momento para me levar embora?".

A revelação

As horas passaram rapidamente. Sérgio estava admirado e impressionado com a história de Cristina. Jamais poderia imaginar que, por trás da aparente fragilidade daquela enfermeira de beleza rara e personalidade tão discreta, escondia-se uma mulher tão sofrida e, ao mesmo tempo, tão valorosa.

Ela parecia tão envolvida na memória das tristes lembranças, que, ao parar para tomar fôlego, é que observou o médico, percebendo então que as horas haviam passado.

– Desculpe-me, Sérgio. Você deve estar cansado, pois minha narrativa está sendo muito comprida e enfadonha.

O médico reagiu, demonstrando interesse:

– De jeito nenhum. Agora é que estou vivamente interessado em saber tudo a respeito do que aconteceu...

– Então, vamos combinar para amanhã, após o expediente, para que eu conclua minha história, doutor.

– Não falo por mim, porque estou realmente bastante curioso em saber a conclusão de tudo isso, mas, por você, que deve estar cansada. Então, estamos combinados: amanhã você conclui sua história. Por favor, não me chame de doutor novamente, quando estivermos a sós. Você já era para mim alguém por quem eu nutria sentimento de grande admiração, porém, agora que a estou conhecendo melhor, tenho por você profundo respeito.

****

O dia seguinte foi intenso no consultório do Dr. Sérgio. Várias crianças vieram para consulta. Os casos eram os de sempre: verminoses, diarréias, anemias por deficiências alimentares e outros corriqueiros. Mas, quem tomou mesmo o tempo do médico por boa parte da tarde, foi D. Josefa, uma senhora bastante idosa, que vivia sozinha. Embora com idade avançada, a anciã tinha uma saúde de ferro, e seu principal mal era a solidão. Todos os meses, ela passava pela consulta com o jovem médico, principalmente depois que descobriu que o facultativo era educado e lhe dava atenção.

– Ai, doutor, dói minha perna! Acho que é reumatismo. Doem também minhas costas. Acho que é a coluna. Sinto ainda uma *gastura*... Acho que é problema de estômago.

O médico sorriu diante do queixume exagerado da paciente, pois, ao mesmo tempo que reclamava da dor, já antecipava o diagnóstico.

– Ah! Dona Josefa! Se a senhora já sabe qual o problema, porque vem ao meu consultório? – inquiriu, em tom de brincadeira, o médico.

– É que o doutor tem mãos santas. Quando o senhor me examina, já me sinto melhor. Todo mundo daqui da cidade gostava do Dr. Heráclito. Mas o senhor, doutor, é muito melhor que aquele *bode velho*. Que Deus o tenha! – completou com uma reverência característica.

O Dr. Sérgio não pôde deixar de sorrir, diante da espontaneidade daquela criatura vergada pelos anos, mas
que não fora vencida pelo tempo, pois conservava ainda a vivacidade e a alegria de viver. Ele sabia que não era nada grave o que ela sentia, e apenas receitou uma vitamina que certamente seria necessária para suprir algumas necessidades próprias de um organismo envelhecido.

A anciã deixou a sala do médico muito feliz pela atenção recebida. Antes de sair, passou pela sala da enfermeira, desfazendo-se em elogios ao médico:

– Esse, sim, é um bom médico. Esse, sim, me entende e sabe de todos os meus problemas de saúde. O Dr. Heráclito nem me dava mais importância. Vou lhe dizer uma coisa, minha filha, – completou com uma piscada em forma de cumplicidade – ele é bonitão, um verdadeiro pão. Ah! Se eu tivesse sua idade, não deixaria, de jeito nenhum, escapar um partidão como esse. Agarre-o, minha filha.

O médico chegava, justamente naquele instante, à sala da enfermeira, a tempo de ouvir as últimas palavras de D. Josefa. Cristina ficou com o rosto ruborizado de vergonha, enquanto a anciã sorria, concluindo em despedida:

– Doutor Sérgio, esta moça é de ouro. Veja se não fica aí *marcando bobeira,* que criatura assim não se encontra tão facilmente, nos dias de hoje.

Dizendo isso, retirou-se, apoiada em sua bengala, deixando os jovens desconcertados e meio constrangidos.

O médico foi quem procurou quebrar o silêncio.

– Pois é, Cristina, por hoje, o expediente fica encerrado. Confesso que estou curiosíssimo para saber o que, afinal de contas, ocorreu com você.

A moça, ainda meio sem jeito com a situação, sorriu e aquiesceu, retomando a narrativa:

Quando D. Samara me disse que eu estava livre, percebi um sentimento conflitante em meu coração, que era um misto de alegria e tristeza: "Para onde iria? O que seria de minha vida? Por que fora abandonada por minha família?" – pensava desorientada.

Então, abracei minha protetora e chorei copiosamente.

Como que adivinhando meus pensamentos mais secretos, ela procurou me consolar:

– Calma, minha filha, não se preocupe com o fato de não ter onde ficar, porque já decidi: você irá morar comigo. Minha casa será sua casa, e você lá permanecerá o tempo que quiser. Vamos! – encorajou-me. – Nos próximos dias, você vai ficar sabendo tudo o que lhe aconteceu. Por enquanto, o importante é que possa descansar, retemperar suas energias e recomeçar a grande batalha da vida.

Assim aconteceu. A casa de D. Samara era muito simples, porém acolhedora, localizada em uma chácara muito agradável, não muito longe daqui. Logo que adentrei em sua residência, senti paz no coração como, há muito tempo, não sentia. Naquela noite, sob a luz do lampião que nos iluminava, realizamos o Culto do Evangelho no Lar, e dormi placidamente, coisa que também, há muito tempo, não acontecia.

No dia seguinte, acordei cedo, com os primeiros raios do sol a penetrarem pela frincha da janela do quarto. Os pássaros já saudavam o novo amanhecer com seus alegres cânticos. Um cheiro delicioso de café sendo coado chegava até o meu olfato, despertando-me por completo. Levantei-me lépida e feliz. Parecia que, finalmente, estava reencontrando a alegria em meu coração.

– Bom dia, Dona Samara! – cumprimentei minha protetora, com entusiasmo.

– Bom dia, minha filha! – respondeu-me com seu sorriso sincero, que me cativava o coração. – Vejo que dormiu bem, pois

acordou cedo e bem-disposta.

– É verdade. Dormi como uma pedra, mas foi um sono leve e suave. Acordei com uma sensação boa em meu coração, Dona Samara. Como a senhora já me disse antes, os Bons Espíritos, em nome de Deus, têm me ajudado e certamente, durante essa noite, me auxiliaram para que eu tenha bom ânimo, pois sei que devo me preparar para tomar conhecimento da realidade. O que aconteceu comigo? Perdoe-me. A senhora tem me ajudado muito, e não quero abusar de sua bondade, mas preciso conhecer, quanto antes, toda a verdade. Se possível, gostaria de saber ainda hoje. Promete me esclarecer, sim?

A boa senhora ficou com a fisionomia séria e triste, todavia, diante da firmeza de minha vontade, concordou:

– Está bem, minha filha. Vamos tomar café, que depois tenho que colher algumas verduras para vendê-las. Gostaria que você apanhasse algumas frutas e cuidasse da casa. Vou à cidade; na volta, almoçamos. Após o almoço, teremos toda a tarde para conversar, e eu prometo lhe dizer toda a verdade.

Enquanto ela apanhava alfaces, couves e outras verduras na horta da chácara, fui até o pomar para colher frutas e confesso que fiquei estática por alguns momentos, recordando aquele dia desagradável que desejava sepultar para sempre, em minha memória. Aquela lembrança me fazia mal, de forma que apanhei rapidamente algumas frutas, retornando de imediato. Procurei afastar as más recordações com o trabalho. Arrumei meu quarto, lavei as louças e comecei a varrer a casa.

Antes de sair, a doce senhora deu-me um beijo, acariciando-me os cabelos como mãe amorosa:

– Fique com Deus, minha filha! Não deixe que as sombras da tristeza venham empanar o brilho de seus olhos. Você é muito jovem e ainda vai ser muito feliz em sua vida.

Aquelas palavras proferidas com tanto carinho me emocionaram. Sabia que D. Samara me acolhera por caridade, mas o que era mais importante: eu me sentia bem ao seu lado e tinha, em meu íntimo, plena convicção de que ela o fazia por sentimento sincero de amor. Emocionada, verifiquei minha protetora acomodando-se, em seu velho "fusquinha", as verduras e as frutas para vender em Paineiras. Ao pisar no acelerador, o motor assobiou, arrancando e deixando para trás uma nuvem de poeira. Em poucos minutos, sumia na distância.

A verdade é que me distraí com o trabalho. Como já se aproximava das onze horas, e D. Samara ainda não havia retornado, resolvi fazer-lhe uma surpresa: preparei o almoço.

Quando chegou, ao verificar que eu já havia preparado a refeição, cumprimentou-me:

– Minha filha, que grata surpresa! Acabei demorando mais do que devia, pois fiquei a conversar com o Dr. Heráclito. Coitado! Ele não anda bem de saúde. Embora seja cético em relação ao Espiritismo, achei que uma palavrinha poderia ajudá-lo. Eu estava pensando: "Vou me atrasar, e o almoço vai sair tarde". Mas, olha o que vejo! Você já o preparou. Isso já é um bom sinal, porque o trabalho é a melhor terapia para a mente e para a alma.

– Não sei se a comida ficou boa... A verdade é que improvisei, ao encontrar os ingredientes. Um bife e uma salada simples é uma coisa básica.

– Está tudo bom, minha filha – encorajou-me alegremente, enquanto experimentava a comida. – O arroz está uma delícia! Parabéns! Você tem uma boa mão para cozinhar.

Almoçamos de forma alegre e descontraída. D. Samara era uma criatura incrível e maravilhosa, aquele tipo de pessoa que sabe deixar qualquer um à vontade. Parecia que já éramos velhas conhecidas de outras eras.

Acabamos a refeição e, depois de já estar tudo arrumado, ela me convidou para que fôssemos até a varanda, onde nos sentamos.

– Cristina, minha filha, sei que você está agoniada para saber o que aconteceu, não é verdade? – disse-me ela.

– É verdade, senhora. Confesso que o fato de ter-me esquecido de um espaço de tempo de minha vida, de lembrar-me apenas do dia em que o noivo de minha irmã me agarrou e de que Tida nos apanhou, tendo me culpado pelo acontecido, tudo se apagou em minha mente. É como se eu houvesse tido um pesadelo terrível, indo dele acordar no hospital psiquiátrico. Até agora, pergunto-me: "O que aconteceu de tão grave que tudo se apagou em minha memória?". Lembro-me, ainda, do fato de minha irmã ter mencionando que eu não era legítima, que havia sido criada por seus pais. Depois disso, tudo ficou confuso em minha mente. Desde que despertei e tomei consciência de que

algo grave havia ocorrido, tenho me perguntado dia e noite: "O que aconteceu comigo?".

A querida amiga abraçou-me, acariciando minha fronte e, com voz pausada, iniciou os esclarecimentos:

– É, minha filha, essa foi a sua última lembrança, porque foi um choque emocional muito forte para você. Apenas o fato de José Antônio ter tentado coagi-la já seria, por si só, causa que justificaria violento estresse emocional. Quando sua irmã a acusou, fazendo a revelação do grande segredo que sua família guardava a seu respeito, o impacto emocional foi muito mais profundo, e você não resistiu. Você foi gerada como fruto de um amor proibido entre seu pai e uma moça pobre da região, que morreu ao você vir ao mundo. Ele conseguiu convencer D. Glória para adotá-la por piedade. Com o tempo, tudo foi descoberto. Sua mãe adotiva, embora muito contrariada, teve que se conformar com a situação, e, por tal motivo, você sempre foi discriminada. Seu pai jamais poderia dizer qualquer coisa que fosse, pois se encontrava desmoralizado diante da esposa, que revelou tudo à Tida. Você tinha duas inimigas, que não a suportavam, sendo sempre motivo de discriminações e deboches. Seu pai procurava, de alguma forma, compensá-la, mas tudo era muito difícil. Então, naquela tarde, ocorreu aquele triste fato.

Após um suspiro profundo, a boa senhora continuou:

– Você se encontrava sob forte pressão de estresse emocional, com sentimento de culpa e, diante da acusação e da hostilidade de sua irmã e da revelação de que não era filha

legítima, você se transformou. Ninguém mais a reconheceu, pois, como uma fera, você se projetou contra Tida, agredindo-a violentamente. Quando D. Glória tentou socorrer a filha, você a agarrou como uma leoa. Segundo relatos, sua fisionomia se transformou, e sua força tornou-se descomunal, de forma que, até a segurarem, você desferiu formidável surra nas duas. Você estava descontrolada. Nem dois homens conseguiam segurá-la, de modo que foi necessário encaminhá-la para o hospital psiquiátrico, onde teve que ser colocada em uma camisa-de-força e sedada. Foi quando a conheci, minha filha. Fiquei penalizada com sua situação, pois proferia palavras desconexas, e seus olhos pareciam perdidos no vazio, enquanto seu semblante traduzia ódio profundo.

Fazendo breve pausa para tomar um pouco de água, D. Samara prosseguiu a minha triste história:

– Particularmente, interessei-me pela sua situação, pois sentia imensa piedade por você. Analisamos seu caso e constatamos que era típico de violenta obsessão, desencadeada por processos traumáticos de débitos do passado. Existe uma teia de compromissos do pretérito que se enredam entre si: você, seu pai, sua mãe adotiva, sua irmã e nosso irmão desencarnado, que é inimigo de todos vocês. Aproveitou sua sensibilidade e seu desequilíbrio para fazer com que fosse o instrumento de sua vingança. Agrediu sua irmã e sua mãe e a colocou em um sanatório psiquiátrico. Com a graça e a permissão de Deus, pudemos interferir a seu favor, afastando as influências

negativas que o referido irmão passou a exercer, de forma peremptória, sobre você. Iniciamos um trabalho espiritual de assistência, envolvendo-a em orações e passes, realizando a desobsessão à distância com nossa equipe mediúnica. Com a graça de Deus, com o auxílio dos Bons Espíritos e um longo período de incansável trabalho, finalmente, logramos sucesso. Nosso irmão, que a perturbava, afastou-se, deixando de influenciá-la. Entretanto, havia que se dar tempo ao tempo, para que você pudesse se recuperar emocional e fisicamente, uma vez que foi submetida a fortes doses medicamentosas de barbitúricos, que inibiam seus sentidos e a deixavam extenuada.

Naquele momento, a enfermeira Cristina interrompeu a narrativa para enxugar as lágrimas que desciam pelo rosto, enquanto Sérgio, delicadamente, lhe oferecia um lenço.

– E meu pai? – questionei emocionada. – O que aconteceu com ele? Por que não foi me visitar? O que aconteceu com minha mãe e minha irmã?

Então, D. Samara respondeu, mais emocionada ainda, que infelizmente a notícia não era boa. Meu pai não resistira ao me ver naquela situação, internada como louca. Fora humilhado de forma cruel e impiedosa por minha mãe e por minha irmã e, em uma triste tarde de domingo, buscara a morte por meio de doloroso suicídio, enforcando-se na trave do celeiro, no fundo do quintal de casa. Elas nem se deixaram abalar pelo acontecido, porque, alguns meses depois, choveram pretendentes interessados no espólio da viúva. Tida foi para a Capital e, segundo informações, prestou vestibular, entrou em uma faculdade de medicina, formou-se e hoje trabalha como médica em um hospital de São Paulo.

E, enxugando a última lágrima, Cristina concluiu:

– *Durante cinco anos, fiquei sem notícias de Tida e de mamãe Glória. Na verdade, não mais as procurei, pois tudo isso ainda me machuca muito. A ferida ainda não cicatrizou e às vezes até sangra muito. Esta é minha história Sérgio, uma triste história de que tenho tentado me esquecer, mas é difícil, porque é parte integrante de minha vida e ficará gravada em minha memória para sempre. E, ainda, o seguinte: Minha mãe se casou novamente, vendeu a fazenda, mudando-se para São Paulo. Nunca mais as vi, porém não guardo rancor de nenhuma delas. Oito anos já se passaram, e D. Samara, aquela criatura que Deus colocou em minha vida e que considero verdadeiramente como minha mãe, me deu apoio em tudo que precisei. Eu também desejava fazer medicina, mas, e as condições financeiras? Na medida das possibilidades fiz enfermagem em uma cidade próxima daqui, e graças ao Pai, o Dr. Heráclito muito me ajudou, concedendo-me a oportunidade de auxiliá-lo no consultório, como enfermeira. Aprendi muito com meu "velho amigo", que já partiu para o Mundo Maior.*

***

Sérgio estava impressionado com a história de

Cristina. "Como as pessoas se enganam com as aparências!" – pensou consigo mesmo. Ele, que inicialmente nem tinha prestado muita atenção na moça, agora sentia verdadeira admiração por ela. A enfermeira discreta e calada tomava, diante de seus olhos, uma nova dimensão, qual uma heroína que lutou muito e venceu suas dificuldades e suas limitações.

– Cristina, sua história me impressionou, e confesso que estou admirado por sua bravura, pois reconheço que ainda não possuo tamanha coragem. Por outro lado, tenho muito interesse em conhecer D. Samara.

– Você irá amá-la, Sérgio! Devo tudo à "mamãe Samara", como carinhosamente a chamo hoje. Foi ela quem me acolheu no momento em que mais precisei de apoio, quem me amparou, me auxiliou na recuperação e me orientou no meu desenvolvimento mediúnico, por meio do Evangelho de Jesus e dos ensinamentos de Kardec.

– Tenho certeza, pois, apenas pelo seu relato, já sinto por ela uma grande admiração. Combine com ela para que, num destes finais de semana, eu possa ir até a chácara.

Cristina sorriu satisfeita. O fato de ter-se exposto em sua confidência e contado sua história ao Dr. Sérgio, de certa forma, aliviou seu coração. Além do mais, sentiu que o médico ficou interessado em conhecer sua benfeitora, o que, certamente, seria muito bom, pois tinha a certeza absoluta de que D. Samara haveria de auxiliar o amigo em seu problema íntimo.

Confidências e reflexões

Nos dias que se sucederam, nada digno de menção ocorreu. Cristina percebeu que o médico parecia mais alegre, mais descontraído e mais afável.

Nos momentos em que os pacientes rareavam e que, de alguma forma, havia alguma folga no serviço, ele chamava a enfermeira para conversar, trocar idéias, confidências... Tudo indicava que Sérgio tinha adquirido realmente uma confiança inabalável na moça, que acabou por tornar-se sua confidente. Sentavam um frente ao outro no consultório, enquanto as horas pareciam passar muito rápidas.

– Cristina, estou ainda impressionado, dizia o médico, pois tenho refletido muito a respeito do que aconteceu com você, sobre sua história. Você disse que, quando sua irmã fez a revelação, sentiu um acesso de fúria incontrolável e que, depois, não se lembrava de mais nada, até voltar à consciência, já estando internada no hospital.

– Exatamente, Sérgio. Aquela sensação de ódio era assustadora. Ainda hoje, fico arrepiada, quando me recordo daquele momento. D. Samara me esclareceu que não era eu, mas um Espírito inimigo, de outras existências, o qual se aproveitou de um momento de raiva e invigilância de minha parte, envolvendo-me no ódio mortal que ele sentia contra D. Glória e Tida. Assim, servi apenas de instrumento, porque, em meu desequilíbrio, ofereci campo de atuação para que um irmão infeliz tentasse concretizar seu plano de vingança contra as duas. Minha protetora ainda me alertou que eu também tinha compromissos com aquela entidade, por isso acabei sendo o instrumento negativo para a manifestação mediúnica.

– Então, você quer dizer que, em desequilíbrio, poderemos ser influenciados por Espíritos negativos? Lembro-me de ter lido algo em *O Livro dos Espíritos*, mas não compreendi muito bem.

– Sim, você leu nesse livro, onde os benfeitores espirituais esclarecem Kardec, quando ele pergunta: *Os espíritos influenciam nossa vida?* E eles respondem: *Muito mais do que imaginais*. Querem dizer com isso que nossa mente emite uma onda cuja vibração tem o teor do móvel de nossos pensamentos: sendo pensamentos bons, felizes, desejosos do Bem, estaremos em sintonia e recebendo influência de Espíritos felizes, que se sintonizam em nossa faixa vibratória mental; da mesma forma, se emitimos pensamentos desequilibrados, de rancor, ódio, mágoa, inveja, queixume, concupiscência, brutalidade, nossa mente irá se sintonizar com Espíritos que comungam com o mesmo teor vibratório desses pensamentos. Assim, eles encontram campo para atuar, de modo negativo, em nossa mente, e para nos influenciar de forma infeliz. Isso simplesmente acontece porque abrimos nossa guarda para os pensamentos negativos e permitimos a atuação desses nossos irmãos. O problema é que, quando identificam em nós as tendências negativas, nos envolvem em sugestões infelizes, e o que é pior: nós mesmos nos comprazemos e agasalhamos tais sugestões como se fossem nossas. Por essa razão, os benfeitores esclarecem a Kardec que os Espíritos influenciam nossa vida mais do que imaginamos e ainda de forma negativa ou positiva, dependendo apenas de nós mesmos.

– Acho que agora entendi a questão – comentou o médico, satisfeito com a lógica da explicação. – Na verdade, os Espíritos influenciam nossas vidas de acordo com a sintonia vibratória do teor de nossos pensamentos: sendo positivos, de alegria, de amor, de gratidão, seremos influenciados positivamente, porque oferecemos campo de atuação aos Bons Espíritos; porém, se os nossos pensamentos forem desequilibrados, de rancor, mágoa, ódio ou vingança, em suma, pensamentos negativos, estaremos em sintonia com Espíritos negativos, que se situam na mesma faixa vibratória que a nossa e que irão nos influenciar negativamente. Então, tudo isso quer dizer que constantemente estamos sendo influenciados por Espíritos, positivamente ou negativamente, dependendo apenas de nós, de nossos pensamentos e de nossas atitudes. Está correto meu raciocínio?

– Seu raciocínio está certíssimo – concordou a enfermeira com um aceno de cabeça. – Por essa razão, não podemos nos isentar das responsabilidades de nossos atos negativos, ainda que influenciados por Espíritos vingativos, levianos ou malévolos, porque, se não abrirmos a janela de nossa invigilância, eles não nos influenciarão com suas inspirações infelizes. Por isso Jesus nos recomendou a vigilância e a oração.

– Interessante... – comentou o médico, pensativo. – Quanto mais leio *O Livro dos Espíritos*, mais me identifico com os ensinamentos lá inseridos, pois tudo se reveste de lógica e de uma racionalidade muito profunda. Sempre entendi que Deus não poderia ser simplesmente identificado pela figura simbólica de um senhor idoso de barbas brancas, muitas vezes, irado com seus filhos desobedientes, o qual manda, para o sofrimento eterno das chamas infernais, os maus, e premia os bons para viverem ao Seu lado, na ociosidade do Paraíso, entoando cânticos de louvor e hosanas pela eternidade. Hoje, sinto que meus horizontes de entendimento se ampliaram para que minha razão compreendesse, pelos ensinamentos de Kardec, que Deus é sumamente bom e justo, que é a inteligência suprema do Universo e que nos criou simples e ignorantes para evoluirmos através das reencarnações sucessivas, até atingirmos a perfeição a que estamos todos destinados; compreendo, ainda, que caem por terra as falsas concepções de inferno, purgatório e paraíso e que, se Deus é a suprema inteligência do Universo, Ele quer o melhor para seus filhos, portanto não os pune. Também entendo que as dores que sofremos, as dificuldades que passamos e as tribulações que nos atormentam são fruto de nossas próprias atitudes e que padecemos as conseqüências de nossas ações equivocadas e dos erros por nós praticados.

Cristina sorriu feliz com a conclusão do amigo, pois ela demonstrava que, realmente, o médico havia se interessado pelo assunto e que estava levando a sério a leitura.

– Sérgio, não imagina como estou contente com o que está me dizendo, por duas razões: primeiro, é que isso demonstra que de fato vem lendo o livro que lhe dei e, segundo, que está compreendendo a profundidade dos postulados de Kardec, o que indica que já vinha sendo preparado, pois nem todos têm a facilidade de entendimento a qual você manifesta.

A enfermeira fez seu comentário, observando que o amigo parecia estar se recuperando aos poucos, reencontrando a paz de espírito. Seu semblante indicava mais descontração, transparecendo jovialidade e simpatia. Estava deixando de ser aquele médico calado, sisudo e casmurro, de algum tempo atrás. Se antes sua imagem parecia ser de mais velho do que realmente era, agora irradiava a figura de uma pessoa mais jovem e simpática. Observou ainda que os olhos do jovem pareciam perdidos no tempo e no espaço, como que viajando nas elucubrações, que o pensamento permite. Depois de alguns segundos de silêncio, o médico por fim disse:

– Sabe, Cristina, sempre tive dificuldade de entender por que ocorrem tantos desencontros, desencantos e sofrimentos em nossa vida, por que encontramos criaturas boas e criaturas más, por que somos diferentes uns dos outros, por que uns são felizes e outros infelizes, por que existem pessoas afortunadas e pessoas miseráveis, por que existe doença para uns e saúde para outros, por que há pessoas perfeitas e outros verdadeiros estafermos, por que alguns têm inteligência aguçada e outros não, alguns manifestam dons, pendores e sensibilidade para a arte da pintura, da música e da poesia, enquanto outros apenas conseguem sobreviver com o trabalho bruto; por que existem aqueles que mal conseguem completar o grau primário da instrução e, por esse motivo, não virão a ter as mesmas oportunidades que aqueles que estudaram têm, e jamais terão a capacidade de entendimento que estou tendo agora. Por quê? Por que encontramos pessoas pela primeira vez e nos parece que as conhecemos há milênios? Por que pensamos que conhecemos as pessoas e, muitas vezes, ficamos desencantados, desiludidos e decepcionados com elas Por que ainda confundimos sentimentos de amor e ódio ao mesmo tempo? Estou sempre me perguntando o porquê de tudo isso.

O médico fez breve pausa, emocionado. Seus olhos estavam rasos de lágrimas, as quais não chegavam a cair. Parecia estar em um monólogo, como que falando para si mesmo, em suas elucubrações mentais. Cristina permaneceu calada, pois pressentia que aquele momento era de uma auto-análise do amigo, em relação aos seus problemas, aos seus desencantos. Passados breves momentos, ele continuou:

– Sempre me questiono por que é difícil entender que na natureza tudo é perfeito e que em tudo se manifesta a sabedoria de algo superior. Confesso que, muitas vezes, me admiro em pensar no milagre da Vida, que se manifesta ao nosso redor. Imaginar que um dia uma simples bolota de carvalho se tornará frondosa árvore, a fornecer sombra e abrigo; que as flores desabrocham nos campos, cada uma com cor e perfume diferentes; que as frutas brotam do seio da terra, cada uma com formato diferenciado e sabor peculiar. Pensar na beleza dos pássaros que voam no espaço azul do céu, cada um com sua plumagem e cores características; nas nuvens brancas, que passam vagarosas; na chuva caindo; nos trigos que vicejam nos verdes campos... Enfim, parece-me que na Vida tudo está certo, apenas o homem, como a criatura inteligente que povoa nosso planeta, é que está errado e que destrói a beleza das coisas simples com que Deus nos presenteia constantemente.

A jovem estava admirada com os elevados conceitos apreendidos por Sérgio e, com receio de interromper sua linha de raciocínio, apenas concordava com um aceno de cabeça, enquanto o rapaz retomava sua explanação:

– Fico a imaginar a grandeza do nosso Sistema Solar, cujos planetas giram em perfeita harmonia, em torno do Sol, cada um com sua órbita, distância e velocidade, carregando, em sua aura gravitacional, seus satélites na infinidade das galáxias e nebulosas, que se perdem na imensidão do Universo sem fim. No meio de tudo isso, nosso pequenino planeta, que nos serve como berço para nossa evolução, segue seu giro no espaço, ao redor do

Astro Rei, desde o início da Criação, cumprindo sua incumbência de nos agasalhar, de nos proteger, de nos amparar, em nossa jornada evolutiva. E eu me pergunto: "Haveria outros mundos habitados?". E Kardec nos esclarece que existem muitos mundos e humanidades na casa do Pai. Então, quando penso em tudo isso, na grandeza do Universo, o qual é a obra de Deus, percebo que somos tão pequenos, a ponto de nossos problemas se tornarem migalhas diante do incomensurável. Tudo fica relativo e pequeno demais diante de Deus.

Sérgio concluiu seus pensamentos, ficando em silêncio meditativo. Depois de algum tempo, Cristina resolveu ponderar:

– Você tem razão, Sérgio. O que acaba de dizer, demonstra, na essência, que está compreendendo a filosofia espírita, que nos mostra a grandeza de Deus, de sua Criação, de suas Leis sábias, que oferecem oportunidades renovadas ao filho infrator para que ele se reabilite, como por exemplo, a Lei de Causa e Efeito, Ação e Reação, contemporizada pela Misericórdia Divina. Aprendemos que tudo que passamos é fruto dos erros praticados no passado e que os que cometemos agora serão compromissos que assumimos para resgate no futuro, mas que afinal temos em nossas próprias mãos a oportunidade de nos reabilitarmos, oportunidade essa facultada pela Misericórdia de Deus, através de reencarnações sucessivas. Dessa forma, nenhum filho se perde, e seu destino final será a condição de Espíritos perfeitos, a qual será conquistada pelo esforço de cada um, em sua ascensão evolutiva.

– Obrigado, Cristina, por ter-me dado a oportunidade do conhecimento, quando me emprestou este livro maravilhoso. Realmente, estou mudando muitos conceitos arraigados em minha personalidade, mas tenho a perfeita consciência de que, ainda, muito preciso aprender.

– Você tem razão, Sérgio. Todos nós, por mais que saibamos, temos que ter a consciência de que, diante de Deus e do Universo, sabemos muito pouco ainda.

– Na verdade, o que sinto é que, embora ainda não tenha superado meu problema, acho que agora estou no caminho certo. Não sei por quê, mas tenho uma convicção muito forte de que finalmente haverei de encontrar paz de espírito. Engraçado... Estava me lembrando, neste exato momento, de que, nos últimos tempos, eu tinha a impressão de estar sendo vigiado: via sombras estranhas e sofria pesadelos. Percebo que isso não está ocorrendo mais comigo. Será que tal mudança tem a ver com o fato da leitura?

Cristina sorriu diante da pergunta ingênua do médico.

– Nem tudo se resolve simplesmente com uma

leitura, Sérgio. As coisas não são tão simples assim. A mudança dos acontecimentos vai depender do grau de perturbação de cada um, da sensibilidade mediúnica e do estado de desequilíbrio em que a pessoa se encontra. Entretanto, uma leitura edificante pode ajudar, e muito, pois, quando lemos um bom livro, passamos a viver a história, viajamos no tempo e no espaço. Também avançamos no futuro, retornamos ao passado, choramos, rimos e nos emocionamos, e tudo isso tem a propriedade de nos elevar em termos vibratórios, libertando-nos de pensamentos sombrios e perturbadores, que oferecem campo à obsessão.

– Mais uma vez, você tem razão, porque, depois que comecei a ler *O Livro dos Espíritos*, realmente tenho viajado na leitura, imaginando a grandeza da Criação, do Universo, de outros mundos habitados, da beleza e da complexidade do mundo espiritual, o qual envolve o grande mistério da morte e da vida além da morte. Tudo isso me fascina e me entusiasma, e me absorvo completamente, em toda essa grandiosidade... E, sem perceber, já modifiquei meus pensamentos, esqueci a tristeza e a mágoa, que ainda teimavam em machucar meu coração. Confesso que me sinto muitíssimo melhor assim.

– Você irá gostar muito de conversar com mamãe Samara. Ela é uma criatura sábia, e certamente vocês terão muitas coisas a se falarem. Não tenho dúvidas de que irá se encantar com ela, pois, além de tudo, é alguém muito especial.

– Então, Cristina, estive pensando que, como a próxima terça-feira é feriado e estamos necessitando de descanso, depois de tanto tempo de trabalho, mereceríamos emendar a segunda-feira, para um final de semana mais prolongado. Dessa forma, acho que poderíamos combinar para passá-lo no sítio de D. Samara. Você lhe perguntaria se isso seria possível?

– Eu já havia comentado com ela sobre isso. Ela me disse que, quando você quisesse ir, seria motivo de muita satisfação, Sérgio. Então, se pretende mesmo, pode preparar suas malas, que já está tudo acertado.

– Ótimo, comentou o rapaz com um sorriso de satisfação. – No sábado, pela manhã, rumaremos para lá. Já me sinto renovado só de pensar em passar um final de semana em um sítio, distante dos problemas e da rotina do dia-a-dia.

Naquela noite, como de hábito dos últimos tempos, o médico dedicou-se à leitura e às elucubrações a respeito dos problemas existenciais, dos desencantos que deixara para trás, chegando à conclusão de que uma nova vida o aguardava. Uma nova oportunidade estava começando a se delinear, e, em suas lembranças de sofrimento e tristeza, uma luz começava a brilhar finalmente, iluminando um novo dia de promessas e esperanças, afastando as sombras para dar lugar à luz da alegria e da paz de espírito.

Na fazenda

Naquele sábado, Sérgio acordou bem cedo. Estava bastante disposto e feliz com a novidade da rotina quebrada. Afinal, um fim de semana diferente, pois, embora já estivesse acostumado com aquele lugar pequeno e com a simplicidade do povo, o fato de passar alguns dias em uma região rural, distante da cidade, já era algo que o alegrava.

Colocou a bagagem no porta-malas, dirigindo-se para a casa onde Cristina morava, juntamente com duas amigas. A enfermeira já o aguardava com um sorriso:

– Olá, Sérgio! Bom dia! – cumprimentou a moça, alegremente.

– Bom dia, Cristina! Que bom que já está pronta! Encontro-me ansioso para pegar a estrada.

– Não se entusiasme muito, pois, embora o sítio não seja muito longe, boa parte da estrada é de terra, e a viagem acaba demorando.

– É isso mesmo o que desejo: sentir o cheiro da terra, da natureza, acordar com pássaros cantando, andar a cavalo e pescar. Mas o que mais quero, realmente, é andar a cavalo.

– Mamãe Samara não cria cavalos; ela sente muita pena desses animais. Mas não se preocupe, pois o Sr. Agenor, nosso vizinho, tem uma belíssima fazenda, onde cria gado e também muitos cavalos, que são domados por seus peões. Com certeza, ele arrumará dois deles, bem mansos, para que nós possamos cavalgar.

Os jovens conversavam entusiasmados, enquanto o médico ajeitava a bagagem da moça. Em seguida, acionou a ignição, dando partida. O possante motor do carro roncou, e, em poucos minutos, eles estavam na estrada.

Tão logo romperam os limites de Paineiras, Sérgio sentia o cheiro matutino do mato orvalhado, ao mesmo tempo que a brisa fresca da manhã soprava seu rosto tal qual uma carícia. O Sol já estava bem alto no horizonte, e as belas paisagens dos verdes campos passavam céleres, insuflando-lhe um novo ânimo, como se a vida começasse novamente a fluir por suas veias. Ele parecia recuperar seu entusiasmo, enquanto conversava descontraído com Cristina.

A jovem estava muito feliz, porque o médico *abrira a guarda* de vez, com um diálogo leve, feliz e animado.

Ambos riam das bobagens que falavam como se fossem velhos amigos de longa data, de tantas outras existências.

A viagem transcorria alegre e descontraída. Sérgio ouvia as orientações de sua companheira, e seguiam por estradas ermas, de pouco movimento, mas de paisagem compensadora: as planícies se estendiam ao longe, proporcionando uma visão maravilhosa da natureza, das plantações e das pastagens, onde a imagem do gado transmitia sossego e paz de espírito.

O dia claro de sol, que irradiava seus raios de luz por todo infinito azul do céu, contribuía para o estado de ânimo dos viajantes. Tudo era tanta alegria e festa, que não perceberam que o tempo passara, e rápido. Quando
Sérgio menos esperava, Cristina anunciou:

– Já estamos chegando. Depois daquela mata, um pouco mais adiante, atravessaremos o Córrego da Lagoa Serena e chegaremos ao sítio de mamãe Samara.

– Confesso que estou impressionado, pois nem percebi as horas passarem. Olhe, Cristina, queria lhe dizer que, há muito tempo, não sinto tamanha alegria e jovialidade em meu coração. Durante estes dias, quero esquecer completamente meus problemas e, quem sabe, fortalecer-me, para sepultar de vez as tristezas de meu passado infeliz.

– Sérgio, você não deve, nem em pensamento, se ligar a seus problemas. Aproveitemos estes dias para nos divertir, descontrair de verdade, porque estamos distantes da civilização.

– Estou encantado com a beleza deste lugar! Estas planícies nos propiciam uma vista que vai tão longe... Isso nos dá uma sensação maravilhosa de liberdade. Aqui, sim, sentimos a plenitude da vida.

A jovem sorriu diante do entusiasmo espontâneo do rapaz.

– Não se entusiasme muito, não, pois, durante o dia, tudo aqui é realmente lindo. À noite, porém, quando não aparece a Lua, tudo fica muito escuro como breu. É disso que os matutos tiram muitas lendas e histórias, que

contam depois, ao redor da fogueira.

– Ah! Isso é que eu gostaria de ver: uma noite escura em que os peões se reúnem à volta da fogueira para contar histórias!

– Então, você ficará satisfeito, Sérgio, porque os peões do Sr. Agenor costumam, durante a semana, fazer *roda de viola* ao redor da fogueira. Muitas vezes, vêm aqueles que gostam de contar *causos* para assustar os outros. São apenas histórias e crendices populares, que os contadores *negam a pés juntos* não serem elas verdadeiras, juram que, realmente, aconteceram. É muito divertido. E, por falar no Sr. Agenor, vou lhe contar uma coisa, mas que fique apenas entre nós: ele é viúvo e mora sozinho, pois suas filhas são casadas e residem na cidade; acho que tem uma queda por mamãe Samara. É apenas uma suspeita minha, que deve ficar entre nós, por favor.

O rapaz sorriu, divertindo-se com a confidência da amiga.

– É claro, Cristina, isso vai ficar apenas entre nós. Tranqüilize-se, que eu sei guardar segredos muito bem.

Finalmente, depois de circundar a mata e percorrer pequeno espaço de onde se podia vislumbrar o verde viçoso da campina, Sérgio avistou, logo adiante, uma casa de tijolos pintada de amarelo-claro, em cuja entrada havia duas majestosas palmeiras, rodeadas por um jardim com belas flores e folhagens multicoloridas, tudo isso demonstrando o bom-gosto de sua proprietária. À frente,
uma varanda com espaço para redes de balanço, mostrava que não havia sido esquecido nenhum detalhe para um verdadeiro repouso, naquele recanto bucólico.

O barulho do motor destoou daquele ambiente de paz e tranqüilidade, quebrando a monotonia do sagrado silêncio da natureza. Logo em seguida, assomou, à porta de entrada, uma figura venerável de mulher, na casa de seus sessenta anos. Cabelos todos brancos e uma silhueta franzina contrastavam com a altivez daquela criatura, que, ao avistá-los, abriu um sorriso encantador de boas-vindas.

– Sejam bem-vindos, meus filhos! – cumprimentou, abrindo os braços para um longo abraço, que envolveu a moça de forma carinhosa e maternal. Cristina, emocionada, beijou-lhe a face e afagou aqueles cabelos encanecidos.

– Mamãe Samara, que alegria em revê-la! A senhora está tão linda! Parece que não envelhece nunca. Mas, deixe-me apresentar-lhe o Dr. Sérgio, meu chefe e amigo.

– Estou muito feliz por recebê-lo, meu filho! Há tempos, Cristina tem me falado de você, e hoje estou tendo a felicidade de conhecê-lo. Não repare, que nossa casa é simples, mas pode considerá-la sua também.

Sérgio ficou impressionado com a figura venerável daquela senhora. A aparência frágil era apenas no aspecto físico, pois o rapaz percebeu a energia vigorosa que irradiava de seu olhar, revelando profunda serenidade. Sentiu envolver-se em agradáveis eflúvios vibratórios, quando a anfitriã o abraçou.

– Muito agradecido por sua gentileza em permitir que eu pudesse passar aqui este final de semana prolongado, Dona Samara. Cristina fala bastante a seu respeito, de forma que, há muito, desejava conhecê-la para conversarmos um pouco. Tenho tantas dúvidas na cabeça...

– Dúvidas, meu filho, quem não as tem? Até o mais sábio dos sábios sempre se questiona a respeito do imponderável. Quem somos nós? Mas, não vamos ficar aqui conversando. Por favor, entrem, que a casa é nossa –

completou com um sorriso acolhedor de boas-vindas.

Sérgio adentrou naquela casa simples, porém bastante ampla, arejada e agradável. Espaço não era problema, pois observou que os cômodos eram muito grandes, de modo que uma residência como aquela poderia abrigar numerosa família, caso necessário. Móveis rústicos, sem nenhuma ostentação, completavam a simplicidade que combinava com a marcante presença de sua proprietária, que, de forma gentil e sem afetação, apresentou ao médico:

– Doutor Sérgio, estes são seus aposentos. Sinta-se em sua própria casa – voltou a repetir. – Cristina é minha filha de coração e é da casa. Então, não preciso me preocupar com ela. Se quiser tomar um banho, fique à vontade. Assim que estiver pronto, prepararei um café, pois provavelmente estão cansados da viagem. Creio que, em seguida, desejem descansar um pouco.

– Dona Samara, agradeço por tantas gentilezas, mas gostaria de pedir-lhe mais uma grande gentileza: por favor, não se preocupe com formalidades, chamando-me de doutor. Por tudo que ouvi a seu respeito, eu é que devo reverenciá-la, porque me sinto como um simples aprendiz na Escola da Vida. Este lugar me transmite muita paz ao coração, de forma que desejo me integrar, de corpo e alma, na simplicidade e na alegria das coisas mais singelas e puras da existência. As experiências da vida sofisticada da cidade grande apenas me trouxeram desencanto e tristezas ao coração.

– Ah! meu filho, pelo menos, temos isso de bom aqui! Considero-me uma privilegiada, ao acordar logo pela manhã, com o chilrear dos pássaros, que me despertam, vibrando melodias no espaço, com seus cantos alegres, saudando mais um dia, em que Deus nos abençoa com a vida. Sinto-me feliz por poder presenciar o espetáculo magnífico do Sol, que tinge o horizonte de rubro a cada alvorada. Sou espectadora postada em cadeira cativa, todos os dias, observando as flores que desabrocham na natureza, o espetáculo da chuva que cai, fecundando a terra, a beleza do arco-íris, que enfeita o espaço azul com seu colorido inigualável; ouço o barulho das águas do riacho que passa e da fonte que canta, oferecendo o precioso líquido que brota da terra. À noite, assisto à beleza das estrelas que cintilam no firmamento, na gaze leitosa da Estrada de São Tiago. Quando é noite de lua cheia, aprecio essa maravilha prateada, a clarear a distância com sua luz pálida, e me deleito com o som das cantigas de viola, que vibram na lonjura adormecida. Tudo isso é lindo e poético, mas a vida aqui também é dura. Porém o caboclo, por si, já é um batalhador que conhece a dureza da lida, sem perder a inocência da alegria por poder apreciar, em sua simplicidade, as maravilhas da natureza que o rodeia. A vida aqui é de lida diária, de lutas constantes, porém tudo isso é compensador, e posso dizer-lhe com toda segurança: vale a pena viver, quando vivemos com intensidade e alegria no coração. É verdade que cada um de nós carrega, dentro de si, dúvidas e tormentas, mas trazemos também, dentro de nós, alegria e felicidade. Tudo é uma questão de estado de espírito. Por isso entendo que o problema está sempre conosco, em nosso íntimo e, onde quer que estejamos, ele nos acompanhará. A não ser, quando aprendemos a buscar e edificar o Reino de Deus em nós. Dessa forma, os problemas não deixarão de existir, todavia, com Jesus ao nosso lado, vamos aprendendo a desalijar, de nossas costas e de nosso peito, os pesados fardos que nos oprimem. Temos que aprender a valorizar as coisas boas da vida e a dar aos problemas, às angústias e às tormentas, apenas o valor relativo que elas merecem.

Naquele momento, Cristina postou-se ao lado do jovem, segurando suas mãos em sinal de apoio, enquanto ele ficou silencioso e pensativo com o que ouvira de D. Samara, que continuou com suas palavras:

– Se você veio, realmente, em busca de paz para seu coração, meu filho, pode ter a certeza de que a encontrará, desde que esteja disposto a dar uma chance para você mesmo. Sinto seu coração ainda opresso de angústias do passado e vejo que intimamente sua alma chora. Você terá que aprender a esquecer o que já passou e a perdoar, caso contrário, diante de tantas maravilhas que a vida oferece, você simplesmente passará por tudo, como tantos outros: sem perceber a beleza das flores na primavera, sem sentir o perfume das rosas, nem o colorido do arco-íris, sem, nem mesmo, se quedar na simplicidade que a natureza oferece. O Universo é paz e equilíbrio, e tudo vibra na harmonia do Criador. Se não nos desvencilharmos das mágoas e dos desencantos do passado, procurando esquecer e perdoar, faremos de nossa vida, que é tão bela, apenas uma experiência negativa, amarga e infeliz. Tudo se renova a cada manhã, mas temos que abrir nosso coração para a luz do Pai, a qual se irradia pelo infinito, iluminando-nos e aquecendo-nos em espírito.

A bondosa senhora havia atingido o ponto de sensibilidade do jovem médico, que estava com os olhos marejados de lágrimas, mas, assim mesmo, levantou a cabeça e sorriu:

– Obrigado por suas palavras! Reconheço que tem toda a razão. A verdade é que, para mim, ainda não é fácil esquecer experiências que me foram traumáticas e que ainda me machucam muito. No entanto a senhora está coberta de razão, porque não podemos viver eternamente nos lamuriando por problemas que já fazem parte do passado. Sinto que meu peito anseia por renovação, por novos ares, por alegria, por um novo tempo. Seria tão bom se pudéssemos sepultar, no esquecimento, o que já passou, com um simples passe de mágica! Porém, infelizmente, temos que sorver até a última gota de fel, deixando a taça completamente vazia.

– Sim, meu filho, você está certo em sua ponderação, pois o grande mérito do perdão real e verdadeiro é aquele que nos leva a superar as nossas próprias deficiências e mágoas, desvencilhando-nos de rancores, ressentimentos que nos envenenam, e livrando-nos do ódio, que sufoca os nossos corações. Entretanto, muitas vezes, nos comprazemos no excesso da taça de fel, pois, de repente, sem nem mesmo nos apercebermos, já a esvaziamos e, se não tivermos cuidado, acabaremos por enchê-la de novo.

A conversa estava animada, mas Cristina interveio de forma carinhosa:

– Mamãe, deixe-nos acomodar e tomar o café, pois teremos muito tempo para conversar. Com certeza, vocês terão muito ainda a falar, não é Sérgio?

– Tem razão, Cristina. Conversar com D. Samara é bastante gostoso e agradável. Já vi que vamos palestrar muito... – concluiu o médico, com um sorriso, enquanto se dirigia ao seu quarto.

Meia hora depois, estavam à mesa farta, com pão caseiro, bolo de fubá, frutas das mais diversas, queijo, leite e o café, cujo cheiro recendia. O rapaz saboreava, com prazer, os quitutes e o delicioso cafezinho feito pela anfitriã.

– Dona Samara, este seu pão está simplesmente divino! Uma delicia! – exclamou o rapaz, com entusiasmo, enquanto se refestelava naquele ágape dos deuses. Depois, a senhora precisa me dar a receita deste pão.

Cristina se juntou aos elogios:

– Ah! Você ainda verá como mamãe Samara é prendada e as maravilhas que ela faz na cozinha.

D. Samara estava feliz. Uma das coisas que mais lisonjeiam uma mulher, uma dona de casa, é ser reconhecida em suas prendas e verificar que as pessoas gostaram e comem com prazer.

– O pão tem um segredo, meu filho. A massa deve ser muito bem preparada, com farinha de trigo, ovos e azeite. Um detalhe importante é o fermento caseiro, que também faz parte de minha receita. Pronta a massa, é grande o trabalho para alisá-la no cilindro. Corto um pequeno pedaço dela, faço com ele uma bolinha, coloco-a em um copo com água e, no primeiro momento, ela vai ao fundo. O forno tem que ser de barro, porque, depois de muito calor das fornadas, fica como que vitrificado e refratário. Enquanto a massa está crescendo, coloco fogo na lenha, no fogão queimando, até que tudo esteja num completo braseiro. Não podemos esquecer a bolinha de massa que coloquei no copo, pois, quando ela subir, significa que a massa está crescida e pronta para ser transformada em pães. Aí, então, ponho o alecrim do campo no forno; em seguida, retiro as brasas e limpo as cinzas, que estão ainda muito quentes, e o alecrim, já murcho, o qual deixa um delicioso perfume no forno. Pego, em seguida, os pães, e, com uma pá de madeira, coloco-os lá dentro, cuidadosamente, um por um, sobre uma pequena folha de bananeira, para que eles não grudem embaixo. Depois, tampo o forno bem tampado, para que o calor não se perca e aguardo o cheiro delicioso dos pães já assados, o qual recende por tudo, quando eles estão prontos. Por fim, é só tirá-los e saboreá-los, enquanto quentes, principalmente com manteiga, que neles derrete, e um cafezinho feito na hora.

– Nossa, Dona Samara! Estou admirado com tudo que me explicou. A senhora me parece uma pessoa muito sábia. Gostaria de acompanhar o preparo de uma fornada de pães.

– Podemos fazer nestes dias, desde que vocês me ajudem a alisar a massa, que é a parte mais trabalhosa.

– Pode contar comigo – prontificou-se o rapaz. Mas, realmente, tudo está muito gostoso. Estas frutas estão apetitosas demais! E que delícia este mamão! Meu Deus, que sabor! Fazia muito tempo que não eu comia frutas tão saborosas!

– É que são apanhadas do próprio pé e consumidas

quase na mesma hora. Então, conserva-se o sabor natural. Por isso, tudo aqui é mais gostoso – esclarecia Cristina, com um sorriso.

– Adoraria poder apanhar uma fruta e saboreá-la logo em seguida! Infelizmente, acabamos nos acostumando com as frutas que são vendidas na cidade, depois de alguns dias que foram colhidas, ou então com as que foram colhidas antes de estarem completamente maduras. Daí, ser outro o sabor.

– Depois, Cristina vai acompanhá-lo até o pomar, onde poderá colher e saborear, à vontade, todas as frutas que estiverem maduras.

– Você gosta de pitanga? – perguntou Cristina, descontraída, para, logo mais, emendar: - Temos, no pomar, um pé de pitanga, que todo ano costuma ficar carregadinho. Espero que esteja assim neste ano.

– Você acertou, filha – confirmou a bondosa senhora. – O pé de pitanga está todo carregado, e elas estão todas vermelhinhas. A gente nem liga. Uma parte cai no chão, outra, os passarinhos comem, e muitas vezes nos esquecemos de saboreá-las – concluiu, explicando ao médico.

Um sorriso de felicidade iluminou o rosto de Sérgio.

– Meu Deus, pitanga?! Adoro pitanga! Quanto tempo faz que não saboreio uma sequer! Cristina, por favor, leve-me até esse bendito pé de pitanga!

– Podemos ir agora mesmo, pois também estou com vontade de comer pitangas. Mamãe, arranje-me um cesto, que quero apanhar algumas frutas para comermos depois.

A moça se levantou, estendendo a mão ao médico, e lá foram os dois em direção ao pomar, enquanto D. Samara os observava, sorrindo com satisfação.

Depois de algum tempo, retornaram alegres e com o cesto carregado de tangerinas, mexericas, laranjas e pitangas.

– Minha senhora, nunca comi tanto em minha vida! – comentou o rapaz. Acho que agora até precisaria tirar uma soneca. À tarde, poderíamos dar uma volta pela região. Gostaria de conhecer o sítio e as redondezas.

– Já falei com o Felisberto, retireiro(*) da fazenda do Sr. Agenor, e ele ficou de arrumar dois cavalos para vocês passearem. Fique à vontade, Sérgio, descanse. Depois do almoço, você e a Cristina saem para um passeio pelas redondezas. Se aprecia a natureza, irá gostar muito daqui, porque, embora seja tudo simples, nada se compara às belezas criadas pela própria natureza.

À tarde, após o almoço, montaram nos cavalos que estavam à espera e saíram para um passeio pelos campos.

(*) Retireiro: empregado rural que tem a incumbência da ordenha do gado leiteiro. (Nota do autor espiritual)

Os animais eram muito mansos, e os arreios, macios, mas Sérgio estava todo desajeitado, enquanto Cristina parecia ser uma perfeita amazona.

A moça se divertia com as dificuldades do amigo:

– Cuidado, chefe, porque, se cair do cavalo, o médico mais próximo daqui é você mesmo! Teremos que chamar algum benzedor da região para resolver seu problema!

– Se eu for cuidado como fui pelo preto velho Leôncio, ficarei tranqüilo.

– Falando no velho Leôncio, mamãe Samara sabe do ocorrido. Já contei a ela. Tudo bem?

– Tudo certo, pois sempre será interessante ouvir alguma explicação de alguém que conhece tanto os fenômenos espirituais como ela.

Enquanto falavam, os cavalos foram se distanciando em direção ao gado que pastava, tranqüilamente, a relva verde. Sérgio se encantou com um bezerro recém-nascido, ainda de poucos dias, que saltitava feliz ao redor de sua mãe, como que descobrindo o sabor da vida e a alegria de viver. Observando o animalzinho, não se conteve em seu comentário crítico:

– Fico pensando comigo mesmo, Cristina, que o pior animal que existe é mesmo o homem. Imagine que somos capazes de matar criaturas tão dóceis e úteis como a vaca. Um animal tão pacato que nos deixa tirar seu leite, que é o sustento de sua cria, para alimentar o ser humano, que, não satisfeito ainda, come sua carne, aproveita seus ossos e sua pele.

A moça sorriu com o comentário do médico, que demonstrava acima de tudo, sensibilidade de espírito.

– Concordo com você, e entendo que existem países, como a Índia, onde a vaca é animal sagrado, porque, se pensarmos bem, é dela que vem o leite que alimenta a humanidade toda, desde a tenra infância até o final da existência. O pior é que matamos esses animais para nos alimentar; porém, o que considero mais grave ainda é que vitelas são mortas com menos de um ano de idade, porque a carne é tenra e macia. Isso é uma crueldade, se pensarmos que são pouco mais que bebês, que vemos saltitantes e alegres, porque desconhecem do que o homem é capaz. Mas, infelizmente, esses hábitos ainda fazem parte de nossa inferior condição espiritual. Quem sabe, um dia, haveremos de abolir tais costumes de nossa moral ainda atrasada.

– Você tem razão, Cristina. Acreditamos que ainda temos tanta coisa a melhorar, se pensarmos que os seres humanos são capazes de se trucidarem uns aos outros, que ainda segregamos pessoas pela cor da pele e alimentamos sentimentos pequenos por diferenças de cultura, religião e mesmo de condição social. Se o homem, por ser a criatura que evoluiu na condição intelectual e que alcançou o entendimento e o conhecimento do que é certo e errado, ainda assim, tudo faz para destruir a natureza, penso que, ao dizermos que somos "animais", realmente estaremos sendo injustos com nossos irmãos ditos "inferiores", porque os animais não têm maldade.

Cristina ficou em silêncio, pois observou que uma nuvem de tristeza pairava no semblante do amigo, que, em seguida, continuou suas observações:

– A verdade é que já estive na selva, quando terminei a residência médica, e, durante o período em que convivi com os "selvagens", cheguei à conclusão de que, na verdade, eles é que são os civilizados e nós, os selvagens. Os silvícolas, em sua pureza, não costumam ser premeditados, e suas atitudes são genuínas e ingênuas, despidas de maldade. Estabelecem seus costumes, que pare eles são sagrados. Auxiliei na condição de médico, mas confesso que, na condição de ser humano, aprendi verdadeiras lições de vida com aqueles irmãos.

– Então, você já esteve na selva como médico?! Estou admirada, pois jamais suspeitei, e você nunca comentou nada...

– É que tudo isso faz parte de minha história, a qual tento superar. Foi junto aos silvícolas da Amazônia que sofri a perda mais dolorosa de minha vida e, ao voltar à cidade, o desencanto maior que poderia ter sofrido, fatos esses que procuro esquecer, superar, sepultar em minha memória. Sabe de uma coisa, Cristina? Acho que estou aqui não é por acaso. Foi muito bom conhecer D. Samara. Quem sabe é chegada a hora de abrir meu coração! Tenho a certeza de que ela poderá me auxiliar a vencer tudo isso. Mas, deixemos esse assunto para depois. Aproveitemos o passeio, porque existem tantas coisas belas por aqui, e nem estou apreciando.

– Concordo com você, Sérgio. Estou certa de que mamãe Samara poderá ajudá-lo muito. Vamos, agora, até o alto do espigão(*), onde se encontra a pastagem que dá divisa com a fazenda do Sr. Agenor, pois quero lhe mostrar algo muito interessante. É uma nascente de água. Você já viu alguma?

– Não, nunca vi uma antes. Então, vamos até lá, pois estou curioso. Com este calor, até que seria uma boa idéia lavar o rosto com a água fresca da nascente. Dizem que a água brota da terra e é bem fresca, é verdade?

– Da água das demais nascentes nada posso dizer, mas a que brota dessa nascente, sai realmente muito fresca. É uma delícia beber uma água tão pura que você vê nascendo do seio da terra. Eu, que já estive aqui tantas vezes, não canso de admirar a grandeza e a sabedoria de Deus, que faz a água cair do céu em forma de chuva e faz brotar água do chão de forma tão tímida, transformando-se, aos poucos, em rios e cascatas maravilhosas. Pena que

(*) Espigão: local mais alto de uma região de planície. (Nota do autor espiritual)

o homem ainda não respeite nem valorize tais bênçãos, que o Pai nos oferece por meio da natureza.

Rumaram os cavalos para o alto do espigão, que se repartia no meio, formando pequeno vale, coberto por um denso vergel quase que inacessível e intocável, como se aquele local fosse um templo sagrado construído pela própria natureza, devendo, portanto, ser respeitado pelo homem. Amarraram os animais em um mourão de aroeira, seguindo a pé por uma trilha que a moça conhecia.

À medida que penetravam no bosque, Sérgio observava admirado, árvores seculares, que se erguiam altaneiras, oferecendo sombra compacta, a refrescar o ambiente. Andavam pela trilha que os conduzia a uma grande parede de pedras cheias de musgo, a qual se formara como um leito natural, por onde corria límpido filete de água cristalina. Caminhando um pouco mais, o médico observou maravilhado que das pedras brotava uma pequena queda-d'água, composta por formoso aljôfar de gotículas, a sustentar gracioso e minúsculo arco-íris, formado por pequena réstia de luz solar, a qual penetrava o denso arvoredo, decompondo-se em uma tela, pintada pelo Sublime Artífice da Vida. Não conteve sua admiração, ao observar, mais adiante, em meio às pedras, um pequeno foco de água borbulhante, que se elevava de forma harmônica do pequeno lago que se formava ao redor de outros focos menores, à semelhança da água, quando está em ponto de fervura. O médico não resistiu, colocando a mão e surpreendendo-se com o frescor da água, a qual parecia brotar do nada.

Ao vê-lo tão extasiado, Cristina sorriu, esclarecendo:

– Esta é a nascente principal. Veja que existem outras menores ao redor, as quais compõem a nascente como um todo. Brotam do meio das pedras, com água muito fresca e saborosa. Vamos! Não quer beber um pouco?

Dizendo isso, a moça apanhou uma folha de folhagem típica, que cresce nas nascentes, dobrando-a, cuidadosamente, formando uma caneca improvisada, enchendo de água e tomando. Em seguida, ofereceu ao médico, que se refestelou.

– Ah! Que água deliciosa! Meu Deus, não existe bebida melhor que água, quando estamos com sede! Não é verdade?

– Beber a água de fonte pura e cristalina como esta é uma permissão especial, que infelizmente poucos têm. Neste momento, estamos sendo privilegiados, pois o que você acaba de dizer é a mais pura realidade: a água é a melhor bebida, quando temos sede.

Ele parecia feliz, brincando com a água e esborrifando o líquido na amiga; e ela, também, a retribuir-lhe a brincadeira, jogando água com as mãos sobre ele. Ambos riam como se fossem duas crianças, fazendo traquinagem. Mostrando-se alegre e descontraído, Sérgio comentava:

– Meu Deus, este é um momento que jamais haverei de esquecer! O ser humano deveria estar mais em contato com a natureza, pois faz parte dela. Infelizmente, com as lutas do dia-a-dia, nem nos lembramos de que também somos parte integrante de tudo isto. O homem moderno se afasta da natureza na busca desenfreada de sucesso imediato neste mundo materialista. É, exatamente por se afastar de sua própria natureza, que acaba por ficar estressado, adquirindo doenças modernas – síndromes, neuroses, depressões psíquicas – e ainda se brutalizando.

Cristina observou que ele parecia buscar alguma coisa dentro de si mesmo, como se fosse algo muito caro, que havia perdido. Vendo-o assim, fez-lhe um sinal para que se sentassem junto a uma pedra, que se apresentava como um banco natural.

– Sérgio, estamos em plena natureza e, se ficarmos em silêncio absoluto, teremos o privilégio de ouvir os seus sons em festa, porque nela tudo é maravilhoso. Vejamos se podemos identificar alguns desses acordes magníficos.

O médico sorriu diante do convite da enfermeira e se acomodou, procurando se integrar naquele silêncio sagrado que os envolvia. Aos poucos, foi distinguindo o canto dos pássaros, a algazarra das maritacas barulhentas, o trinado do bem-te-vi e o gorjeio de um pássaro, que não pôde identificar. Encantou-se por demais, ao perceber o farfalhar das folhas sopradas pela brisa e o doce marulhar da fonte, que parecia cantar. Então, fechou os olhos como se estivesse se transportando para outro momento e a outro lugar. De repente, despertou como se, naqueles breves instantes, tivesse vivido tudo novamente, aquele horrendo pesadelo, que lutava para esquecer.

– Ah! Não quero estragar a magia deste momento com pensamentos e imagens que ainda povoam minha mente!

– O que aconteceu? – perguntou Cristina, preo-
cupada.

– É como se eu tivesse me transportado a um local parecido com este, em meio à selva, onde perdi a pessoa mais cara de minha existência.

– Calma, Sérgio! Pense que você está aqui, neste agradável momento, esforçando-se para esquecer fatos desagradáveis!

O rapaz contemplou-a com os olhos rasos de lágrimas.

– Foi, exatamente há três anos, que perdi um irmão muito querido em meio à selva magnífica, exuberante, majestosa, mas impiedosa demais. Morreu em meus braços, sem que eu pudesse fazer nada por ele. Essa lembrança ainda me faz mal. Naquele dia, também morri um pouco junto com aquele querido ser.

A moça ficou em silêncio, abraçando o amigo, afagando seus cabelos... Ele colocou a cabeça em seus ombros e soluçou. Ela não disse nada, respeitando o sentimento daquela pessoa querida, que, depois de alguns minutos, enxugou os olhos e agradeceu-lhe pelo carinho daquele silêncio.

- Obrigado pela atenção, Cristina. A cada dia, me convenço mais de que Deus a colocou em meu caminho, para que eu pudesse me recuperar emocionalmente. Você tem sido para mim um apoio valioso.

- Ora, Sérgio, somente alguém como eu, que também passou por uma situação difícil, para compreender quem sofre por alguma desilusão...

- O fato é que, no meu caso, não se trata apenas de uma desilusão amorosa. Além da perda de um afeto, de um amor, a qual dilacerou o mais íntimo de meu ser, o episódio envolveu também a morte de um ente muito querido: meu irmão. Acho que já está na hora de abrir meu coração para você. Mas, gostaria da presença de mamãe Samara, pois tenho a certeza de que, da mesma forma que encontrei apoio em você, encontrarei nela o amparo espiritual de que tanto necessito, pois tudo ainda está sendo muito doloroso para mim, e a ferida continua sangrando de dor e incompreensão.

– Não se aflija mais que o necessário, meu amigo. Vamos retornar aos cavalos e concluir nosso passeio, pois você aqui veio para espairecer. Cavalguemos um pouco, para esquecermos os problemas. Como nos disse Jesus no Evangelho, *a cada dia basta o seu mal.*

Sérgio saiu do bosque com o peito oprimido e o coração cheio de angústia pelas lembranças dolorosas do passado. Lá fora, o sol brilhava majestoso, e a luz que invadia todo o espaço pareceu espantar os fantasmas que povoavam a mente do jovem médico, devolvendo-lhe a alegria e o sorriso aos seus lábios.

– Vamos lá, Cristina! Quero ver se você me pega em um galope a cavalo!

Dizendo isso, montou rapidamente no animal, enquanto a moça o seguiu célere e mais despreocupada, diante da mudança de comportamento do rapaz.

Quando retornaram a casa, a simpática anciã já os esperava com um largo sorriso.

– Voltaram bem a tempo, pois preparei um delicioso refresco de carambola.

– A senhora está querendo nos deixar mal-acostumados – comentou sorridente o médico.

– Cristina sabe que eu sou assim mesmo, Sérgio. Ela é para mim uma filha muito querida, de outras existências, e seus amigos são meus também. Faço questão de que fique mal-acostumado, porque assim voltará aqui outras vezes.

E, logo em seguida, com um olhar de mãe amorosa, perguntou, demonstrando saudável curiosidade:

– E aí, meu querido? Gostou do passeio? Cristina o levou para conhecer a nascente da grota de pedra?

– Mamãe, depois conversaremos sobre o passeio – respondeu a moça, preocupada.

Percebendo a tensão do momento, D. Samara pegou nas mãos do rapaz e, olhando fundo em seus olhos, disse:

– Não se preocupe, minha filha. Sérgio já se encontra preparado para abrir seu coração, porque está na hora de se libertar de seu passado. Mas será no momento oportuno. É que, hoje, fomos convidados para irmos, nesta noite, a uma roda de viola, que acontecerá na fazenda do Sr. Agenor. Isso vai ser muito bom. Assim, nosso querido amigo poderá descontrair-se com o que irá ouvir, pois, ao redor da fogueira, sempre contam histórias e *causos* interessantes. Amanhã, será outro dia, e conversaremos com calma.

Desafios e cantorias

Terminado o jantar, Cristina convidou o médico, a fim de que fossem até a varanda, onde havia duas redes já preparadas para o descanso, depois de um dia de intenso calor e muitas novidades.

O Sol já se deitara por trás do horizonte, e o manto negro da noite se estendia por toda campina, enquanto, na abóbada celeste, as primeiras constelações cintilavam com brilho majestoso, na noite escura de lua minguante. A débil luminosidade do lampião, pendurado no alto do alpendre, clareava o ambiente, ao passo que leve brisa soprava refrescando o ar tépido da noite calorenta.

Na escuridão, a luz fosforescente dos pirilampos dava um intrigante contorno luminoso, provocado por graciosos vôos circulares, confundindo-se com pequeninas estrelas a iluminar as sombras da noite. O coaxar incessante dos batráquios, unido à cantoria dos grilos, completava o magnífico espetáculo na sinfonia magistral da natureza, como a dizer que, mesmo na mais completa escuridão, podemos identificar vida e alegria na obra divina do Criador.

Sérgio tomou uma das redes e começou a se balançar, impulsionando, por brincadeira, a outra, onde a moça havia se acomodado.

– Ótimo, Sérgio, continue, que assim não preciso fazer força para me balançar.

– Tudo bem! Primeiro, eu balanço a sua rede; depois, você balança a minha, combinado?

À distância, D. Samara observava, aparentemente tranqüila, os jovens que se divertiam descontraídos, porém, no fundo, estava preocupada. Sua sensibilidade dizia que Cristina estava correndo o risco de se envolver emocionalmente com o médico, que parecia impermeável a qualquer sentimento mais profundo. Essa era sua preocupação, pois temia que sua filha viesse a sofrer mais ainda. Mas, fazer o quê? Lembrou-se de que o coração dita suas próprias leis, e de nada adianta conselhos, porque, quando se ama, fica-se cego, surdo e perde-se a razão.

Depois de aproximadamente meia hora, tempo esse em que os jovens se balançavam e conversavam alegremente, ela foi até a varanda, a oferecer-lhes algo para beber:

– Desculpem-me interrompê-los, mas vocês aceitariam um suco de laranja?

O rapaz levantou-se imediatamente, com um sorriso de satisfação.

– Dona Samara, acho que a senhora lê meus pensamentos. Ainda há pouco, estava me lembrando de que havia experimentado a laranja de seu pomar, cujo sabor é delicioso, e pensando comigo mesmo como deveria ser saboroso tomar o suco dela. Mal formulei meus pensamentos, e a amiga nos traz exatamente um suco de laranja!

– Pois é, Sérgio, precisamos ter cuidado com o que pensamos, pois mamãe Samara, na verdade, lê pensamentos – comentou Cristina, em tom de brincadeira.

Enquanto saboreavam o delicioso suco natural, podiam ouvir, ao longe, o retinir do repique de uma viola chorosa e uma voz entoando uma canção sertaneja, indicando que a cantoria, na fazenda do Sr. Agenor, já havia começado.

– Meu Deus! No meio desta escuridão, distante de tudo, em plena natureza, depois de observar tantas coisas lindas, que a vida nos oferece, faltava apenas ouvir moda de viola para completar meu dia! Sinto-me arrepiado, pois estou, realmente, encantado com tudo isto!

Cristina sentia-se feliz, porque estava percebendo que tudo era novidade para o jovem médico e, com certeza, aquela viagem seria inesquecível para eles. Animada, esclareceu-lhe o que acontecia naquelas rodas de viola, ao redor da fogueira:

– Na redondeza, existem dois violeiros dos bons: um é o Zé Paulo e o outro se chama Chico Bento. São dois matutos muito amigos, de voz afinada e cantam em dupla. De vez em quando, fazem desafio repentista.

– O que é desafio?

– Não vou lhe explicar, pois o mais interessante é você observar ao vivo como dois matutos simples da roça se transformam de repente em poetas com brincadeiras muito divertidas.

– Então, vamos já para a fazenda, que eu não gostaria de perder essa cantoria, por nada deste mundo. E de carro para não perdermos tempo. Vamos, Dona Samara?

– Eu também não perderia, por nada deste mundo, uma boa roda de viola com Zé Paulo e Chico Bento.

Acomodaram-se no veículo e, quando Sérgio deu a partida, o ronco do motor destoou daquele ambiente bucólico. A forte luz dos faróis varreu a escuridão, fazendo brilhar os olhos dos bichos noturnos, que fugiam assustados diante da máquina barulhenta que cortava a estrada deserta, a qual separava o sítio de D. Samara da fazenda do Sr. Agenor.

Em poucos minutos, chegaram ao local. A luz do carro iluminou imponente casa, cujo tamanho fazia jus ao bom-gosto da edificação. Ao lado, um extenso terreno coberto de grama, em cuja extremidade uma grande fogueira crepitava, iluminando o curral, onde ficavam segregados os bezerros novos.

Orientado pela senhora, o médico estacionou o carro a alguns metros da residência. Ao descerem, puderam ver que havia uma pequena aglomeração um pouco distante da fogueira, possivelmente, em virtude do forte calor, mas a claridade das chamas era suficiente para iluminar todos os presentes.

Quando se aproximaram, o Sr. Agenor se levantou, caminhando ao encontro dos recém-chegados para cumprimentá-los:

– Sejam bem-vindos à minha casa! É sempre um prazer recebê-los! Como vai, Dona Samara? E você, Cristina? – estendeu-lhes a mão atencioso. E o doutor? Espero que possa descansar e divertir-se entre nós, embora, aqui nesta selva, não tenha nada de interessante: só mato, bicho e os matutos.

– Muito obrigado, Senhor Agenor! Mas, desde que aqui cheguei, só tenho visto novidades que na cidade não existem. Sinceramente, estou encantado com tudo, principalmente com o mato, os bichos e esta gente simples que não tem maldade no coração.

– Mas, vamos chegando, pois hoje nossos violeiros já os esperavam e vão caprichar no ponteado, em homenagem à Srta. Cristina e ao doutor. E vou mexer com os brios deles. Violeiro que se preza, não admite que alguém coloque em dúvida sua competência e sua fama.

E, dirigindo-se, em tom de brincadeira, aos caboclos violeiros, concluiu:

– Vamos lá, moçada! A Srta. Cristina é gente nossa, mas diz que está saudosa das modas de viola, e o doutor é da cidade, e também é gente nossa, mas nunca viu nem ouviu uma cantoria de uma roda de viola. Então, vamos ver se, desta vez, vocês *tomam tendência* e cantam mesmo de verdade.

Não foi preciso dizer mais nada. A caboclada cumprimentou os visitantes com um boa-noite, e, enquanto Zé Paulo e Chico Bento davam os primeiros ponteios, indicando o tom da melodia, os visitantes se acomodavam vivamente admirados com a beleza dos acordes que aqueles homens simples tiravam dos instrumentos, que pareciam criar vida.

Então, soltaram a voz em uníssono, ritmada, com surpreendente harmonia e beleza, e a pequena platéia, silenciosa e emudecida, ficava atenta para não perder nenhum detalhe sonoro da melodia, que parecia se espalhar pelo espaço sem fim.

A letra da canção era mais ou menos assim:

Eu vi u sabiá cantandu,
E u canarinhu tamém.
Um cantava, e u outru arrespondia:
– Comu é difícil querê bem!

Ai, Ai, ai, ai!
Ai, meu bem, que dô!
Num possu vivê alegri,
Distanti du meu amô.

A vida di um passarinhu,
Quandu vai fazê seu ninhu
Na mais arta laranjera,
Nu derraderu gainhu...

A letra ia assim por diante. Quando terminaram, todos aplaudiram, e Chico Bento, que parecia ser mais despachado, perguntou:

– *Intão, Sinhorita* Cristina, *gostô da música?* E, referindo-se a Sérgio: - *I u Sinhô dotô? Gostô di nossa música caipira?*

Enquanto a moça assentia com a cabeça, de forma afirmativa, Sérgio respondeu entusiasmado:

– Adorei a música de vocês! Mas, me digam: são vocês mesmos que compõem a letra e a música?

O caboclo sorriu meio sem jeito, mas não perdeu o prumo:

– *Não dotô, nói num temu* a *capacidadi* di *fazê* uma música tão *bunita comu* essa, *mai temu arguma coisinha qui nói memu compusemu. Apois, antis di nói cantá música nossa, u dotô tem arguma moda di sua preferência?*

Sim, o médico gostaria de ouvir a música que para ele representava a pureza do homem do sertão, cantando suas mágoas e sua poesia em toda a sua simplicidade. Se havia uma que representava tudo isso, era, sem dúvida, a *Tristeza do Jeca*. Quando mencionou sua preferência, os violeiros não perderam tempo. As violas tangidas pelos dedos grosseiros, mas sensíveis, daqueles cabodos simples, pareciam mais um violino em noite de gala, tocado pelo músico mais erudito da Filarmônica de Berlim:

Nestis versu tão singelu, minha bela meu amô,
Pra vancê queru cantá, meu sofrê i minha dô.
Eu sô comu u sabiá, quandu canta é só tristeza,
Desdi u gaiu onde istá.

Nesta viola eu cantu i gemu di verdadi.
Cada toada representa uma sardadi...

E, assim, Zé Paulo e Chico Bento cantaram com a beleza da primeira e da segunda voz, combinadas em perfeita harmonia, que emprestavam um diapasão sonoro, agradável aos ouvidos.

Os aplausos foram calorosos, quando terminaram. A pequena platéia pediu que os violeiros cantassem o desafio. O Sr. Agenor insistiu:

– Chico Bento, Zé Paulo, o doutor nunca ouviu um desafio. Cante o desafio.

– *Tá bão* – concordou Chico Bento. – *Mai, antis vamu cantá a música qui nói fizemu pra vê si u dotô gosta. Adispois, nói canta u disafiu. Num* é *mermu, Zé Paulo?*

Zé Paulo era de pouca conversa; apenas assentiu com a cabeça. E os dois começaram:

Eu sô um home simpres da roça,
Qui mora aqui nu sertão.
Minha casa é uma paioça,
Mai pra mim tá muitu bão.

Acordu di manhãzinha
Com u cantu dus passarinhu,
Qui pulam fora dus ninhu
Pra alegrá a vida minha.

Sô caboclo cantadô
Pruque tenhu minha Ritinha,
Qui é meu grandi amô
Pra alegrá a vida minha.

Quandu a chuva cai na terra,
Veju us campus verdejá
E as frô cubrindu a serra
Pra minha vida alegrá.

Quandu iscuitu um passarinhu
Cum alegria cantá,
Mi aquietu di mansinhu
Pra minha vida alegrá.

Quandu eu veju u sor si pôr,
Qui termina mai um dia,
Eu agradeçu u Sinhor
Pra minha vida tê alegria.

I, quandu a noite iscurece,
Veju as istrelas a brilhá.
A Deus eu façu uma prece
Pra minha vida alegrá.

I, assim, seu moçu, eu cantu
Pra minha vida passá
I qui eu nunca perda u incantu,
Qui é pra minha vida alegrá.

A música era muito bonita, e os caboclos pareciam ter colocado toda a sensibilidade e todo o sentimento tanto na canção quanto na interpretação. Sérgio estava admirado com a poesia simples, mas profunda, daqueles homens de aparência rude, os quais, todavia, tinham sensibilidade de alma. Cumprimentou-os com o respeito de que eram merecedores:

– Parabéns, meus amigos! Poucas vezes, ouvi uma música que refletisse tudo que tenho observado por aqui: a beleza da natureza e as coisas simples da vida, as quais, muitas vezes, nos passam despercebidas durante toda uma existência. E nós da cidade, envolvidos com nossos problemas, ignoramos tudo isso. Parabéns, mais uma vez, pela poesia e pela música!

– *Agardecidu, dotô!* Agora, *atendendu us pidido du pessoar, vamu cantá u disafiu, Zé Paulo?*

– *Ué, vamu lá intão, qui u pessoar tá isperanu* – soltou a voz Zé Paulo, que, até então, estava calado.

E, sem mais delongas, as violas repicaram, tangidas pelos dedos ágeis dos caboclos, dando início ao espetáculo.

Enquanto o público aplaudia, Chico Bento começou, contando vantagem:

Eu vô contá pra voceis,
Sem querê mi agavá (*),
Qui sô um caboclu baguá:
Deitu tardi i acordu cedu,
Di nada eu tenhu medu.
Quem quisé mi disafiá,
É só si manifestá.

O público se deliciava com aquela brincadeira, mas Zé Paulo retrucou:

Si você é um caboclu baguá,
Mai achu qui num é não.
Já vi ocê si isquivá
Di briga cum um anão.
Eu, sim, sô cabra peitudu,
U qui vié infrentu tudu,
Lutu inté cum Lampião.

(*) Algumas palavras são típicas da linguagem matuta, por exemplo, "agavá", que quer dizer "gabar-se". (Nota do autor espiritual)

Novas palmas, muitas risadas, e Chico Bento continuou:

Ocê é um cabra gabola.
Pruque fugiu da iscola,
Intão, vô ti perdoá.
Poi num tenhu medu di nada,
Lutei inté cum boitatá.
I, pra qui ocê num si isqueça
Da minha viola u ponteio,
Muntei na mula-sem-cabeça
I ela cortei di reio.

Mais palmas e mais risadas ainda, e Zé Paulo prosseguiu:

Ocê é um cabra froxu,
Muntô memu num boi mochu.
Eu é qui sô campião,
Siguru u raio cum a mão,
Inrolu u rabu da cobra,
Na sucuri eu dô um nó.
I num cabra igual a tu
Eu dô di rabu de tatu
I amarru cum cipó.

O pessoal aplaudia com mais entusiasmo ainda, mas parecia que a coisa estava esquentando e partindo para uma disputa pessoal. Chico Bento retrucou:

Ora, seu cabra atrividu,
Vô ti dá um pé d'ovidu.
Tu vai vê comu é duídu
Poi tu é memu é duenti,
Achu qui é dementi
Ou tá é cum dô di denti,
Poi, si mi infrentá numa briga,
Num vai sobrá pra sementi,
Qui é pra aprendê a sê genti.

O pessoal já estava acostumado. O desafio era sempre uma brincadeira em que cada um contava mais vantagem que o outro. Às vezes, parecia até ofensivo, mas tudo era mesmo uma brincadeira. Era a vez de Zé Paulo.

Eu achu qui tu num é homi.
Ou essa cara é di fomi
Ou tu é memu um lubisomi.
Cabodu medrosu tá aí,
Qui é só batê u pé já somi,
Si iscondi imbaxu da cama,
Sua frio i si discama,
Fedendu mais qui um gambá,
Cum medu di apanhá.

A cantoria era rápida, e os caboclos pareciam com a fisionomia séria. Então, Chico Bento soltou mais uma gabolice:

Si sô fididu qui nem gambá,
Eu vô dizê qui as muié gosta.
Tua irmã veiu mi procurá
Pra querê mi namorá.
I é tanto rala-i-rola
Qui já encheu a sacola.
Eu fiz tudu tão direitinhu
Qui tu vai tê um subrinhu.

Agora, era a vez de Zé Paulo retrucar em sua cantoria.

Eu ficu muitu adimiradu
Poi, intão, vamu sê cunhadu.
Sua irmã mi procurô
I seu amô declarô,
I achu qui já imbuxô.
Inté sintu um arripiu!
I a coisa cumpricô,
I tu intão vai sê tiu.

Aquele era o sinal para a reconciliação do desafio. As farpas e as vantagens não tinham mais razão de ser. No final, cantavam em dupla, selando a amizade e a paz entre os amigos:

Vamu, intão, pidi discurpa
Pra tuda mágua dissipá,
Pruque ninguém tem mai curpa.
Nossa amizadi é di irmão
I juntu, dandu as mão,
Vamu rasgandu u sertão,
I a moda é qui nus consola.

Nu som di nossas viola,
Qui selamu nossa amizade,
Juntu, cantamu a poisia
Nus campu i na cidade.
I, ondi vanceis pricisá
Di doi cabra bem valenti,
É só mandá nus chamá,
Qui, num instanti, vamu lá!

Assim, ficava encerrado o desafio. Apesar das gabolices e das fanfarronadas, não havia vencido nem vencedor, mas o público adorava aquelas poesias improvisadas, que fluíam de forma natural de dois matutos simples, acostumados à dura lida dos campos. Para Sérgio, aquela havia sido uma grata surpresa, pois conseguiu rir das brincadeiras de Chico Bento e Zé Paulo, durante o desafio, divertindo-se com as palavras jocosas e engraçadas dos violeiros.

– Parabéns, meus amigos! Jamais havia presenciado antes um desafio e confesso que achei muito engraçado. Muito me diverti com as brincadeiras. Vocês têm poesia, mas, acima de tudo, são bastante espirituosos.

Os violeiros agradeceram e se retiraram juntamente com os demais presentes, pois já era quase meia-noite, e, para quem precisa levantar cedo a fim de enfrentar a lida no dia seguinte, já se fazia tarde. Quando D. Samara fez menção de ir embora, o Sr. Agenor, gentilmente, convidou os visitantes a entrarem em sua casa para tomar um licor de anisete.

– Vamos entrar um pouco, minha gente? Sei que já é tarde, porém, meia hora a mais, meia hora a menos, não faz diferença.

– Não faz diferença para o senhor que amanhã tem o Sr. Felisberto, que levanta para ordenhar o gado; mas eu tenho que me levantar cedo – retrucou D. Samara.

– Ora, minha querida amiga, todos nós sabemos que a senhora é uma mulher bem-disposta e que, independente da hora em que se deitar, amanhã *estará em pé junto com as galinhas*.

– É verdade, amigo, tenho que concordar com o senhor, pois nunca soube o que é levantar tarde. É a natureza de cada um de nós. Pois bem, como disse, meia hora não irá fazer diferença – concluiu ela, aceitando o convite.

Cristina olhou discretamente para Sérgio – que sorriu com cumplicidade – como querendo confidenciar: – Não lhe falei?

Acomodaram-se na varanda, em confortáveis cadeiras de balanço. A luz da fogueira clareava debilmente, à distância. O médico sentia aquela sensação gostosa da brisa soprando, enquanto o anfitrião chamava pela criada:

– Dona Felisbina, traga para os amigos aquele anisete que guardamos para ocasiões especiais, porque hoje temos visitantes ilustres.

Não demorou, e a criada, uma senhora bastante educada e solícita, trouxe a bebida, servindo a cada um. Sérgio a experimentou, e sua exclamação foi espontânea e natural:

– Senhor Agenor, o anisete está uma delícia! Confesso que jamais tinha tomado licor tão saboroso!

– Este é um segredo de Nhá Felisbina, meu amigo. Essa mulher está conosco desde menina, e quem lhe ensinou todos os segredos da culinária foi minha finada esposa. Ela é alguém por quem tenho muito respeito e carinho. Ajudou-nos a criar minhas filhas e, quando

Manuela ficou doente, essa criatura foi um anjo que cuidou de minha mulher até que Deus a levasse. Mas sempre foi uma aluna muito aplicada e, embora não saiba ler nem escrever, aprendeu todas as receitas da finada. De vez em vez, faz-me chorar, quando coloca na mesa algum prato especial que minha Manuela fazia. Este anisete é uma das receitas especiais que ela ensinou para Felisbina.

Dizendo isso, levantou-se e beijou carinhosamente a fronte da humilde criada em sinal de estima e apreço, enquanto ela, por sua vez, permanecia em silêncio respeitoso, diante das visitas e do patrão.

– Obrigado por tudo, Felisbina. Você é uma criatura que Deus nos enviou. Cuidou de minhas filhas, de minha esposa e agora cuida de mim. Mas vai ter que precisar de muita paciência, pois ainda *tenho muita lenha para queimar.*

Para descontrair o ambiente, Cristina retrucou, brincando com a idade dele.

– Concordo com o que disse, meu senhor, pois, além de tudo, ainda é jovem: mal passou da casa dos cinqüenta... É como o cerne da aroeira, que resiste ao tempo e, com certeza, ainda *tem muita lenha para queimar.* Agora, só é preciso que pense, seriamente, em encontrar uma companheira que possa alegrar sua vida.

– Ah! Isso é verdade, minha filha, porque o homem sozinho não é ninguém! Confesso que sinto mesmo a falta de uma pessoa ao meu lado... Mas teria que ser alguém muito especial para ocupar o lugar de minha querida Manuela.

D. Samara ficou meio sem jeito. Sérgio percebeu a *saia justa* e, para mudar de assunto, perguntou:

– Seu Agenor, o senhor, como homem vivido, tem alguma história interessante para contar? Apenas para exemplificar, há alguns meses, tive, em uma noite em que meu carro ficou preso a um lamaçal, uma visão estranha de uma mulher morta e de um preto velho que me socorreu. Segundo me disseram, o nome dele era Leôncio. Tudo foi muito real, mas, no dia seguinte, não o vi mais, e a cabana onde passei a noite, estava abandonada.

Agenor passou a mão no queixo, rememorando algo. Fez silêncio por alguns segundos, dizendo em seguida:

– É, meu jovem, também vivi um fato muito pitoresco, o qual me marcou profundamente. Estávamos no ano de 1931 e morávamos na fazenda de meu avô, na região de Pinheiral, Interior de São Paulo, quase divisa com o Mato Grosso. Eu tinha um tio, irmão de meu pai, chamado Claudiomiro, a quem eu apelidara carinhosamente de Tio Miro. Ele não tinha, naquela época, mais que dezoito anos de idade, e eu, com apenas onze, era o rabicho, o grude dele. Aonde ele ia, eu estava junto, e ele fazia questão de me levar. Nós nos divertíamos muito, pois nossa amizade era algo que ultrapassava a barreira da condição de parentesco. Eu admirava meu tio e tudo que ele fazia. Por outro lado, ele fazia tudo para me agradar. Assim, íamos, em meio à mata, fazer cevas e arapucas para apanhar as juritis e outros bichos; subíamos em árvores para ver os ninhos de periquitos. Costumávamos nadar no regato da fazenda, andar a cavalo e fazer um monte de trampolinadas. Estávamos sempre rindo de qualquer coisa que aprontávamos. Quando tio Miro descobria algum ninho de passarinho, vinha logo me contar para que eu subisse nos troncos e observasse os filhotes ainda implumes. Não fazíamos nenhuma malvadeza, não: era apenas o prazer de observar os bichinhos e ficar vendo, à distância, o cuidado que os pais tinham ao alimentar suas crias, enfiando goela abaixo, mosquitos e insetos que os filhotes engoliam em algazarra. Nossa amizade era tanta que até nos parecíamos em fisionomia, e as pessoas comentavam: "– O Agenor mais parece filho do Claudiomiro do que sobrinho". Eu adorava papai, mas minha estima por meu tio não tinha limite por tudo que ele fazia. Certa ocasião, fomos mexer em um ninho de maritacas, o qual se encontrava em um pau oco que se erguia no meio da floresta. Subimos nós dois, um de cada lado, porque o tronco era grosso e, quando estávamos no topo, em vez de ninho de maritacas, encontramos uma enorme urutu-cruzeiro(*), que armou bote para ferir meu rosto. Soltei um grito apavorado. Tio Miro, porém, com uma calma que sempre me impressionava, deu-lhe um certeiro golpe de facão, decepando a cabeça do ofídio, antes que desferisse o bote fatal. Mas houve um dia que jamais vou esquecer em minha vida.

Então, o Sr. Agenor fez breve pausa, e, pegando o lenço, enxugou uma lágrima.

– Foi no ano de 1932, quando correu a notícia de que havia uma revolução, e ninguém demoveu da cabeça de meu tio que ele iria se alistar para a guerra. Vovô e Vovó choraram, meu pai pediu encarecidamente, todos imploramos, eu chorei, esperneei e até fiquei doente, todavia não houve jeito. Ele estava decidido, e não conseguimos demover seu intento. Naquela manhã em que tio Miro montou a cavalo, após se despedir de todos, morreu um pouco de minha alegria, e as lágrimas que derramei, ainda hoje, teimam em cair dos meus olhos, quando me lembro do episódio. Meu tio partiu, e eu perdi o entusiasmo de viver. Não tinha mais graça entrar na mata sozinho, nem fazer cevas e arapucas, nem andar a cavalo, nem tomar banho no regato. A vida havia perdido a graça. A saudade de meu tio me fazia infeliz. Muitas

(*) Urutu-cruzeiro: cobra venenosa da família dos crotalídeos. Destaca-se pelo veneno potente e pela cruz que traz impressa em sua cabeça. (Nota do médium)

vezes, acordava, no meio da noite, chorando, porque sonhava que ele havia morrido. Recebemos uma carta dele quinze dias após ter partido, dizendo que havia se alistado e que, nos próximos dias, rumaria a Piracicaba, para se juntar ao contingente de guerra. A casa na fazenda parecia um túmulo, pois todos estávamos abalados com aquela situação. Foi a primeira e a última carta dele. Já havia transcorrido seis meses após sua partida, e todos diziam: "– Claudiomiro deve ter morrido, pois, caso contrário, mandaria notícias". Naquela noite, estávamos na sala e chovia a cântaros. O som monótono da balada da chuva trazia uma tristeza a todos nós, porque nos recordávamos de meu querido tio. Vovô balbuciava choroso: "– Como é duro ter um filho perdido no mundo e não saber o que aconteceu com ele! A esta hora, onde estaria? Sentiria fome? Teria onde se esconder da chuva? Estaria morto? Se pelo menos recebêssemos uma notícia, dizendo se ele se encontra vivo ou morto, ou se está em algum hospital. Tudo isso seria melhor do que ficar com essa dúvida atroz". Vovó soluçava, dizendo: "– Por que ele quis fazer isso? Todos os meus filhos são queridos, mas o Miro era especial". E eu, em pensamento, concordava com vovó: tio Miro era alguém muito especial. Falamos durante algum tempo e, depois, vovô, vovó, papai e mamãe se recolheram, enquanto fiquei sozinho na sala, sob a luz fraca da candeia, luz essa tão fraca que deixava sombras por toda parte. Fiquei pensando em meu tio, chorando de saudade, e acabei por dormir na sala. Durante quanto tempo fiquei dormindo? Não sei, perdi a noção. Só sei que acordei, a altas horas da noite, com um barulho: alguém batia na porta, enquanto a chuva caía. Tive um sobressalto, pois, imediatamente, reconheci a voz que chamava: "– Ó de casa, acordem e abram a porta!". Era a voz do meu querido tio Miro. Levantei-me rápido e abri a porta. Uma rajada de vento apagou a luz da candeia, ficando tudo na penumbra, o que não impediu, entretanto, que eu identificasse aquela figura tão amada por mim. Dei um grito: "– Tio Miro!!!".

Ele me abraçou com carinho como nos melhores dias de nossas brincadeiras, enquanto me dizia: "– Sim, sou eu mesmo, meu querido!". Então, risquei um fósforo para acender o lume. Quando a luz se fez, observei meu tio. Parecia-me mais magro e sofrido, porém seu rosto se iluminava com um sorriso. Abraçou-me mais uma vez com o tratamento carinhoso que sempre me dispensava, chamando-me pelo apelido: " – Genô, todos estão preocupados, mas eu queria que você dissesse a eles que passo bem, que estou em um lugar muito bom e que, em breve, receberei alta". Assustado com aquelas palavras de meu tio, questionei: "– Tio Miro, já que o senhor está aqui, porque não fala amanhã para todos? Mas, o senhor deve estar com fome, não quer que eu chame mamãe para fazer alguma coisa que o senhor possa comer?". – "Não" – respondeu-me resoluto. "– Não quero que incomode ninguém. Já é tarde da noite, e estou cansado. Na verdade, o que queria mesmo era repousar um pouco. Amanhã, será outro dia, e peço-lhe que não se esqueça de minhas palavras. Meu quarto ainda está vazio?". "– Sim, tio, confirmei. E sua cama arrumada, esperando sua volta. Vovó todo dia vai até o quarto e chora pelo senhor." Ele olhou-me com os olhos entristecidos e me pediu: "–Diga à vovó que não chore mais. Que tenha fé em Deus, pois tudo está bem". Em seguida, deu-me um abraço. Naquele momento, notei que, de sua túnica, uma das abotoaduras estava se desprendendo. Ele a arrancou e colocou-a em minha mão, dizendo: "– Guarde-a com você. Essa será uma lembrança para que não esqueça nunca este seu tio que o ama muito". Depois, encaminhou-se para seu quarto, fechando a porta, cuidadosamente.

E, enxugando mais uma lágrima, que insistia em rolar pela sua face envelhecida, o Sr. Agenor continuou:

– Eu estava eufórico, tanta era a alegria em meu coração! No dia seguinte, haveria de ficar o dia todo com tio Miro. Queria agradá-lo e dizer o quanto estava feliz com sua volta. Permaneci na sala até que, novamente, fui vencido pelo sono. Acordei no dia seguinte com mamãe que se levantara para fazer o café e ralhou comigo: "– Menino, que história é essa de ficar dormindo na sala?

Além do mais, queimou querosene da candeia a noite inteira. Vamos, levante-se e vá se deitar em sua cama, porque ainda é cedo". Tomei um susto, pois recordava perfeitamente que meu tio havia chegado e estava dormindo em seu quarto. Então, falei quase gritando: "– Mamãe, tio Miro voltou!!! Eu estava aqui na sala, quando ele bateu à porta, e eu abri. Era ele que entrou, me deu um abraço e depois foi dormir, pois disse que estava cansado". "– Ora, filho, afirmou ela, você deve ter sonhado." Mas retruquei: "– Não, mamãe, não foi sonho. Ele deve estar, lá no quarto dele, dormindo. Não sonhei, não". Naquele momento, papai, vovó e vovô haviam se levantado e, diante do meu relato, deram risada. "– Meu querido, esclareceu-me vovô, você gostava tanto de seu tio, que sonhou com ele." E, já tendo os olhos cheios de lágrimas, acrescentou: "– Não tenho a esperança de que meu filho esteja vivo". E continuei: "– Engano seu, vovô. Tio Miro, inclusive, me disse que avisasse a senhora, vovó, que parasse de chorar, porque ele está muito bem. Pediu-me que lhe dissesse isso e mais: que estava se recuperando e que em breve receberia alta. Acrescentou, ainda, vovó, que não perdesse a fé em Deus". Ela ficou triste, fechou o semblante e chorou. Vovô abraçou a esposa, consolando-a: "– Não leve a sério o que Genô está dizendo, querida, pois, certamente, ele deve ter tido um sonho; é isso: um sonho, nada mais". Mas, diante de minha insistência, resolveram ir até o quarto de meu tio, cuja porta se encontrava fechada. Abriram-na com cuidado, e... nada. O recinto estava vazio e completamente intacto. Fiquei por demais aturdido, sem compreender o que havia se passado. Não, não podia concordar com a hipótese do sonho, pois tudo fora muito real. De repente, meu pai concluiu: "– Tem razão, papai. Seu neto gostava tanto do tio, que sonhou com ele. Vamos esquecer tudo isso, que a vida continua". Vovó olhou para mim e me abraçou: "– Meu netinho querido, acredito no que está dizendo, pois seu tio gostava muito de você e deve mesmo ter vindo fazer-lhe uma visita". Fiquei quieto, desconcertado, sem compreender o que havia acontecido. E, quando enfiei a mão no bolso da calça, senti que lá estava a abotoadura da túnica que tio Miro vestia. Então, contei a ela: "– Olhe, vovó, quando ele me abraçou, esta abotoadura estava caindo do seu casaco, e meu tio arrancou-a e me deu. Guardei-a com carinho. Não posso ter sonhado". Mais uma vez, ela me abraçou em lágrimas, dizendo: "– Eu sei, meu querido, que você não sonhou. Aliás, tenho a certeza de que ele veio vê-lo, e as palavras que lhe pediu para me dizer muito me confortam. Vou procurar ter mais fé em Deus e chorar menos. Mas, como irei conseguir, se a saudade é tanta!?".

O Sr. Agenor interrompeu sua fala por alguns instantes, enquanto todos permaneciam calados, em profundo silêncio, diante daquele emocionante episódio de vida. Agora, seus olhos estavam cheios de lágrimas, por estar evocando lembranças de um ente querido, as quais não haviam de se apagar de sua memória. Em seguida, suspirou, concluindo:

– Ninguém deu crédito ao que eu disse, com exceção da vovó, que sempre me perguntava: "- Teve mais algum aviso de tio Miro?". Interessante porque, toda vez que ela me questionava, em seguida, eu o via em sonho, e ele estava sempre sorrindo. Sua fisionomia, nas últimas vezes, parecia bem melhor. Eu dizia à vovó, e ela me abraçava, agradecendo: "– Obrigada, meu netinho querido, porque você me consola com seus sonhos. Tenho a certeza de que não são simplesmente sonhos, mas mensagens que seu tio nos manda". Os anos passaram, casei-me, fiquei velho, porém jamais me esquecerei daquele querido tio. Nos tempos da mocidade, sempre sonhava com ele. Depois que vieram as filhas e os problemas que enfrentamos na vida, os sonhos foram se rareando, até desaparecerem de vez. Faz mais de dez anos que não sonho com tio Miro...

Sérgio estava impressionado com o relato, pois recordava também o episódio vivido em sua experiência inédita, naquela noite chuvosa, na cabana abandonada. Mas ainda tinha uma dúvida:

– Seu Agenor, ainda guarda consigo a abotoadura

que seu tio lhe deu? Ainda a tem?

O velho fazendeiro deu um largo sorriso.

– Se tenho a abotoadura da túnica de meu tio? Claro que tenho, pois para mim representa algo muito caro ao meu coração. Guardo-a desde aquela noite e já deixei às minhas filhas o seguinte pedido: quando eu morrer, quero que ela seja colocada em minhas mãos, para ser enterrada com meu corpo. Assim, ao encontrar meu tio, lá no *outro lado*, quero mostrá-la a ele, dizendo: "– Olhe, meu tio, a lembrança que o senhor meu deu naquela noite. Eu a guardei comigo, está vendo?". Aliás, sempre guardava as pequenas coisas que ele me dava, como pião de rodar e bolas de gude.

Todos estavam emocionados com a narrativa, e o Sr. Agenor concluiu:

– Acho que o sentimento mais sublime que existe é o amor. Não o amor paixão de homem e mulher, mas aquele sentimento que transcende a compreensão, pois, ainda hoje, me é difícil imaginar minha ligação com meu tio. Sempre amei papai e mamãe com sentimento de carinho, de amor filial; amei vovô e vovó e, também, minha esposa e minhas filhas. Todos esses sentimentos eram sinceros e genuínos, mas não consigo explicar o que sentia por ele. Era um misto de carinho, amizade, admiração, respeito, amor e afinidade tal, que jamais encontrei paralelo em nenhum outro sentimento. Ainda hoje, já velho, quando lembro dele e de nossas brincadeiras, sinto-me como se ainda fosse um menino, diante de um herói valoroso e inesquecível. Acho que a eternidade fica marcada por lembranças imorredouras de criaturas especiais, e sei que poderão passar séculos, porém nunca esquecerei sua figura e sua amizade.

A história do Sr. Agenor fora tocante, e todos os presentes se quedaram em silêncio meditativo.

Amor, sublime amor!

Naquela noite, Sérgio não conseguiu dormir direito. A verdade é que a história narrada pelo Sr. Agenor realmente o impressionara. Aquele sentimento tão sublime quanto inexplicável, vivido entre tio e sobrinho, parecia ter laços tão misteriosos, que transcendem a compreensão humana, os quais fazem com que duas criaturas sintam-se atraídas por algo superior, que envolve o grau mais elevado da pureza de sentimentos, o qual nada tem a ver com apego, nem atração física ou qualquer coisa que o valha. Ele já sentira as duas coisas: o amor-paixão abrasador, que apaga o raciocínio lógico do ser humano e o leva às últimas conseqüências; e o amor sublime entre duas criaturas, que apenas o simples fato de estarem juntas, sabendo cada uma que o outro está feliz, já é o suficiente para também ser feliz.

O primeiro sentimento, se satisfeito, é egoísta e egocêntrico. Se não satisfeito, envenena, corrói a alma e mata pelo ciúme. O segundo, eleva a criatura humana à condição de anjo, caso for por ela sublimado, nada pedindo em troca, apenas a alegria e o prazer de estar por perto e de sentir e saber que a outra pessoa está bem, está feliz. Isso já basta.

Apesar de tudo, o médico se levantou cedo. O Sol acabara de surgir no horizonte. O barulho dos pássaros, saudando o alvorecer, passava uma elevada vibração, que se expandia pela atmosfera, formando uma sinfonia divina, composta pela natureza para alegrar aquela manhã de céu azul, a qual prometia ser bastante ensolarada. O cheiro do café recém-coado recendia pelo ambiente. Ele cumprimentou a dona da casa com um beijo na face e um bom-dia, saindo para o terreiro a fim de sentir aquele aroma de terra umedecida pelo orvalho. A brisa fresca da manhã acariciava seu rosto, enquanto estendia os braços e expandia os pulmões, aspirando o oxigênio puro em longos haustos. "Ah! Que delícia acordar em meio à natureza!" – pensou com seus botões. Ouvindo o mugido do gado na fazenda do Sr. Agenor, calculou que o Sr. Felisberto deveria estar ordenhando as vacas leiteiras.

Após alguns minutos, retornou a casa. A mesa do desjejum já estava posta. Cristina também havia se levantado e o esperava para o café da manhã. O rapaz cumprimentou-a com um beijo no rosto e um sorriso.

– Bom dia, Cristina! Tudo bem com você?

– Bom dia, Sérgio! Dormiu bem?

– Para ser sincero com vocês, não consegui dormir direito. Mas não foi nada, não, apenas que o episódio narrado pelo Sr. Agenor mexeu comigo, pois minha história também tem algo a ver com o sentimento que ele mencionou na dele. Vamos tomar o café, que depois gostaria de contar-lhes meu passado, o que aconteceu comigo, que, no primeiro momento, tirou-me a vontade de viver. Acho que está na hora de vocês saberem tudo a meu respeito.

Assim aconteceu. Logo após o café, o médico iniciou sua narrativa:

Quando vim ao mundo, não cheguei sozinho. Veio comigo alguém muito especial, que, mais que um irmão, eu o considerava um companheiro, um amigo, um ídolo: meu irmão gêmeo Fabrício. Ele era mais velho que eu alguns minutos apenas. Desde as minhas mais remotas lembranças, vem-me à memória a incalculável estima que sentia por esse ser querido. Nós nos entendíamos apenas com um olhar, pois nossos pensamentos pareciam não ter barreiras: eu sempre sabia o que ele pensava e vice-versa.

Éramos gêmeos univitelíneos, idênticos, e nos confundiam constantemente. Por capricho, mamãe nos vestia rotineiramente, com a mesma roupa, e nós nos divertíamos, pregando peças e confundindo as pessoas. Até papai e mamãe, às vezes, se atrapalhavam, sem saber quem era quem. Fabrício, porém, destacava-se por sua inteligência aguçada, por seu senso de humor refinado, por sua agilidade de raciocínio e de pensamento, e eu nutria grande admiração por ele desde nossa mais tenra infância. Na escola, quando tinha dificuldade de aprendizado em alguma matéria, era ele quem me auxiliava; e a verdade é que jamais alguém nos via separados. Tínhamos muitos amigos, pois sempre atraíamos a curiosidade das pessoas que nos admiravam por sermos exatamente iguais em tudo. Jamais saíamos para brincar com os amigos, se não juntos e, quando se formavam os times para jogar futebol, nunca participávamos, caso não fôssemos escalados para atuarmos no mesmo time.

Assim, crescemos, e papai sempre nos perguntava:

– O que vocês querem ser quando forem adultos?

Eu não respondia de imediato. Esperava sempre para ouvir o que Fabrício iria dizer. Certa vez, quando já estávamos concluindo o ginásio, ele declarou seriamente:

– Papai, quero ser médico. Tenho muita pena das pessoas pobres e humildes. Na verdade, pretendo cursar medicina para cuidar das pessoas doentes e necessitadas.

Quando ele disse aquilo, de imediato endossei:

– Papai, eu também quero ser médico, assim como Fabrício.

Lembro-me de que ele ficou surpreso com a forma resoluta como havíamos manifestado nosso desejo, e sorriu satisfeito. Não éramos ricos, pois papai tinha uma loja de tecidos no centro de

São Paulo, o que nos permitia viver bem. Então, ele respondeu:

– Fico muito feliz com o que estou ouvindo, meus filhos, porque não irei medir esforços para que vocês dois estudem medicina e possam, no futuro, ser dois bons médicos, trabalhando por amor à profissão e cuidando das pessoas mais carentes. Mas deixemos o tempo passar, que ainda há o técnico, o científico ou o clássico para vocês concluírem. Quem sabe não mudarão de idéia daqui a alguns anos!

Ainda me lembro de que Fabrício estava com a fisionomia séria e insistiu resoluto:

– Não, papai, já pensei bastante e o que eu quero, realmente, é ser médico. Não sei quanto ao Sérgio, mas, quanto a mim, posso lhe garantir que não mudarei de opinião.

Então, reagi de imediato:

– Papai, eu também não mudarei de idéia. Quero ser um médico e serei, pode ter certeza, pois irei me esforçar muito para isso.

Percebia-se que a fisionomia de nosso genitor estava radiante. Chamou mamãe para comunicar nosso desejo:

– Amélia, venha cá! Nossos filhos estão dizendo que querem estudar medicina!

Mamãe estava na cozinha fazendo um bolo. Recordo, como se fosse hoje, que, com o avental todo sujo de chocolate e farinha, veio depressa ao nosso encontro, abraçando-nos com alegria:

– Ah, meus filhos queridos, serei a mãe mais feliz do mundo, quando vocês estiverem formados médicos! Ai, meu

Deus! Meus dois filhos médicos! Isso é um sonho que desejo se torne realidade!

Naquela época, fazer medicina era um privilégio para poucos, e a figura do médico costumava ser muito respeitada. Fabrício concluiu, enquanto mamãe nos apertava nos braços e nos cobria de beijos:

– Ah! Mamãe não exagere! A senhora está nos sujando de farinha! Deixe esta manifestação para a noite da formatura!

Mamãe não se habituara ainda com o fato de que já estávamos crescidos, na fase da adolescência. Inclusive, esquecia que os jovens já acham que estão descobrindo o mundo e que detestam manifestações carinhosas por considerá-las piegas. Ela não conseguia se acostumar com nossas reações, mas papai nos compreendia, de forma que procurou confortá-la.

– Não ligue, Amélia, os meninos já são quase homens, e você os trata como se fossem crianças – sorriu, piscando-nos o olho. Vamos guardar a emoção, que deverá ser muito grande, para quando nossos filhos estiverem formados.

Assim aconteceu. Concluímos o ginásio, fizemos o clássico e tivemos o privilégio de ingressar em uma das mais renomadas e tradicionais faculdades de medicina do Estado de São Paulo. Éramos muito aplicados: meu irmão sempre se destacava em todas atividades, e eu procurava não ficar atrás. Tínhamos os mais variados apelidos, desde "cê-dê-efes" até "Cosme e Damião".

A verdade é que Fabrício era irreverente, inteligente e

divertido ao mesmo tempo. Isso fazia com que tivéssemos muitos amigos, principalmente as mulheres, e também alguns inimigos. Quer queira quer não, ele exercia uma liderança natural, e aqueles que eram nossos amigos, felizmente a grande maioria, eram amigos de verdade. Mas sempre havia um pequeno grupo que torcia para que quebrássemos a cara.

Caímos nas graças do reitor da universidade, principalmente com Fabrício confundindo rotineiramente nossos nomes. Mas isso aumentava ainda mais sua simpatia por nós, de modo particular por meu irmão, desde que fora eleito presidente do diretório acadêmico.

Estávamos em 1967, e o país vivia momentos políticos conturbados. Eu não queria me envolver em ideologias, pois achava tudo muito perigoso. Desejava apenas estudar, formar-me em medicina. Porém ficava preocupado, percebendo que Fabrício se envolvia, cada vez mais, com as ideologias de esquerda, que proliferavam no meio estudantil da época.

Diariamente, tínhamos notícias de estudantes presos por se postarem contra o regime. Eu procurava dissuadir Fabrício das idéias esquerdistas que haviam se instalado em sua mente, procurando fazê-lo ver que tal problema deveria ser resolvido pelos políticos, que nossa missão era outra, mas qual o quê. Também percebia que Fabrício se preocupava comigo e queria me poupar.

– Sérgio, fique fora disso tudo. Sei o que estou fazendo. Se não lutarmos contra a tirania, quem irá lutar? Temos que dar o

exemplo de patriotismo para ver nosso país livre. Mas fique fora disso, pois é tudo muito perigoso, tá?

Pela primeira vez, discordei de meu irmão:

– Fabrício, não posso concordar com o que está me dizendo. Primeiramente, você se torna líder estudantil; depois, passa a freqüentar reuniões escusas que pregam idéias estranhas, diz que é perigoso e não quer que eu participe? Se você está envolvido nisso, também quero estar, até para ter a oportunidade de conhecer tais idéias. Quem sabe eu também não abrace esses ideais!

Então, começamos a discutir, pois ele me pareceu extremamente nervoso, falando comigo de uma forma como nunca havia acontecido antes, quase que aos gritos:

– Sérgio, já lhe disse: não seja teimoso! Fique fora disso! Sei o que estou fazendo e os riscos que estou correndo! Não quero você comprometido com esses problemas! Isso é muito perigoso, entendeu?

Dizendo isso, afastou-se, enquanto fiquei com o coração opresso de angústia. Sentia que ele estava vivendo um momento muito difícil por aquela ideologia, mas, se eu bem o conhecia, jamais iria se afastar um milímetro que fosse de sua trajetória. E fiquei pensando: "O que eu poderei fazer para ajudá-lo?".

Naquela tarde, o reitor veio me procurar, confundindo-me com meu irmão, e não desfiz o equívoco, ficando quieto para tomar conhecimento do que estava acontecendo.

– Fabrício, você sabe a admiração que sinto por você. Tenho

recebido notícias confidenciais de que se encontra envolvido em alguns grupos que estão sob a mira da polícia.

Procurei não me trair nem me comprometer, apenas receber mais informações:

– Não me diga, senhor! Confesso que também estou preocupado. Acho, porém, que está exagerando, pois, embora até tenha participado de algumas reuniões, procuro não me envolver muito. Fique tranqüilo! Mas o que o senhor está sabendo de concreto?

– Você sabe que os militares têm olheiros em toda parte, e aqui não é diferente. Eu lhe digo que estão de olho em você. Fiquei sabendo que, hoje à noite, haverá uma reunião de vários líderes estudantis em algum lugar e que a polícia já sabe onde e vai prender todos. Peço-lhe, meu filho, que fique fora disso.

Agradeci-lhe pelos conselhos e prometi que não participaria de nenhuma reunião. Tão logo o diretor virou as costas, saí desesperado em busca de Fabrício, pois tinha a certeza de que ele lá estaria e que corria sério risco. Meu coração parecia pular para fora do peito, enquanto passavam, pelas ruas de São Paulo, tropas de choque e cavalaria. "Meu Deus, preciso avisar meu irmão!" – pensava comigo mesmo.

Alguém me informou sobre uma moça chamada Maria Aparecida, também estudante de medicina, a qual morava em uma república, perto da Consolação e que possivelmente estava sabendo onde seria realizada a dita reunião. Assim que cheguei ao local e conheci a moça, meu coração parou de pulsar no peito.

Sabe quando encontramos alguém que nunca havíamos visto antes, mas que nos parece ser uma pessoa já conhecida de muito tempo? Apaixonei-me de imediato por ela. Ao perguntar-lhe qual era seu nome, ela me respondeu:

– Maria Aparecida, mas não me chame de Maria nem de Aparecida, pois detesto os dois nomes. Tenho outro apelido que também abomino. Por favor, chame-me apenas de Lia – completou, sorrindo, para em seguida emendar: – Você deve ser o Sérgio, irmão gêmeo de Fabrício, não é?

– Sim, gaguejei confuso e, ao mesmo tempo, encantado com sua beleza. Você o conhece?

– Fabrício?! Quem não o conhece! Mas, ouça o que vou dizer a você: também já fui fanática socialista, porém resolvi ficar fora disso, sabe? Fabrício, entretanto, é um idealista. Meu Deus! Como vocês são idênticos! Juro que teria me confundido, se ele já não tivesse passado por aqui antes! – arrematou admirada.

– Você sabe onde vai ser a reunião, Lia? Preciso encontrar aquele teimoso e avisá-lo de que corre perigo, pois tenho informação segura de que a polícia sabe de tudo e irá apanhá-los hoje.

Ela pareceu não se abalar com a notícia, desabafando:

– Cansei de falar para aqueles cabeças-duras que isso não iria dar certo. Nós, estudantes, nos ferramos, e, depois, os políticos é que se darão bem, quando tudo passar. Mas, olhe, o endereço é este – disse-me, passando um pedaço de papel onde constava o local: no centro da cidade, nas imediações da Rua

Prestes Maia, perto da Praça do Correio.

Agradeci-lhe e, antes de sair, me surpreendi, quando ela de repente me abraçou, beijando-me o rosto. Fiquei momentaneamente perturbado, pois os sentimentos eram conflitantes com a preocupação que me afligia em relação ao que poderia ocorrer com Fabrício.

Então, saí pelas ruas como um desesperado e, depois de longa caminhada, cheguei ao lugar, onde estava havendo grande agitação, com pessoas correndo e policiais da cavalaria no encalço de alguns manifestantes, que gritavam palavras de ordem, exibindo faixas contra o regime militar. Percebi que viaturas da polícia saíam céleres com sirenes ligadas, aumentando ainda mais a confusão, enquanto eu me encontrava completamente perdido no meio das pessoas que fugiam espavoridas, quando um grupo de policiais se aproximou, dando-me ordem de prisão:

– Fabrício, o senhor está preso por perturbar a ordem e a segurança nacional.

Tomei um choque, pois, naquele momento, verifiquei o equívoco: estava sendo confundido com meu irmão. Resolvi ficar quieto, porque eles não estavam para muita conversa. Empurraram-me para uma viatura, enquanto comentavam:

– Bem, não foi de todo mau. Embora muitos tenham fugido, ainda prendemos alguns "passarinhos" que vão "cantar" direitinho na "gaiola", não é doutor? Vão "cantar" direitinho e entregar todos os que "fizeram revoada".

O comentário era de forma zombeteira, e um deles se manifestava muito sarcástico, quando se dirigiu a mim.

– Só não entendo uma coisa: o senhor havia conseguido fugir; então, por que voltou ao local do "crime", quando sabia que ainda estávamos em patrulha na região?

Naquele instante, suspirei aliviado, ao descobrir que Fabrício havia conseguido fugir. Diante disso, tomei uma resolução: deixaria que pensassem que eu era meu irmão, para poupá-lo. Se fosse para sofrer, preferia passar pelo sofrimento em seu lugar. Então, calei-me para não complicar a vida dele. Esperava que, na prisão, pudesse encontrar uma forma de dizer que eu era inocente e que estava arrependido de participar

daquele movimento.

Como eu não respondesse, o policial se irritou:

– Ah! O estudante metido a intelectual não quer falar? Pois garanto que irá falar até o que não sabe, quando eu botar a mão em você.

Confesso que estava assustado e permaneci de cabeça baixa. Um dos policiais, que me parecia ser o comandante daquele grupo, procurou acalmar o exaltado:

– Acalme-se, soldado Cabrera, pois não admito violência, quando a mesma não se faz necessária. No momento certo, eu mesmo quero interrogar o prisioneiro. E calar-se é um direito de todo cidadão.

– Não me conformo, tenente, porque somos nós que colocamos nossa vida em risco, com a ação desses guerrilheiros, e

ainda temos que respeitar o direito de permanecerem calados? Todos são bem diferentes, durante a agitação, pois gritam até demais.

– Você ouviu muito bem, soldado. Agora, acalme-se, por favor.

Senti simpatia pelo tenente, por ter manifestado sentimento de justiça. Mas, o que me esperava? Chegamos a um grande prédio, sede da polícia, onde fui fichado, sendo, em seguida, conduzido ao subsolo, local lúgubre e escuro, repleto de presos. Fui levado até o final do corredor, onde o ar era irrespirável e praticamente sem luz. Um arrepio percorreu minha espinha, pois reconheci que era uma solitária e já havia lido muitas histórias de prisioneiros torturados nesses recintos. Quando trancaram a porta, a escuridão me envolveu completamente. Então, senti forte angústia e vontade de chorar. Era um cubículo minúsculo e úmido. Aos poucos, minha vista foi se acostumando à escuridão e pude assim divisar um catre de alvenaria, coberto com um colchão que cheirava bolor, servindo de cama. Procurei me acomodar da melhor forma possível e desviar o pensamento dessa triste realidade, para não enlouquecer.

Naquele instante, percebi que estava de fato envolvido, até os cabelos, em uma terrível enrascada. Pedia a Deus que o tenente pudesse me interrogar, pois tinha a esperança de sensibilizá-lo, demonstrando arrependimento.

Meus pensamentos divagavam sem nexo, e o tempo parecia não passar. Ficar naquele lugar pequeno, insalubre, escuro, irrespirável e sem ter com quem conversar era uma tortura inenarrável. O que posso dizer é que o homem pode ir à loucura, se ficar, horas sem fim, enclausurado, em um lugar como aquele, perdendo a noção de tempo e de espaço. As horas se afiguram a meses, e os dias parecem anos intermináveis. É pavoroso perder a noção de tempo, não saber as horas, nem se é dia ou noite. Para complicar mais ainda, ouvia gritos de outros prisioneiros, possivelmente sofrendo torturas em outras celas, e também o eco das vozes impiedosas dos torturadores, proclamando:

– Fale, seu terrorista! Você não era valente?... Fale logo! Vamos!...

O barulho surdo dos socos, os gemidos de dor e o baque de corpos desabando sobre o chão, tudo isso me aterrorizava. Depois de algum tempo, fez-se silêncio, e uma portinhola se abriu para que alguém colocasse um prato de sopa rala, com um pequeno pão e uma caneca de água. Confesso que não tinha fome; mas, como estivesse com muita sede, resolvi beber a água. Finalmente, o cansaço me venceu e consegui adormecer. Dormir é uma benção para quem sofre, porque, no período do sono, o Espírito se liberta da matéria e parece que se livra dos problemas e do sofrimento. No entanto, quando acordamos, a tortura ainda é maior, pois a triste realidade com a qual deparamos, faz com que nos sintamos mais perdidos ainda, sem nenhuma noção de tempo, porque ficamos, completamente, privados de tal idéia.

O banheiro era pequeno, não tinha a menor condição de

higiene, e a água escorria, permanentemente, pela torneira em um minúsculo filete. O cheiro que no início era insuportável, aos poucos ia se tornando secundário diante da tortura mental em que me encontrava. Estava completamente desesperado. Apenas o pensamento de que tudo aquilo era em benefício de meu irmão é que me mantinha com uma réstia de moral, para não gritar e implorar misericórdia.

Quando me traziam a sopa, o pão e a água, ficava a imaginar: "Seria horário de almoço ou já era o jantar? Lá fora, seria dia ou noite?...". E repetia de forma descontrolada, em pensamento: "Meu Deus! Meu Deus! Por misericórdia, me ajuda!".

Estava a ponto de enlouquecer. Depois de algum tempo nessas condições, perde-se o equilíbrio, o bom-senso, a estima e a moral. A criatura se transforma num farrapo humano, completamente anulada em sua vontade. O fato de perder a liberdade, a noção de tempo e de espaço, de não poder conversar com ninguém, de não poder tomar banho, escovar os dentes nem fazer as necessidades básicas de forma decente, leva o homem ao mais baixo degrau da escala da dignidade, transformando-o em um molambo, em um ser sem vontade própria, a quem viver ou morrer tanto faz.

Tinha a certeza de que, assim que papai soubesse do ocorrido, procuraria fazer de tudo para me resgatar. "Mas, será que ele conseguiria chegar até mim?" – interrogava-me a mim mesmo. O único alento que ainda me sustinha em pé era saber que Fabrício estava bem, que havia se salvado. Pensava em mamãe e papai, e as lágrimas brotavam de meus olhos, e meu peito soluçava. Quando estamos em uma situação difícil, é que valorizamos as coisas que, no dia-a-dia, sequer prestamos atenção. Lembrei-me da cama quente e acolhedora que mamãe nos preparava. Recordei-me de que, ainda crianças, deitávamos e pedíamos sua bênção; então, ela nos beijava e nos cobria, com um sorriso de anjo em seu rosto. Inconscientemente, eu falava alto, como se estivesse diante dela:

– Sua bênção, mamãe! Perdoe-me, pois faz tanto tempo que não peço sua benção!...

E, numa espécie de teatro que tentava fazer comigo mesmo para me enganar, compunha os gestos, como se estivesse beijando a mão de minha mãe, e me deitava. O descanso do sono amigo e reparador era um refrigério em meio aos tormentos de minha alma. E adormecia como se fora ainda uma criança amparada pelos braços maternos.

Na verdade, queria mesmo era dormir, dormir e não mais despertar, pois, ao abrir novamente os olhos, todo tormento e toda angústia sem fim voltavam a me dominar. Primeiro, o amargo da boca, depois, a terrível sensação de estar perdido, esquecido do mundo, de não saber se era dia ou noite, de não me sentir mais um ser humano naquele ambiente fétido e úmido, que mais parecia uma sepultura! Sim, sentia-me como se fora sepultado ainda vivo. A única certeza que tinha era de que alguém sabia de minha presença naquela cela, era a mão que se estendia pela portinhola para me oferecer a sopa, o pão e a água. Por várias vezes, quando a portinhola se abria e a mão se estendia, eu gritava, implorava para que alguém pudesse falar comigo, mas não obtinha nenhuma resposta. Apenas o silêncio. Então, percebia que aquilo deveria ser um método de tortura, pois, dessa forma, não havia necessidade de agressão física: bastava ficar confinado, como eu, num local escuro e fechado sem condições de higiene, para que se vencesse toda resistência de quem quer que fosse. Eu já me encontrava em tal estado de desespero, que até pensava em suicídio, batendo com a cabeça na parede da cela.

Eu, que não tinha o hábito de orar, passei a tê-lo em desespero, pedindo a Deus que tivesse piedade! Chorei, chorei copiosamente, implorando ao Senhor que me desse forças, que se apiedasse de minha condição, pois, afinal de contas, era inocente.

Finalmente, um dia, quando o desespero estava no auge, e a idéia do suicídio ganhava corpo em minha mente, ouvi um estalido na fechadura e o ruído da chave girando, enquanto a lingüeta se afastava para que a porta se abrisse. A pequena claridade que entrou, foi suficiente para que minha vista ficasse ofuscada. Fechei os olhos, esfregando as pálpebras com as mãos, pois minha retina doía diante da repentina claridade. O visitante identificou-se:

– Senhor Sérgio, sou o tenente Rômulo. Por favor, acompanhe-me.

A voz era educada, mas firme, enquanto ele me pegava pelo braço, conduzindo-me pelo corredor. Estava bastante debilitado, e minhas pernas tremiam, mas fiquei feliz por reconhecer o tenente que havia me prendido. Estranhei o fato de ter-me chamado pelo nome. Aquilo não era um bom sinal.

Quando chegamos a uma sala, baixei a cabeça, pois a claridade me incomodava, e a dor nos olhos era insuportável. Havia mais pessoas, e eu não conseguia enxergar ninguém. O tenente ordenou que as luzes fossem apagadas, ficando, no ambiente, apenas uma leve penumbra. Então, pude levantar os olhos e identificar que, juntamente com ele, havia outros policiais. "Vem aí o interrogatório... Meu Deus, mais tortura?!" – calculei preocupado.

Acomodaram-me em uma cadeira, e o tenente dirigiu-me a palavra:

– Poderia nos dizer qual o seu nome completo? Por favor, diga a verdade.

Naquele momento, titubeei, pois, alguns minutos antes, ele havia me chamado pelo nome correto. Pensei em meu irmão e resolvi continuar com a farsa.

– Fabrício Moreira.

– Tem certeza do que está dizendo? Sinceramente, esperávamos que o senhor pudesse nos dizer seu verdadeiro nome, após ter ficado durante uma semana na solitária. Normalmente, é o tempo suficiente para quebrar a resistência de qualquer um que se disponha a revelar a verdade. Fique *sabendo que nós já temos conhecimento dela. Por que o senhor assume uma identidade que não é sua?*

Mais uma surpresa para mim. "Ele estava dizendo que eu havia passado apenas uma semana naquele cubículo?! E o que ele queria dizer, ao mencionar que já sabia toda a verdade?!" – pensei. Assim mesmo, tornei a insistir:

– Por favor, tenente, não sei o que o senhor está dizendo. Meu nome é Fabrício, sou líder estudantil e fui preso por incitar a subversão, não é isso?

Ele ficou em silêncio. O soldado Cabrera estava presente e se manifestou destemperado:

– Tenente, por favor, deixe esse "passarinho" meia hora comigo e verá que ele vai contar tudo que sabe e o que não sabe também.

– Acalme-se, soldado, que este caso é diferente, e quem vai conduzi-lo sou eu, à minha maneira. Por favor, podem sair todos. Deixem-me a sós com o prisioneiro.

– Cuidado, tenente, pois esse subversivo poderá agredi-lo. Sabe do que são capazes...

– Eu já disse que sei o que estou fazendo. Agora, saiam da sala. Este rapaz não consegue sequer olhar à sua volta e mal pode se suster em pé. Estão delirando? Insisto que saiam imediatamente.

Percebi que todos saíram contrariados. Quando ficamos a sós, o tenente sentou-se à minha frente e me inquiriu:

– Senhor Sérgio, admiro profundamente sua atitude,

assumindo a culpa de seu irmão. Por que faz isso? Não percebe que é inútil?

Abaixei a cabeça e comecei a chorar. Encontrava-me no limite de minha resistência e começava a reconhecer que seria muito difícil continuar negando a verdade, pois o tenente Rômulo estava muito seguro e demonstrava conhecer, realmente, a verdade dos fatos. "Como ele poderia ter tanta certeza?" – questionei comigo mesmo. Mas precisava continuar a proteger meu irmão.

– Não sei como o senhor pode ter tanta convicção. Por que acha que estaria mentindo, depois de ter passado uma semana na solitária? Acha que gosto de sofrer? Estou lhe dizendo a verdade, tenente: meu nome é Fabrício.

Ele ficou em silêncio por alguns segundos, para em seguida comentar:

– É isso que não estou conseguindo entender. O que o senhor pretende obter com tal farsa? Está sofrendo inutilmente, em nome de outra pessoa. Mas, só há um jeito de descobrirmos isso. Vamos fazer uma acareação.

Naquela altura dos acontecimentos, meus olhos, que agora se encontravam acostumados à claridade, já conseguiam ver a fisionomia do meu interlocutor e observar o ambiente onde nos encontrávamos. Era uma sala fechada, com uma cadeira, na qual eu estava sentado. Em frente, uma escrivaninha, sobre a qual havia um abajur de foco, possivelmente para iluminar o rosto dos interrogados. Naquele momento, permanecia desligado.

Confesso que temia pelo pior, e um terrível pressentimento passava pela minha cabeça, enquanto premeditava: "O tenente disse que iria fazer uma acareação para descobrir a verdade. Levantou-se e saiu da sala, deixando-me aqui sozinho. E, se eu tentasse fugir? Mas, não! Qualquer tentativa de fuga seria inútil. Meu propósito não era proteger meu irmão assumindo seu lugar? Então, para que fugir? Depois, lá fora, a rua deveria estar cheia de policiais, e fraco do jeito que estou...".

Com tal linha de pensamento, resolvi aguardar pacientemente, por alguns minutos, quando, afinal, a porta se abriu. O tenente, então, entrou, trazendo, alguém pelo braço, como fizera anteriormente comigo. Tive um sobressalto, quando identifiquei a pessoa que o acompanhava: era Fabrício. "Meu Deus!" – exclamei de mim para comigo. Numa fração de segundo, compreendi tudo que se passava: haviam capturado meu irmão também. Por isso é que o tenente tinha tanta certeza de que eu não era quem dizia ser.

Dei um grito e me levantei, mas o tenente ordenou com voz firme e pausada:

– Permaneça sentado! O senhor terá tempo suficiente para conversar com seu irmão.

Dizendo isso, pegou uma cadeira para acomodar Fabrício, que se encontrava na mesma situação que eu. Possivelmente, também estivera em uma solitária, pois não conseguia enxergar nada, apenas balbuciava palavras ininteligíveis, chorando.

– Agora, podem conversar à vontade, porque teremos

exatamente uma hora para esclarecermos esta situação.

Fabrício estava como eu, com a barba crescida e a fisionomia pálida e abatida. De seus olhos esgazeados, desciam lágrimas abundantes. Fiquei penalizado com sua situação, porque podia ver seu rosto magro e os cabelos em desalinho. Mas eu não deveria estar em melhores condições... Podia, sim, vê-lo, enquanto ele não conseguia me ver. Abracei-o comovido, e juntos choramos longo pranto de dois irmãos que se reencontravam em situação de sofrimento e angústia. Ele soluçava em choro dolorido e convulsivo.

O tenente Rômulo apenas nos observava de forma respeitosa e sem interferir em nossa manifestação de sentimento.

Por fim, quando nos acalmamos, Fabrício falou-me com voz baixa e debilitada:

– Seu louco, por que fez isso? Sei que foi para me proteger. Infelizmente, porém, tudo deu errado, pois eu havia conseguido fugir e, ao ficar sabendo que você havia sido preso, apresentei-me imediatamente, porque jamais iria permitir que meu querido irmão sofresse por minha causa. Só que eles não acreditaram em mim; para todos os efeitos, você era Fabrício, a pessoa que eles buscavam e já se encontrava preso. Deixaram-nos, então, cada um em uma solitária para que, mais tarde, pudessem apurar a verdade.

Enfim, compreendi o que se passara. Ficou claro para mim que nós dois estivemos presos ao mesmo tempo, que minha atitude, ao me deixar prender em nome de meu irmão, havia sido inútil, e que ele, de maneira decisiva, havia se entregado voluntariamente, para que pudessem me libertar. O pior é que não acreditaram nele, pois tinham me prendido na batida policial, e eu fora identificado como sendo ele.

Por via das dúvidas, prenderam-no também, até que pudessem averiguar a verdade, pois não podiam acreditar na versão simplista de Fabrício, que se entregara espontaneamente. Um líder rebelde, um subversivo jamais se entregaria assim tão facilmente.

Não tínhamos palavras para dizer. Apenas chorávamos abraçados. No fundo, eu sentia que minha atitude fora patética, pois não servira para nada. O tenente, por sua vez, parecia sensibilizado diante de nossa situação.

– Acalmem-se, por favor, que eu já pesquisei a vida de vocês e pude apurar que são bons estudantes. As referências foram as melhores possíveis, pois nunca haviam se envolvido anteriormente em nenhum movimento. Temos um informante na faculdade e obtivemos, por seu intermédio, dados muito proveitosos a respeito de vocês. Aliás, temos até quem esteja intercedendo por vocês, junto ao alto comando. É um amigo da família, cujo nome nunca ficarão sabendo, mas que tem interferido para que sejam preservados. Seus pais estão aflitos com o desaparecimento de ambos. Portanto, agora eu gostaria de saber se realmente querem voltar para casa sãos e salvos. Tenho autorização de libertá-los sob condições.

Ouvi a explanação do tenente Rômulo com bastante

surpresa, mas resolvi me calar. Queria que a manifestação fosse por parte de Fabrício, todavia ele também ficou meditativo. Depois de algum tempo, foi meu irmão quem rompeu o silêncio:

– Tenente, estamos interessados em ouvir as condições para nossa liberdade. Apenas em respeito à sua atitude, gostaria de esclarecer que sou Fabrício, e este é meu irmão Sérgio. Ele é inocente. Apenas cometeu o equívoco de entender que poderia passar por mim, deixando-se prender em meu lugar. Ele sabe que eu jamais permitiria isso. Agora, o senhor poderia nos explicar o que temos que fazer para alcançar a liberdade?

Em qualquer outra circunstância, a capitulação de Fabrício seria inviável, mas, naquela situação, reconheci que o fazia por mim. No íntimo, seus ideais jamais se apagariam, porém seria capaz de ceder, desde que fosse para me poupar. Ele nem precisava dizer, eu tinha conhecimento do que ia em seu coração.

O tenente pareceu satisfeito pelo interesse demonstrado pelo jovem.

– Ótimo, Senhor Fabrício. É uma atitude inteligente de sua parte esclarecer tal equívoco. Nós já sabíamos quem era quem, apenas tínhamos que ter absoluta certeza, pois vocês são idênticos. A verdade é que sua família é gente de bem. Já levantamos tudo isso. Vocês são bons cidadãos, e temos a certeza de que, futuramente, poderão prestar relevantes serviços à pátria. Além do mais, como já informei anteriormente, o alto comando tem visto com bons olhos o pedido de soltura, por parte de importante personagem político que intercedeu por vocês. Na

verdade, a nação necessita de jovens bem-formados, de médicos que tenham desprendimento e altruísmo. O que queremos é que, hoje, vocês assumam um compromisso formal de não mais se envolverem em nenhum momento político de esquerda. Num futuro próximo, quando já forem profissionais, entraremos em contato, pois temos importante projeto a desenvolver junto às comunidades carentes, no interior do país. Apenas posso lhes adiantar que se trata de um plano meramente social, visando à integração do país, levando às comunidades pobres um atendimento médico e social. Podemos contar com o apoio dos senhores?

Meu irmão estava com os olhos marejados de lágrimas. Somente conseguiu balbuciar:

– Este sempre foi meu propósito de vida: dedicar-me aos menos favorecidos. Acho sua proposta viável. Pode contar com minha concordância. E você, Sérgio, aceita a proposta?

No íntimo, sabia o quanto aquilo custava em termos de moral e de amor-próprio para Fabrício. Mas, nas condições em que nos encontrávamos, não tínhamos outra saída. Além do mais, estava plenamente convicto de que o fato de eu ter sido preso se transformara em fator definitivo para a sua decisão. Meu dever era apoiá-lo naquele momento difícil. Foi o que fiz.

– Eu também concordo e faço minhas as palavras de meu irmão, tenente.

– Ótimo – comentou satisfeito. Acredito na boa disposição e na palavra de vocês. Vou providenciar para que possam tomar

um banho decente e trocar de roupa. Em seguida, ficarão livres, mas somente depois de terem assinado o termo de confissão e compromisso de que não mais se envolverão em nenhum movimento subversivo.

Encaminhou-nos a uma enfermaria no mesmo prédio, onde, após tomarmos banho, fomos examinados. Ah! Meu Deus, como aquele banho foi delicioso! Sentia-me reconfortado e aos poucos ia adquirindo novo ânimo para a vida, depois de ter me sentido como um farrapo humano. Fiquei imaginando o que se passava no coração de Fabrício, pois para ele tudo aquilo representava uma derrota fragorosa. No entanto eu estaria ao seu lado, apoiando-o no que desse e viesse. Tal era a minha disposição. Entretanto muito me surpreendi, quando nos encontramos logo após o banho, e meu irmão, que eu julgava derrotado e humilhado, abraçou-me comovido.

– Sérgio, meu querido, embora eu ache que você tenha sido tolo, não imagina como apreciei seu gesto de se deixar prender para me proteger. Apenas uma criatura boa, uma pessoa sem maldade como você poderia pensar que tal atitude fosse funcionar e que eu iria concordar em ter meu irmão preso em meu lugar. Essa será uma dívida de gratidão que jamais haverei de esquecer, meu herói!

Fabrício falava com a voz embargada pela emoção, e eu sequer podia responder porque os soluços tomaram conta de meu peito. Então, chorei copiosamente.

– Por você, meu irmão, sou capaz de me modificar, mudar

meus pontos de vista e minha ideologia. Pode ter a certeza de que tudo que farei hoje é por você e quero que tenha a plena convicção de que o faço por entender que vale a pena.

Com dificuldade, consegui responder:

– Eu já sabia, tinha a absoluta certeza de que estava concordando para me poupar.

– Não só para poupá-lo, mas para que eu também pudesse me poupar. Tenho a certeza de que juntos, sempre juntos – porque acho que deveremos estar sempre, em qualquer situação, lado a lado – poderemos vencer as adversidades e cumprir nossa missão de auxílio aos menos favorecidos. Quero estar com você em qualquer ocasião, Sérgio. Você será sempre meu referencial porque não tem maldade.

– Ora, não diga isso, Fabrício! Você sabe a admiração que tenho por você. Na verdade, em todo tempo, procurei imitá-lo, pois você é que sempre foi e continuará sendo o meu referencial.

– Tudo bem! Isso eu já sabia. Mas esteja certo de que, durante esta semana, mudei muitos conceitos em meu íntimo e volto a lhe dizer: você será, de agora em diante, o meu referencial de vida.

Aquelas palavras de Fabrício me emocionaram pela sinceridade e pelo sentimento de amor que nos envolvia. Sim, um amor, amor de irmãos, um sentimento de carinho sublimado e puro, mediante o qual um é capaz de renunciar pelo outro, de sofrer pelo outro, apenas pelo simples desejo de que o outro seja feliz ou poupado de sofrimento. Sim, o amor verdadeiro no mistério que envolve dois irmãos que se amam não só pelo simples fato de serem gêmeos por nascimento, mas pela afinidade de Espírito e de alma, afinidade essa que transcende a matéria e a compreensão terrena. Certamente, o *amor simples e verdadeiro, o sublime amor!*

Um conflito, uma culpa

Retornamos à nossa casa, onde mamãe e papai nos receberam em verdadeiro transporte de alegria. Mamãe nos abraçou chorando de contentamento, e papai, que sempre fora meio sisudo, pela primeira vez, deixou rolarem lágrimas de seus olhos.

– Ah! Meus filhos queridos, – dizia mamãe, em pranto - pensei que jamais os veria de novo. Ficamos sabendo de pessoas que estão sendo presas e nunca mais delas se têm notícias. Por favor, não façam mais isso com sua mãe e com seu pai. Eu morreria de tristeza, se os perdesse.

Fabrício a consolava, afagando seus cabelos e beijando seu rosto.

– Sérgio não tem culpa de nada, mamãe; a culpa é toda minha. Pode ter a certeza de que aprendi a lição e que nunca mais me envolverei em qualquer tipo de movimento.

– Assim espero, meu filho – papai comentou. – Vocês não imaginam quanto sofremos, porque não tínhamos notícias, apenas ouvíamos boatos. Muita gente boa nos deu apoio, principalmente, o diretor da faculdade de medicina. Penso que ele deve ter contribuído para a libertação de vocês.

Nos dias que se seguiram, enquanto nos recuperávamos, recebemos muitas visitas de amigos. Um dia, a visita de uma pessoa me surpreendeu: era Lia, a estudante de medicina que havia me informado onde seria realizada a fatídica reunião em que acabei sendo preso. Algo não me agradava nela, pois me parecia astuta, sagaz e, ao mesmo tempo, inconseqüente.

Confesso, porém, que seus encantos me seduziam. Abraçou meu irmão, demonstrando alegria efusiva, e beijou seus lábios longamente. Fabrício correspondeu àquela manifestação de carinho, enquanto eu me sentia patético, porque ela mexia com meus sentimentos mais íntimos.

Pareceu-me que tinham que conversar a sós, e se afastaram para o quarto. Então, permaneci na sala, dando atenção a outras visitas. Não pude deixar de perceber, pela primeira vez, um sentimento antagônico de ciúmes. Digo antagônico, pois, ao mesmo tempo que tinha ciúmes de meu irmão, também sentia ciúmes de Lia. Envergonhei-me, porque sabia que tal sentimento não era justo nem certo: primeiro, por não ter motivos para tanto, já que aquela era a segunda vez em que a via (portanto, sentimento injustificado); segundo, por se tratar de meu irmão, a quem eu idolatrava, e o que mais desejava era vê-lo feliz (por conseguinte, sentimento errado). Mas uma pergunta íntima me inquietava: "O que significaria tudo aquilo?". Não me agradava aquela sensação de um sentimento que me afigurava doentio e indigno e que poderia vir a manchar a sublimidade de minha afeição por Fabrício.

Um ano se passou depois desse episódio. Meu irmão se desvinculou totalmente dos grupos a que pertencia, e comecei a observar que passamos a ser discriminados e até evitados. Mas acabamos por nos aproximar de outro grupo formado por um pessoal que a turma chamava de "cê-dê-efe", pois se dedicava apenas aos estudos, sem se envolver em qualquer ideologia política.

Já, no último ano de medicina, tanto eu como meu irmão nos dedicávamos com afinco aos estudos. A verdade é que todo aquele acontecimento serviu para nos unir ainda mais. Eu percebia que ele fazia de tudo para me agradar e demonstrar sua gratidão por meu gesto. Embora ainda fosse meu ídolo, e minha admiração por sua espontaneidade e inteligência, algo natural para mim, constatava que ele fazia questão de me ouvir, de me pedir conselhos e de exaltar a minha inteligência, como querendo me dizer: "– 'Cara', você é demais! Eu o admiro muito; amo-o de todo o meu coração".

Constantemente, ele tinha umas tiradas que me surpreendiam.

– Olhe, mano, fico a me perguntar: Por que existem pessoas tão diferentes no mundo e, ao mesmo tempo, tão parecidas não só na aparência física, como nós, mas em sentimento? Tenho me perguntado: Será que existem almas gêmeas? Se existem, nós somos gêmeos não só de corpo, mas também de alma. Não podemos deixar que nada neste mundo venha nos separar, está bem?

Dizia isso e me abraçava fraternalmente, osculando minha face. Eu retribuía seu gesto, que se mostrava muito natural e espontâneo. O carinho e o amor que sentia por meu irmão era algo legítimo e puro, e só o fato de ele demonstrar seu apreço por mim já me fazia feliz.

Quando nos formamos, fomos considerados destaques da turma, e o diretor nos indicou, para residência, um grande hospital público paulista. Já, no segundo ano como médicos residentes, tivemos a surpresa de receber Lia também. Notei que Fabrício ficou feliz com a presença da moça entre nós e, com o passar dos dias, percebi, ainda, que meu irmão estava apaixonado por ela. Confesso que tudo aquilo não me agradava por dois motivos: primeiro, sendo alguém muito envolvente, a moça representava um sério risco tanto para mim como para ele; segundo, porque eu sentia que também era atraído por ela. Enfim, não sabia como explicar, mas intimamente tinha uma leve intuição de que a jovem poderia nos separar.

Não estava enganado quanto aos sentimentos de Fabrício, pois um dia ele me confidenciou:

– Sérgio, você alguma vez já percebeu, em seu coração, um sentimento de paixão abrasadora por alguma mulher? Uma sensação que toma conta de seu íntimo e de seu pensamento, de forma que você não deseja outra coisa, a não ser estar ao lado dela? E daí você se torna capaz de fazer qualquer loucura para conquistar aquela pessoa, e o simples fato de ela sorrir para você o coloca nas nuvens, e você se isola do mundo. Ouve pássaros cantando, ouve melodias indescritíveis no ar e sente-se flutuar no espaço... Pois é, mano, ando me sentindo assim. Estou perdidamente apaixonado por Lia. Acho que meu coração está doente, e o único remédio é o amor dessa mulher. O que fazer?

Fiquei preocupado com Fabrício, pois me parecia completamente alienado do mundo. Até o preceptor notou a mudança de comportamento dele e, chamando-lhe a atenção, disse:

– Fabrício, você tem sido um excelente médico em termos de aplicação e aprendizado, mas ultimamente anda cometendo erros básicos. Tenha mais cuidado e fique mais atento em seu trabalho!

Naquele dia, no final de nossa jornada, conversei com ele.

– Olhe, meu irmão, se você está, realmente, apaixonado por Lia, porque não fala com ela? O que não pode é continuar assim, pois essa paixão o está consumindo, e você parece não se encontrar em seu estado normal. Tem permanecido desatento, cometendo falhas banais, o que não poderia acontecer. Acabe logo com essa agonia. Vamos! Conte a ela, mas esteja preparado para o pior.

Então, ele me fitou com os olhos tristes.

– Já falei, mano. O que você não sabe é que ela também fazia parte do grupo a que eu pertencia, antes de sermos presos. Naquela época, até namoramos. Ambos estávamos apaixonados e curtimos muito nossa paixão. Depois daquele episódio, ela ainda me procurou em casa, mas eu estava disposto a esquecer tudo, e isso a incluía, pois ela continuava ligada ao movimento. Acabamos, e durante todo esse tempo que passou, achei que a tinha esquecido. Agora, ao nos reencontrarmos, reacendeu em mim uma paixão ainda mais abrasadora que da primeira vez. Ela também continua apaixonada por mim, só que não me perdoou, e o que percebo é que faz de tudo para me torturar, pois sabe de meus sentimentos.

Depois de breve silêncio, completou com lágrimas nos olhos:

– Ah! Você não sabe o que é sofrer de amor por uma mulher. Sinto que estou me consumindo dia a dia e me contento com as migalhas que ela me endereça. Às vezes, ela passa por mim e não me olha, como se eu não existisse; outras vezes, simplesmente me olha e sorri. Ah! Seu sorriso me representa uma luz que ilumina e aquece meu coração! Outro dia, abraçou-me, beijando-me como nos velhos tempos, deixando-me em estado de graça. No dia seguinte, porém, ignorou-me completamente. Compreende o que vai no meu íntimo, meu irmão?

Assenti com a cabeça e o abracei comovido. Na verdade, eu

sentia o mesmo que ele. Também estava apaixonado por Lia, porém ela me ignorava, ou às vezes sorria para mim de forma maliciosa, e seu olhar traduzia promessas insinuantes. Sabia o que ele estava passando, pois nutria em meu coração, calado, iguais sentimentos.

Afagando seus cabelos, falei com carinho, procurando disfarçar o que ia no meu peito:

– Fabrício, acho que faço idéia do sentimento que o atormenta. Penso que, ao mesmo tempo que essa pessoa, com apenas um sorriso, pode conduzi-lo ao paraíso, consegue também conduzi-lo ao inferno com um simples gesto, ao ignorá-lo.

Logo que terminei minha colocação, ele chorou, e suas lágrimas desceram de seus olhos, escorrendo pela face.

– Sérgio, você definiu, com muita propriedade, o que acontece comigo, pois todo dia me sinto no paraíso e, ao mesmo tempo, no inferno. Basta simplesmente um olhar da pessoa amada para irmos ao paraíso, ou ao inferno, quando somos por ela ignorados.

Assim, os dias foram passando, e eu observava que Fabrício sofria, que seu coração sangrava. Sendo um homem de valor, seu sofrimento era silencioso, mas seu semblante refletia o desencanto que ia em sua alma. Então, algo ainda ocorreu para adicionar uma dose de complicação em tudo isso: Lia começou a provocá-lo, aproximando-se de outros médicos, simulando flertes para torturar meu irmão. O que era pior: começou a insinuar interesse por mim.

Embora também estivesse apaixonado por aquela mulher, no íntimo eu temia as conseqüências que poderiam advir e a rechacei. Aí, então, aconteceu o que eu mais receava: ao invés de desistir, como que por capricho, passou a me assediar sem tréguas, de forma envolvente e insidiosa, na cantina do hospital, durante as visitas aos pacientes, em qualquer hora e lugar. Ficou algo tão ostensivo que todos percebiam, pois ela não se preocupava em disfarçar, espalhando aos quatro ventos que estava apaixonada por mim. Aquilo começou a virar um tormento obsessivo para mim, porque sabia como Fabrício vinha sofrendo, e isso me torturava. O que menos queria na vida era magoá-lo.

Um outro fato veio contribuir decisivamente para aumentar o seu sofrimento. Em um final de semana, fomos escalados para o plantão: Fabrício, Lia e eu. Era madrugada de sexta-feira para sábado, e o atendimento estava muito corrido, devido às intercorrências e o grande número de pacientes internados.

Já passava das três horas da manhã, e eu me sentia cansado. As variações estavam sob controle, apenas um caso ou outro exigia ainda algum cuidado mais específico. Ao perceber meu cansaço, meu irmão disse:

– Sérgio, vá descansar um pouco, que agora tudo está mais tranqüilo. Eu fico na retaguarda. Vá descansar.

Lia concordou, reforçando o argumento dele.

– Concordo com Fabrício, vá descansar, pois seu irmão e eu

podemos dar conta de tudo. Depois, faremos um revezamento.

Realmente, eu me encontrava extenuado, porque aqueles plantões eram exaustivos. Dirigi-me ao dormitório e, em poucos segundos, já dormia profundamente. Quando acordei, percebi que alguém estava ao meu lado, beijando-me de forma carinhosa e envolvente. Abri os olhos sobressaltado e, na penumbra, reconheci Lia. Não consegui resistir, ou melhor, talvez nem tenha desejado isso: entreguei-me completamente àquela loucura. Beijamo-nos com sofreguidão, enquanto o sangue subia em meu cérebro, toldando todo e qualquer raciocínio. Senti-me totalmente dominado pelo desejo incontrolável que não mede conseqüências, e nos rendemos a uma paixão desvairada e perigosa.

De repente, a luz se acendeu, e voltei à realidade: era Fabrício que adentrara no dormitório, apanhando-nos naquele desvario. Ele não disse nada, apenas pude perceber sua fisionomia de dor e surpresa. Fechou a porta cuidadosamente e se afastou. Dei um pulo do beliche, vesti a roupa e corri atrás dele.

Na verdade, o que eu desejava é que meu irmão esbravejasse comigo, descarregasse sua frustração e sua mágoa ou até me agredisse, quem sabe para diminuir minha sensação de culpa. No entanto, ele me surpreendeu com sua atitude. Estava iniciando o atendimento a um paciente e, quando me aproximei, simplesmente, olhou-me com uma expressão de que jamais me esquecerei. Então, falou com voz trêmula, pelo esforço que fazia para se controlar.

– Sérgio, aguarde até eu terminar este atendimento. Conversaremos depois.

Para mim, aquela atitude foi muito pior que uma reação violenta. Preferia mil vezes sofrer uma agressão. Sentia-me impotente e aparvalhado. Meu irmão demonstrava um controle sobre-humano e uma condição moral muito elevada.

Afastei-me como um autômato, dirigindo-me à cantina do hospital. Lia veio ao meu encontro. Percebi que ela também estava abalada.

– Sérgio, pelo amor de Deus, não se deixe abater. Não fizemos nada errado, porque sou livre e você idem.

Olhei para ela num misto de sentimento entre ódio, rancor e amor e respondi com raiva incontida:

– Será que você não tem sensibilidade para perceber o que aconteceu? Não se trata de nós dois, que somos livres, mas de meu irmão, que sofre por você.

Ela não se deixou abater e redargüiu imediatamente:

– Deixe de ser tolo, pois que culpa tenho eu de seu irmão estar apaixonado? Já nos amamos, é verdade, mas tudo acabou. Agora, estou apaixonada por você, não percebe? Será que tenho o direito de ser feliz e procurar a felicidade, conquistando a pessoa que amo, ou vou ter que ficar pelos cantos sem fazer nada, porque seu irmão é apaixonado por mim? Vou lhe dizer uma coisa, Sérgio: você também me ama e temos o direito de sermos felizes.

Nunca imaginei reagir daquela forma, porque respeito a figura da mulher e sua fragilidade, contudo, naquele momento, gritei com ela:

– Cale a boca, pois jamais saberá, em seu coração, o que é amor realmente. Você está confundindo esse sentimento tão sublime com paixão, com carne, com desejo. Não é nada disso, Lia. Você não tem sensibilidade de alma. Esqueça-me!!! – gritei quase que em desespero, afastando-me, sem dar chance para que ela me respondesse.

Não me encontrava em condições de raciocínio lógico nem de trabalhar. Dirigi-me ao dormitório, sentei-me no leito e chorei com o coração em frangalhos, por ter magoado meu irmão querido. Eu, que sempre desejara lhe poupar de sofrimentos, preferindo sofrer em seu lugar, se necessário, que o admirava tanto, agora percebia que era um motivo a mais para fazê-lo sofrer. Coloquei o rosto entre as mãos e solucei, pois sentia, no mais íntimo do ser, a dor do sentimento que ele deveria estar carregando consigo. Depois de breve instante, percebi que Fabrício estava ao meu lado, abraçando-me.

– Meu irmão, estou sofrendo e você também – disse-me afetuosamente. – Isso não é justo para mim, mas, igualmente, não é justo que você sofra por minha causa. Eu amo Lia, é verdade, e sei que você também a ama. Acho, porém, que meu tempo já passou e entendo que vocês possam ser felizes. Não pretendo ser empecilho para que vocês se amem sem

sentimento de culpa, mas não vou resistir, se continuar por aqui. O médico-preceptor já chegou, e vou pedir a ele licença para me afastar da residência. Quero colocar em prática um velho desejo que tenho no coração e, ao mesmo tempo, ir para bem longe, onde possa esquecer tudo isso. Seja feliz, meu irmão, e não se culpe.

Não tive tempo de reagir nem de responder, pois ele me deu um beijo no rosto e se foi. Seus olhos estavam marejados de lágrimas. Então, entreguei-me a um pranto convulsivo. Chorei copiosamente, tentando controlar os soluços que brotavam em meu peito e, quando finalmente consegui me acalmar, dirigi-me à enfermaria.

Lia estava em atendimento como se nada tivesse acontecido. Fabrício já havia sido dispensado pelo médico-chefe, que me chamou ao lado.

– Sérgio, seu irmão não estava bem, e o dispensei. Você está bem? Na ausência dele, resta-me contar com sua ajuda.

Não podendo dizer nada, simplesmente aquiesci com um sinal de cabeça e tentei dar continuidade ao trabalho da melhor forma possível. No almoço, nem tinha fome e sentia a falta de meu irmão: era como se a lâmina afiada de uma espada estivesse atravessada em meu peito.

Lia, aproximando-se de mim, sentou-se ao meu lado.

– Sérgio, acredite que estou tentando compreender o conflito de seu coração, mas você também deveria tentar me entender. Pode não acreditar, todavia estou sendo sincera, pois

realmente acabei me apaixonando por você. O inevitável aconteceu, e seu irmão terá que aceitar, porque isso, mais dia, menos dia, poderia ocorrer comigo, fosse por você ou outra pessoa. Quis o destino que fosse por você. Então, o que posso fazer?

Procurei me controlar, respondendo de forma pausada, mas firme:

– Lia, por favor, me dê um tempo. Não percebe que não tenho condições emocionais, nem de raciocínio? Se existe algo que realmente prezo na vida, é a felicidade de meu irmão. Eu o amo verdadeiramente, com um amor de cuja intensidade você jamais tem idéia. Confesso que também sinto por você algo que me amedronta e que, ao mesmo tempo, mexe comigo, faz-me feliz e também me atormenta. O que sinto por meu irmão é algo puro e cristalino, mas o que sinto por você é algo que não sei descrever nem compreender e que me dá medo. Preciso de um tempo. Por favor, afaste-se de mim.

Dizendo isso, levantei-me deixando-a sozinha à mesa. Durante o resto do dia, procurei evitá-la, todavia percebi que estava fazendo tudo errado, pois parecia que ela se mostrava ofendida. "Meu Deus, sou mesmo um estúpido, pois não estou fazendo nada certo! Magoei, feri meu irmão, e também estou me tornando infeliz, sendo duro com a mulher que amo!" – fiquei a pensar comigo mesmo.

A verdade é que, a partir daquele momento, não mais falei com Lia, pois ela passou a me evitar. Então, fiquei duplamente infeliz, porque despertava para um novo sentimento: o do amor de uma mulher, o qual visitava meu coração como jamais havia acontecido antes.

Tudo aquilo havia ocorrido na manhã de sábado. O plantão só terminaria na segunda-feira de manhã. Finalmente, quando terminou o fatídico plantão, saí do hospital exaurido e atormentado, pois desejava ter uma longa conversa com Fabrício. Foi o que fiz. Tão logo cheguei em casa, procurei por ele, mas mamãe, com os olhos vermelhos de tanto chorar, me deu uma notícia que me deixou estupefato:

– Sérgio, o que aconteceu com seu irmão? O que houve que ele nem cumpriu o plantão?! Quando ele aqui chegou no sábado, estava transtornado, dizendo que não queria conversar com ninguém. Disse-me apenas que iria fazer uma longa viagem. Ligou para o diretor do hospital, pedindo a ele uma licença. Fez alguns contatos por telefone, arrumou as malas, dirigiu-se ao Aeroporto de Congonhas, viajando ontem mesmo. Nem eu nem seu pai entendemos o que se passava com ele. Mas, quando me viu em prantos de desespero, resolveu explicar: "– Mamãe, não se preocupe comigo, pois preciso ir para longe a curar uma ferida em meu peito. São coisas de paixão. Tudo passa com o tempo. Confie em mim. Mandarei notícias. Por enquanto, saiba somente que estou indo ao encontro de meu destino".

Enquanto mamãe tomava fôlego e enxugava suas lágrimas, papai, com a fisionomia muito triste, tentou questionar:

– O que aconteceu, meu filho? Por acaso houve algum

desentendimento entre vocês? O que ocorreu de tão grave para que ele nem quisesse que eu o levasse até o aeroporto? Chamou um táxi e foi-se embora, deixando-nos como dois bobos aqui na sala, sem saber o que fazer.

Eu estava arrasado. Não sabia o que responder a papai. Mamãe continuou:

– Seu pai imaginou que pudesse ter havido alguma briga entre vocês, e eu disse a ele que isso seria impossível, pois vocês se adoram. Sei que seriam capazes de dar a vida um pelo outro, e não brigar. Mas, então, o que teria acontecido? Fabrício insistia, dizendo que não era nada e que tudo passaria e que nós deveríamos ficar despreocupados com ele. Você acha?! Mãe despreocupada, vendo o filho ir embora assim, sem mais nem menos, sem dizer para onde ia?!

Abracei mamãe e papai, e juntos choramos de saudade de Fabrício. Eu também estava com um sentimento tão confuso e difícil de explicar, que não sabia o que dizer. Então, mamãe abriu a gaveta da cômoda da sala e me estendeu um envelope fechado.

– Antes de ir embora, ele deixou uma carta para você – disse com a voz ainda embargada.

Peguei o envelope com as mãos trêmulas. Os olhos marejados de lágrimas me atrapalhavam a leitura. Sentei-me no sofá da sala com papai e mamãe ao meu lado, para ler a carta em voz alta. Ainda a tenho comigo e vou lê-la para vocês:

Meu querido irmão Sérgio:

Não quero que você fique com nenhum sentimento de remorso, pois ninguém tem culpa pelos desmandos do coração: nem eu, nem você, nem Lia. Tivemos o nosso tempo, e este passou para ela, mas não para mim, que continuo a amá-la. Não esperava encontrá-la novamente, mas quis o destino que assim acontecesse. Que vocês se apaixonassem, eu nem sonhava! Não é justo que minha dor e meu desencanto causem-lhes infelicidade e sofrimento. Por isso, resolvi ir para bem longe, onde possa abrandar essa angústia. Quero que você seja feliz. Seja feliz, sem nenhum sentimento de culpa, sem mágoas!

Um dia, quando eu já estiver curado das feridas do coração, quem sabe, possa retornar. Agora, neste momento, creio que deva me afastar, ir embora, buscar outros ares, pois me sinto sufocado.

Não lhes deixo endereço nem pistas, porque não desejo ser encontrado. Mas, de um jeito ou de outro, mandarei notícias. Fiquem tranqüilos! Estou partindo em busca de mim mesmo, a resgatar minha auto-estima, meu desejo de ser feliz como quando éramos crianças e brincávamos descontraídos, sem imaginar as armadilhas do destino.

Um beijo, meu irmão! Cuide-se e seja feliz!

Seu irmão, que te ama, Fabrício.

Naquele dia, quando terminei a leitura desta carta, solucei desconsolado. Aí, então, compreendi quanto ele deveria estar sofrendo e que fora embora para deixar que eu pudesse ser feliz. Mamãe e papai me abraçaram, e a emoção tomou conta de nós, em lágrimas abundantes de saudade de meu irmão querido.

– Esse é seu irmão Fabrício! Criatura capaz de renunciar a tudo pela felicidade de um irmão! – comentou mamãe, enxugando o rosto. Mas você também seria capaz de semelhante gesto para com o seu irmão, pois gerei a ambos e os carreguei comigo, durante nove meses, e os embalei em meus braços. Conheço-os bem: vocês seriam capazes de grandes renúncias um pelo outro. E isso é lindo! Vamos esperar que o tempo se encarregue de curar as dores do coração desse meu filho querido.

Beijou-me no rosto como fazia, quando ainda era criança. Afagou meus cabelos, tentando sorrir. Em seguida, com os olhos tristes, comentou:

– Você está aqui conosco agora, e agradeço a Deus por isso. Mas, onde estará Fabrício? Estaria passando por alguma dificuldade? Estaria sofrendo? Ah! Meu Deus! Como as mães sofrem!

Uma aventura na selva

A história de Sérgio era envolvente e longa. Cristina permanecia emocionada, mas as horas avançavam, e era preciso preparar o almoço. D. Samara se encarregou de preparar a refeição e, enquanto almoçavam, o médico continuou sua comovente narrativa:

Um semestre se passou, e concluí a residência médica. Naqueles seis meses, pude melhor conhecer quem era a moça que enlouquecera Fabrício e eu. De fato, Lia era uma mulher diferente e de personalidade difícil. No primeiro momento, resisti à tentação, lutando com todas as minhas forças, mas meu coração falava mais alto, até chegar a um ponto de não mais se opor a tal envolvimento. Entreguei-me apaixonado e a amei como nunca havia amado ninguém antes. Essa paixão durou exatamente seis meses. Quando eu lhe propunha a oficialização de nosso namoro, parecia-me que ela se divertia comigo, num perigoso jogo de sedução, como um gato brinca com um rato. Encontrava-me indefeso e desarmado, parecendo um joguete nas mãos habilidosas daquela pessoa que eu amava verdadeiramente. "É incrível como o amor de uma mulher muda a vida do ser humano!" – pensava comigo mesmo. Até a lembrança de meu irmão havia se desvanecido na névoa do tempo e do sentimento. Em meu coração, não havia espaço para mais nada, apenas para o amor de Lia. Intimamente, eu sabia que alguma coisa não estava evoluindo bem em nosso relacionamento, mas me encontrava cego e não desejava ver. Não percebia que ela já não se importava mais comigo, assim como fizera antes com Fabrício. Constantemente, dava desculpas para não irmos aos bailes de sábado, mesmo não havendo plantões. Flertava com outros residentes. Bastava, porém, que me desse um sorriso, para que tudo ficasse bem novamente. E tudo entre nós aconteceu como se fosse um videoteipe do que havia ocorrido entre ela e meu irmão.

Durante um dos últimos plantões em que havíamos trabalhado, resolvi ir até o dormitório dos estagiários: lá estava ela envolvida com um novo residente. Aquele fato fez com que, por fim, eu despertasse do pesadelo e recobrasse minha dignidade perdida.

Saí do quarto enfurecido e, ao mesmo tempo, arrasado. Afinal, eu compreendera o que, realmente, meu irmão havia sentido naquela fatídica manhã em que tudo ocorrera. Da mesma forma que havia acontecido comigo, Lia também deveria ter assediado seu novo pretendente, como se fora um brinquedo. Sim, era isso mesmo que meu irmão e eu fôramos para aquela mulher: brinquedos em suas mãos.

Ela nem se deu ao trabalho de correr atrás de mim, e procurei ter dignidade suficiente para me controlar e concluir o plantão, mesmo que a duras penas. Dirigindo-me à saída, encontrei-a ainda com o jaleco e, inclusive, trazendo o estetoscópio ao pescoço, como se ainda fosse continuar mais um pouco no trabalho. Sorriu com um sorriso malicioso e debochado, dizendo de forma displicente:

– Você não pode achar ruim de nada, pois tudo foi bom enquanto durou, Sérgio. Eu o amei de verdade e também a Fabrício, mas o amor é válido, apenas quando não nos torna escravos de nenhum sentimento que nos aprisiona. Quero mesmo é liberdade, viver a vida!

Naquele momento, apiedei-me dela. Confesso que a amava de verdade e que sofreria muito, assim como Fabrício, mas haveria de tirá-la do meu coração, custasse o que custasse. Olhei para seus olhos, e meu primeiro impulso foi esbofeteá-la por zombar dos sentimentos das pessoas, como se tudo fosse um simples passatempo, porém me contive. Apenas respondi:

– Que pena que você seja assim, Lia! Infeliz é quem não ama de verdade! Infeliz é quem procura ocultar as próprias doenças da alma, brincando com os sentimentos alheios! Você é linda de fisionomia, mas apenas de aparência, pois interiormente

esconde dolorosas deformidades no Espírito. Um dia, também acordará desse pesadelo em que se enredou por vontade. Então, irá se recordar dos corações que insensivelmente pisoteou e das feridas que causou. No fundo mesmo, acho-a uma criatura minúscula e infeliz, que deve trazer, no inconsciente, algum trauma psicológico, alguma enfermidade espiritual inconfessável. Adeus! Na verdade, tenho dó de você.

Parece que minhas palavras causaram um impacto momentâneo nela, pois repentinamente seu semblante ficou sério e circunspecto. Mas isso durou apenas um instante, porquanto, no momento seguinte, voltou a sorrir de forma provocativa.

– Adeus, Sérgio! Quem sabe ainda um dia nos encontraremos nas curvas do longo caminho! Não necessito de sua compaixão, pois me sinto feliz assim como sou. Adeus!

Os dias que se seguiram, foram tormentosos. Encontrava-me como se fosse um trapo, um objeto imprestável, que, depois de usado, joga-se fora. Era assim que me sentia e imaginava que teria sido daquela mesma forma o sentimento de Fabrício. Tinha muitas saudades dele. Ele me fazia falta.

Naquele ínterim, havíamos recebido duas correspondências de meu irmão, postadas em locais completamente diferentes, no Norte e Nordeste do Brasil. Papai pegou um avião e viajou para aquelas localidades, mas tudo foi debalde, pois ele não estava naqueles locais. Chegamos à conclusão de que ele usara de artifício para nos despistar, possivelmente, utilizando-

se de algum portador que viajaria para outras regiões, para postar suas correspondências longe de onde ele realmente se encontrava. Suas cartas eram lacônicas, apenas para nos contar que passava bem, que continuava tentando esquecer tudo, mas que ainda precisava ficar distante.

Como eu já houvesse concluído a residência médica, estava, certa manhã, analisando uma proposta interessante de um hospital, para trabalhar como médico efetivo, quando recebi duas visitas: o diretor da faculdade onde Fabrício e eu havíamos estudado e o tenente Rômulo. Antes que eu me recuperasse da surpresa, meu pai me esclareceu:

– Não se surpreenda, meu filho, pois o diretor foi a pessoa que mais intercedeu por você e seu irmão, quando estiveram presos. O tenente foi quem os manteve sob sua guarda, para que não sofressem violência, principalmente, quando nos conheceram.

A presença do tenente me intimidou e me fez recordar momentos que desejava esquecer. Não podia, porém, negligenciá-lo em virtude do apoio que nos dera. Ainda sem entender o que se passava, ouvi do diretor que havia um grande projeto em andamento e que minha participação nele seria de grande importância.

– Que projeto é esse? – perguntei.

O tenente Rômulo estufou o peito e, entusiasmado, adiantou as explicações.

– Trata-se de um projeto de grande porte denominado

"Projeto Rondon", em homenagem ao grande desbravador dos sertões. Em suma, estamos selecionando universitários para integrarem uma grande caravana que estará estagiando nas mais distantes regiões do Brasil, objetivando levar aos menos favorecidos noções de saúde, higiene, educação e escolaridade. O Brasil possui grandes dimensões continentais, e não podemos esquecer as comunidades mais distantes e carentes. Temos que integrar nosso país, pois ele é o país do futuro, o celeiro do mundo.

A verdade é que fiquei impressionado com a eloquência e o entusiasmo do militar. Aquilo tudo parecia que vinha ao encontro dos meus sonhos de menino. Recordei que, quando ainda éramos crianças, Fabrício e eu desejávamos ser médicos para cuidar das pessoas pobres, dos desvalidos, dos desfavorecidos, e, agora, o tenente vinha me falar desse plano.

Percebendo meu silêncio, ele continuou sua explanação, tentando me convencer da grandeza e do altruísmo do projeto:

– Serão milhares de jovens universitários, que tiveram o privilégio de estudar, pegando mãos calejadas e ensinando a escrever. Serão milhares de criaturas que não têm sequer dentes, a receberem tratamento dentário. Serão milhares de crianças doentes, com verminose e amarelão, recebendo tratamento médico e medicamentos. Vocês irão enfrentar situações precárias em ambiente hostil, em locais distantes e ermos do Norte e Nordeste deste país, mas tenham a certeza de que valerá a pena como aprendizado e como lição de vida. Então, que me diz?

O projeto, pelo modo como foi descrito em sua filosofia de trabalho pelo tenente Rômulo, me encantava e seduzia. Por outro lado, além de ajudar pessoas carentes, eu teria também a oportunidade de fugir de meus problemas, esquecendo minhas desventuras amorosas e, melhor ainda: quem sabe se, nessas andanças, não reencontraria Fabrício? No íntimo, guardava a convicção de que haveria de me encontrar com meu irmão em algum lugar ermo e distante de nosso país, junto aos feridos, aos necessitados, aos desvalidos, como sempre havíamos sonhado, quando crianças.

De repente, eu, que andava triste e abatido, pude, mediante tal possibilidade, receber um novo ânimo no coração, de forma que respondi resoluto:

– Tenente Rômulo, esse é um feliz evento de que eu gostaria imensamente de participar. O que devo fazer?

Meu entusiasmo foi tanto que mamãe ficou feliz, e todos me abraçaram efusivamente.

Então, o tenente me cumprimentou com grande alegria e respeito, dizendo:

– Doutor Sérgio, eu tinha a certeza de que o senhor seria o homem adequado para estar à vanguarda desse projeto. Quero que saiba que não existe nenhum interesse político nesse empreendimento; ele apenas defende a integração de nossa pátria à igualdade social.

Dizendo isso, deu-me as instruções e o endereço onde eu deveria comparecer para o preenchimento das formalidades.

Depois de uma semana, já estava em viagem de avião da FAB, que nos transportava para uma região distante, ao Norte de Goiás, no "Bico do Papagaio"(*) como diziam, para começar nosso trabalho em uma comunidade pobre. Todos nós que integrávamos aquela primeira leva do projeto naquele local, vestíamos a famosa camiseta com a inscrição: "Integrar para não entregar".

Quando lá chegamos, fomos destacados a uma pequena aldeia em que se aglomeravam pessoas em condições subumanas. Improvisamos um consultório médico, um dentário e algumas salas de aula, todos eles com luz de geradores. O trabalho era intenso durante o dia, horário em que o calor chegava perto dos 40º. À tardinha, normalmente, desabavam chuvas torrenciais, amainando um pouco o calor, para mais tarde tornar-se de novo sufocante, apenas com uma brisa tépida, que soprava à noite.

Formávamos um grupo alegre. Enquanto alguns orientavam os caboclos e os índios em noções de agricultura e agronomia, no cultivo de hortaliças e verduras, outros ensinavam noções de higiene para as mulheres e crianças. Um amigo e eu éramos os médicos da equipe. Dava pena ver algumas crianças nanicas por falta de alimentação, de conhecimentos rudimentares de higiene, e outras com verminoses de toda

(*) "Bico do Papagaio": região ao Norte do então Estado de Goiás, antes da divisão geográfica. (Nota do Médium)

espécie. As pessoas sorriam em sua simplicidade, exibindo dentes podres e terríveis falhas dentárias por perdas prematuras, devido a condições de higiene. Meu colega Ascédio e eu atendíamos desde crianças com desnutrição até partos complicados. Entretanto, parecia que a mão de Deus nos abençoava, pois, até então, tínhamos tido sucesso em todos os casos.

Éramos tidos como deuses e respeitados por aquela gente simples. Com o tempo, fomos adquirindo a confiança daqueles matutos que nos traziam todos os tipos de problemas, para ouvir nossa opinião.

Dava gosto ver o sorriso de satisfação daquelas pessoas pobres, depois de um atendimento médico ou de um tratamento de obturação dentária. Mas, alegria mesmo, era ver, à noite, iluminado pela débil luz dos lampiões, o pessoal aprendendo a escrever e soletrando as primeiras letras do alfabeto. Tudo era difícil, de condições precárias, porém me sentia plenamente recompensado e feliz. De vez em quando, lembrava-me de Fabrício, e a saudade visitava-me o coração.

O povoado era pequeno, e embrenhávamo-nos constantemente nas matas para visitarmos pequenas comunidades ribeirinhas mais distantes. Naquelas ocasiões, sempre íamos acompanhados de um índio que se afeiçoara a nós e nos acompanhava aonde íamos para nos proteger. Chamava-se Acanaã, era forte e destemido, mas cheio de superstições. Dizia ele que, antes de entrar na mata, era preciso pedir licença ao curupira e que, antes de atravessar qualquer riacho, era necessário pedir permissão a Yara, a senhora dos rios. No entanto uma coisa era certa: Acanaã conhecia os segredos das florestas, sabia quando iria chover ou não e era capaz de reconhecer o barulho de qualquer animal, dando-nos segurança.

Em uma tarde de sol quente, aliás, como as demais tardes, mas aquele calor nos parecia insuportável, dirigíamo-nos para um atendimento a um paciente adoentado, distante alguns quilômetros daquela localidade, e aproveitaríamos para atender a população daquele lugar. Havia um jipe à nossa disposição, todavia, dependendo do lugar, tínhamos mesmo é que nos deslocar a pé. Aquele era exatamente o local aonde apenas desse modo conseguiríamos chegar. Atravessamos longa extensão de mata mais rala, depois outra de mata cerrada, para alcançarmos, em seguida, uma grande clareira aberta pela devastação provocada por algum incêndio nessa parte da floresta, cujo manto verdejante o tempo ainda não recuperara.

Olhando para o firmamento, o índio comentou de forma espontânea e lacônica:

– Hoje vai chover, e muito...

Achamos interessante aquela afirmação, pois chovia normalmente naquela região, mas, nos últimos dias, havia ocorrido uma estiagem, e o céu estava completamente límpido.

– Como pode ter a certeza de que vai chover? – questionei.

Ele apontou para uma enorme peroba seca que se elevava para o alto no meio da clareira e onde se encontrava empoleirado um pássaro muito grande, semelhante a um gavião, o qual exibia um canto característico e muito peculiar.

– Está vendo? É a acauã, que canta chamando chuva; e, quando ela chama chuva, chove mesmo.

Ascédio e eu rimos com a simplicidade da afirmação de nosso guia. Não demorou muito, porém, o vento mudou de direção e passou a soprar forte. Uma pesada formação de cúmulos e nimbos começou a se elevar do horizonte, e o céu, em pouco tempo, se tornou escuro, desabando uma forte tempestade equatorial.

Para que não ficássemos encharcados pela chuva, Acanaã nos orientou a tirarmos as roupas, e verificamos surpresos que, em uma árvore caída, havia uma cavidade interna com o lado voltado para o chão, na qual o índio enfiou nossas roupas e o material que não poderia molhar. Como estávamos bem no meio da clareira, tomamos o cuidado de permanecermos à distância, considerada prudente, da peroba seca, que poderia atrair alguma descarga elétrica.

Nós nos divertíamos como se fôssemos três crianças arteiras, longe das vistas dos pais. A chuva caiu, e nós nos refrescamos em plena natureza, cantando e rindo de nossa situação engraçada. Da mesma forma que veio, ela se foi, embora o céu ainda permanecesse coberto de pesadas nuvens. Secamos nossos corpos e retiramos as roupas do oco da árvore. Elas estavam sequinhas, e nós nos admiramos da sagacidade de Acanaã, que parecia feliz, ao observar que havíamos ficado satisfeitos com sua estratégia.

Seguimos em frente. Já anoitecia, quando, finalmente, chegamos à aldeia, cuja população era de, no máximo, umas duzentas pessoas, em situação paupérrima. A maioria delas vivia da caça, da pesca e de alguma atividade extrativista daquele local, em condição de saúde extremamente precária. De imediato, observei crianças com os pés no chão, todas barrigudinhas, o que denotava o grave problema de verminose.

Fomos recebidos com curiosidade e, logo, procuramos um doente para o primeiro atendimento. Era um senhor chamado Iraildo, de idade já bastante avançada, que morava com a filha, viúva por assassinato do marido, segundo ela mesma nos informou, mostrando-nos um semblante precocemente envelhecido pelo sofrimento. O pai, apesar de velho, era o arrimo de uma família numerosa, pois ainda trabalhava para sustentá-la. Ficamos penalizados com aquela situação de extrema pobreza. Por sorte, trazíamos alguns provimentos, como carne seca, farinha e feijão. Não tivemos dúvidas: repartimos nosso farnel, e, naquela noite, o jantar foi um banquete para aquelas criaturas necessitadas e esquecidas do mundo.

O paciente estava muito mal: febre alta e peito sibilante. Auscultamos seus pulmões, e o diagnóstico não foi difícil: pneumonia. Apresentava estertores de frio e delirava, num sinal claro do avanço da doença. Imediatamente, ministramos a devida medicação, preocupados com a gravidade do quadro, tendo que aguardar ainda a ação dos medicamentos por algumas horas.

Enquanto isso, um senhor que parecia ser o líder daquela aldeia, fisionomia séria e rosto crispado, veio nos oferecer hospedagem.

– Meu nome é Aristânio e sou de Belém do Pará. Gostaria de convidá-los a ficarem em minha casa, durante os dias em que aqui permanecerem, caso isso não os incomodem.

Apesar dos gestos bruscos, do aspecto rude e do semblante severo, aquele senhor me surpreendeu pelo modo de se expressar firme e educado. A verdade é que estávamos cansados da longa viagem, e aquela convocação nos soou agradavelmente aos ouvidos.

– Aceitamos seu convite e lhe agradecemos a gentileza – dissemos quase em uníssono.

A casa do Sr. Aristânio era bastante simples, de madeira, mas bem edificada. Realmente, era a melhor residência da minúscula aldeia, onde a maioria das casas era de pau-a-pique e algumas de barro. Assim que lá chegamos, nosso anfitrião nos esclareceu que um amigo bem-informado, de dentro do Exército, lhe havia dito que o governo estaria planejando abrir uma grande estrada, e que aquela região toda iria valer muito dinheiro. Ele, que já estava cansado da cidade grande, juntou todos os recursos que possuía e comprou alguns hectares de terra naquela região, esperando que o progresso chegasse e suas terras valorizassem muito. Já estava ali há mais de cinco anos e não perdera a esperança ainda.

Após o jantar, antes de retomarmos a assistência ao nosso

paciente, aquele homem gentil recebeu a visita de um morador do lugar que, ao me ver, ficou feliz, manifestando sua alegria de forma espontânea e estranha para mim.

– Doutor, o senhor por aqui?! Eu queria lhe agradecer pelo que fez ao meu filho, mas nunca tive tempo. Obrigado, doutor, por salvar meu pequeno Zaqueu. Aqui tem um penitente agradecido pelo resto da vida. Meu nome é José da Assunção, e pode dispor do que quiser que o farei de bom grado.

Questionei-o, pois jamais havia visto aquele homem antes, em minha vida.

– Não tenho dúvida, doutor, era o senhor mesmo, só que estava com barba. Era o senhor mesmo, não tenho dúvida. A mesma fisionomia, os mesmos olhos, o mesmo jeito de ser – repetia de forma insistente.

Naquele momento, tive um sobressalto: aquele homem deveria estar me confundindo com Fabrício. Isso mesmo: meu irmão havia atendido seu filho, e ele agora me agradecia como se eu fosse meu irmão. Com o coração descompassado, segurei o homem pelas mãos, voltando a questioná-lo:

– Meu amigo, onde e quando foi que isso aconteceu?

– Não se lembra, doutor?! Foi em uma aldeia distante daqui, às margens do rio Capim, há mais de seis meses.

– Meu Deus, – exclamei em voz alta – eu estava certo: Fabrício se embrenhou pelos sertões e matas e não deve estar muito longe!

Ninguém estava entendendo o que eu dizia. Então, pro-

curei esclarecer:

– Seu filho foi atendido por meu irmão, que também é médico. Somos gêmeos idênticos, e todas as pessoas nos confundem um com o outro. O senhor poderia me dizer se ele ainda está naquela região?

– É difícil saber, mas ele era muito conhecido e respeitado por lá. Todas as pessoas o tinham como o médico moço que cuidava dos doentes com medicamentos que eram enviados pelo Exército. Era um homem diferente por ser muito bondoso e não ter luxo nem vaidade. Curava casos graves, como foi o de meu filho Zaqueu.

Depois daquele dia, não tive mais sossego. Permanecemos na aldeia durante mais de dez dias e tivemos a felicidade de ver o Sr. Iraildo se levantar da cama. Antes de irmos embora, procurei explorar ao máximo o Sr. José da Assunção. Ele me disse que a referida região ficava muito longe dali: uma aldeia também pequena, onde havia uma simples pista de pouso para aviões de pequeno porte, porque, de vez em quando, o Exército mandava medicamentos e suprimentos para atender a população.

Assim que retornamos, procurei entrar em contato com a base militar, em São Paulo. Quando papai soube que eu havia recebido notícias de Fabrício, desdobrou-se imediatamente, buscando todos os recursos possíveis e imagináveis, a fim de que eu pudesse ser deslocado para a região do rio Capim, em plena floresta Amazônica, no Interior do Estado do Pará.

Um mês depois, eu descia de um pequeno bimotor às margens daquele rio, em companhia do índio Acanaã, que não desgrudava do meu lado. "Ele é um amigo muito útil, principalmente por estar me ajudando a encontrar meu irmão" – pensava comigo mesmo.

Naquela diminuta aldeia, os habitantes eram, na grande maioria, índios; entretanto, havia também caboclos que conviviam aparentemente em paz, sem maiores problemas. Assim que o avião aterrissou, formou-se uma pequena aglomeração de curiosos, pois a aeronave sempre trazia novidades. Mas, quando eu desci, a surpresa foi geral.

– O Doutor Carlitos voltou! Viva o tio Carlitos!!!

Evidentemente, estavam me confundindo com meu irmão. "Mas... por que o nome de Carlitos? Por que a referência ao personagem de Charles Chaplin? Talvez, uma tirada de bom-humor, uma característica comum de Fabrício. Ao encontrá-lo, certamente teria uma explicação interessante". – questionava intrigado.

Dentre os presentes, a maioria era formada por crianças, que me rodeavam em demonstração de carinho, o que demonstrava que meu irmão era muito querido naquela comunidade.

– Tio Carlitos, não trouxe pirulitos?!

Imediatamente, procurei desfazer o engano, dizendo que eu não era o tio Carlitos. Ao ouvir tal afirmação, um indiozinho de rosto redondo olhou para mim surpreso e, sem compreender o que se passava, interrogou:

– Se o senhor não é o tio Carlitos, então, quem é?

– Sou irmão do tio Carlitos.

– E qual é o seu nome? – perguntaram, em uníssono, as crianças.

Resolvi continuar a brincadeira que meu irmão iniciara.

– Meu nome é Sérgio, mas podem me chamar de tio Charles.

O indiozinho olhou-me novamente com cara de quem estava estranhando tudo e respondeu:

– Acho muito complicado; preferia que fosse tio Carlitos.

Uma outra criança discordou do pequeno índio, argumentando de seu jeito:

– Vê se entende, Cauê. O tio já disse que se chama Sérgio e que também se chama "Charliê", será que é difícil de entender?

– Não é "Charliê" que ele falou, e sim "Charli". Mas é difícil de dizer, e não entendo por que ele parece tanto com o tio Carlitos.

– Ora, será que você é burro? Não ouviu o tio Charli dizendo que é irmão do tio Carlitos?

– Burro é você, que acha tudo fácil de explicar. Eu mesmo não consigo entender por que ele se parece tanto com o tio Carlitos. Você também tem um irmão e é mais feio que ele...

Aquele diálogo estava divertido, mas os garotos já estavam a ponto de brigarem, pois não entendiam por que Fabrício e eu éramos tão parecidos. Pedi calma à garotada, que estava em alvoroço, e, por incrível que possa parecer, as crianças obedece-

ram imediatamente, fazendo silêncio. Então, abaixei-me ao lado delas e expliquei:

– Tio Carlitos e eu nos parecemos muito, porque não somos irmãos comuns. Nós somos irmãos gêmeos. Entenderam?

A criançada respondeu em coro:

– Sim, nós entendemos, tio "Charle".

O indiozinho Cauê ficou pensativo, para questionar logo em seguida:

– Tio Charle, o que é irmãos "geme"? É porque tá doente?

O outro garoto não se conteve:

– Não falei que você é burro? Ele falou irmãos "gêmeo" e não "geme".

Então, recomeçou a discussão, e novamente tive que intervir para que não saíssem tapas. Comecei a gostar da garotada e percebi que teria intenso trabalho naquela comunidade. Enquanto o avião estava sendo descarregado dos suprimentos que trazia, perguntei ao piloto se por acaso não havia pirulitos a bordo, pois sentia pena das crianças, que estavam na expectativa de alguma guloseima. Ele sorriu e me estendeu um saco cheio de balas.

– É, doutor, quem é veterano nestas regiões não anda sem um bom suprimento de balas e pirulitos. A melhor forma de conquistar os adultos, é conquistando seus filhos.

Agradeci ao amigo, sorrindo aliviado. Quando as crianças perceberam que eu estava com um pacote de balas na mão, formou-se novamente outra algazarra, e o garoto brigão gritou, puxando o coro:

– Oba! Viva o tio "Charle", que também é legal! Viva também o tio Carlitos!

E todos responderam:

– Viva o tio "Charle"!!! Viva o tio Carlitos!!!

Eu estava surpreso com o fato de as crianças terem um linguajar de bom nível, expressando-se muito bem. Fui, então, informado de que ainda se encontravam no local dois jovens integrantes do "Projeto Rondon", os quais estavam alfabetizando as crianças e os idosos daquela região.

Em seguida, dirigi-me ao posto de atendimento da aldeia, onde havia, com acomodações rústicas, uma sala de enfermagem, um consultório improvisado, mas que permitia atendimento, e um quarto que me estava destinado para moradia.

Depois de colocar os medicamentos em ordem alfabética na prateleira vazia, começava a me preparar para o descanso, pois já escurecia, quando fui procurado por algumas pessoas. Eram homens e mulheres, pessoas humildes e simples, que queriam manifestar satisfação por minha presença. Pensei de mim para comigo mesmo: "Aquele era o nosso desejo desde quando éramos crianças, o qual se tornara realidade: estudar medicina para cuidar de pessoas pobres e necessitadas. Eu estava apenas começando, mas Fabrício já se tornara uma lenda naquela região".

– Seja bem-vindo, dotô! Meu nomi é Maria Tereza, e

gostaria di dizê qui tamu muitu contenti qui u sinhô teji entre nóis qui percisamu muitu di médicu por estas banda. Inda mais qui ficamu sabendu qui u sinhô é irmão geme du Dotô Carlito.

Um outro morador endossou as palavras daquela senhora.

– Zé Porfirio às suas orde, dotô. Concordu cum tudu qui cumadi Maria Tereza falô e, inda mai, queru dizê qui u sinhô num percisa nem sê tão bão quantu u Dotô Carlito. Si fô só ansim ó (mostrou com o dedo mínimo), nóis já tamu muitu sastifeitu.

Fiquei emocionado com aquela genuína demonstração de carinho sincero, por parte daquela gente simples, e feliz por tudo que meu irmão representava àquela comunidade. Então, quis

saber mais sobre Fabrício e questionei:

– Desde quando meu irmão não aparece?

Zé Porfirio coçou a barbicha antes de responder.

– Faiz muitu tempu, não; achu qui uns trei meis, num é cumpadi Raimundu?

– É mai ô menu issu mermu, cumpadi Porfiriu. Achu qui é uns doi meis ô doi meis i pocu qui u Dotô Carlito entrô mata adentru i num retornô mai, deidi intão.

– Meu irmão entrou mata adentro? Por que razão? – questionei.

– Sei não, dotô, mais u Dotô Carlito sempri faiz issu. Eli passa uns tempu aqui cum nóis i dispoi entra matu adentru. Achu qui é pra visitá otra genti qui tamém pricisa deli. Eli é um médicu muitu bão, issu eli é.

– I muitu boa pessoa tamém, issu tamém é – emendou comadre Maria Tereza.

Notei que a maioria das pessoas era chamada de compadre e comadre, mas depois fiquei sabendo que, além de batizarem os filhos uns dos outros, muitas vezes, esse tratamento permanecia apenas na intenção; era também um hábito se chamarem assim, para demonstrar amizade e apreço.

O compadre Raimundo parecia meio ensimesmado e falou em seguida:

– Sabi, cumpadi Porfiriu, tô aqui matutandu qui deidi a úrtima veiz que o Dotô Carlito adentrô na mata, ele nunca demorô tantu tempu prá retorná. Óia que eli tá cum nóis a um bão tempu i nunca ficô mai qui quinzi ô vinti dia sem vortá! Agora já passa mai di doi meis. Será qui aconteceu arguma coisa cum u Dotô Carlito?

Tais considerações, colocadas com simplicidade e sem malícia por aquela gente simples, deixaram-me apreensivo. Por que meu irmão se ausentara mais tempo que o costumeiro, se normalmente já deveria ter voltado para a aldeia? Teria ocorrido alguma coisa grave?

Naquela noite, nem dormi direito, preocupado com o que poderia ter acontecido com ele. Minha vontade era de partir imediatamente para a mata, à sua procura. Antes, porém, teria que fazer uma avaliação e um atendimento dos casos mais graves. Meu trabalho foi facilitado, pois encontrei, no arquivo do posto de saúde, as fichas dos pacientes, podendo reavaliar os casos e atender aqueles considerados mais graves. Fiquei muito feliz ao verificar que os arquivos haviam sido organizados por Fabrício, reconhecendo sua letra e sua assinatura no serviço do Arquivo Médico.

Concluída essa primeira fase de meus trabalhos, procurei, junto à comunidade, obter o maior número de informações possíveis sobre os locais onde poderia encontrar meu irmão, objetivando sair em sua busca. Segundo informes colhidos, ele deveria estar mais ao Norte, na região serrana, perto da nascente do rio Capim. A distância era longa e deveria demandar mais de uma semana, porque existiam locais de difícil acesso, embora houvesse picadas mata adentro. O responsável pelo "Projeto Rondon" da aldeia me desaconselhou a demanda, mas, diante de minha determinação, não teve outra alternativa senão concordar, desde que levasse comigo um rádio para me comunicar, em caso de eventuais imprevistos. Teria também que carregar suprimentos e medicamentos os mais corriqueiros contra mordidas de répteis venenosos, aracnídeos peçonhentos e malária.

Com tudo pronto, acompanhado por Acanaã, que se transformara em uma sombra amiga, um protetor e um companheiro leal, embrenhei-me selva adentro, pedindo a Proteção Divina diante daquela formidável muralha verde, que parecia não ter fim.

A caminhada se tornava cada vez mais fatigante, pois, dentro da selva, o ar era quente e, durante a tarde, protegidos pelas enormes castanheiras encopadas, não conseguíamos receber nenhuma réstia da luz do sol, mas a chuva sempre caía, trazendo-nos um aljôfar de refresco. À noite, Acanaã procurava preparar abrigos que nos protegessem de algum animal mais agressivo, dizendo que a melhor proteção mesmo era uma fogueira, que deveria ficar crepitando a noite toda.

Diante da escuridão e dos segredos assustadores da selva indomável, confesso que sentia medo do desconhecido e dos perigos que eu nem podia imaginar, mas que possivelmente nos rodeava. A verdade é que, vencido pelo cansaço, eu conseguia dormir, porém sempre me surpreendia, quando algum urro ou um guincho de algum animal noturno me acordava assustado. Então, eu podia verificar que Acanaã estava vigilante ao lado da fogueira, como um guardião incansável. E adormecia tranqüilo novamente, agradecido pelo companheiro prestativo e fiel que me acompanhava como um semideus, trazendo-me a segurança de que necessitava, pois, no interior daquela monumental floresta, sentia-me como um pequeno inseto insignificante, diante da imensidão verdejante que nos envolvia por completo.

Quando a alvorada começava a tingir o horizonte com o fulgor rubro do sol e a passarada começava a saudar alegremente mais um dia a se iniciar, eu me considerava um privilegiado da Criação Divina, ouvindo a profusão dos cantos, o barulho da natureza, que despertava e se agitava em toda a sua plenitude. Com a brisa matutina refrescando-me o rosto, parecia que um novo sopro de vida me insuflava a alma, e então esquecia os medos noturnos. Após um rápido café, seguíamos em frente,

Acanaã e eu, como o pequeno exército de Brancaleone.

Defrontamos perigos e nos livramos de todos pela sagacidade de meu guia. Ele era capaz de detectar, com sua vista apurada, a presença de cobras venenosas e de evitar, com muita sabedoria, ataques desnecessários dos animais que se encontravam tranqüilos no meio que lhes era próprio. Até uma terrível onça pintada encontramos em um pequeno e tranqüilo igarapé; e quando, receoso, empunhei o revolver pronto para atirar, ou pelo menos assustar o bicho, Acanaã me sinalizou para ficar quieto. Em minutos, o belo e majestoso animal bebeu água e se afastou floresta adentro como uma sombra deslizante. Assustado e encantado ao mesmo tempo, perguntei ao índio, como tinha tido a certeza de que não seríamos atacados; e ele me respondeu sabiamente:

– Primeiramente, nenhum animal ataca outro que não seja para satisfazer sua fome ou para se defender. Não era o caso daquele, que estava sedento por já estar com sua fome saciada. Em segundo lugar, porque dificilmente uma pintada ataca um homem, principalmente se não está sozinho. Por último, não se deve demonstrar medo do animal, apenas respeito por ele. Possivelmente, aquela onça, apenas queria saciar sua sede e procurar um lugar sossegado para dormir, que é o que rotineiramente faz depois de almoçar e beber água. Ela apenas queria sossego, e por esse motivo não seria justo quebrar o silêncio sagrado da mata com um tiro de revolver.

A sabedoria do silvícola me surpreendeu. Diante da

imensidão do verde daquela floresta equatorial asfixiante, eu me tornara um simples aprendiz, e ele, um mestre, um professor catedrático. Compreendi que realmente o animal era de um porte belo e nobre, mas, ao mesmo tempo, assustador, e que, embora o medo residisse em minha ignorância, em nenhum momento, percebi qualquer sinal ou intenção agressiva dele em nos atacar.

E assim prosseguimos em nossa jornada. Já havia transcorrido mais de uma semana, quando Acanaã me disse que estávamos chegando. Nós nos encontrávamos precisamente em um local onde a mata parecia ter cedido espaço a uma vegetação mais rala, podendo divisar à distância, no rumo norte, a formação montanhosa, que deveria ser a nascente do rio Capim.

Perguntando ao guia por que não havíamos subido, seguindo a vertente do rio, ele me esclareceu que o trajeto de volta poderia ser feito pelo leito do mesmo, pois seu fluxo era favorável à corrente de descida, ao passo que, para subir, seria mais demorado e trabalhoso. Como eu era apenas o aprendiz, calei-me e concordei com sua ponderação, porque, sem dúvida, ele sabia o que estava fazendo. "Além do que,"– completou talvez para melhor esclarecer – "em muitos lugares, o igarapé se espraia, e as águas ficam muito rasas, o que dificulta sua navegação rio acima."

Aquiesci com um movimento de cabeça, demonstrando estar satisfeito com a explicação, e continuamos nossa marcha. Mais dois dias transcorreram, e finalmente, no nono dia de nossa jornada, chegamos a uma aldeia paupérrima.

Quando nos aproximamos, os índios vieram ao nosso encontro. Pareciam preocupados, mas não demonstravam ser agressivos e, ao me verem, fizeram reverência. De imediato, deduzi que estavam também me confundindo com Fabrício. Eu não entendia o que diziam, porém Acanaã conseguiu se comunicar com o chefe da tribo e me traduziu as informações:

– Estão dizendo que o senhor é a alma do médico e que deverá trazer a cura para o enfermo.

Aquela informação era meio confusa. Então, pedi ao meu guia que me explicasse direito, e ele me respondeu:

– Também não entendi bem, doutor, mas o chefe está nos chamando para a cabana do pajé, pois sua alma se encontra lá muito doente, quase morrendo.

Aquilo me assustou porque, embora eu não estivesse entendendo quase nada do que queriam dizer, estava sendo intuído de que não deveria esperar por boas notícias.

Assim, seguimos os guerreiros daquela tribo barulhenta até a cabana que deveria ser a do pajé. Ela era construída por varas, rebocadas com barro e coberta com sapé. Da porta entreaberta, saía tênue fumaça, enquanto vozes e cantoria vinham aos meus ouvidos, parecendo serem de um ritual de pajelança dentro da cabana.

Ao entrar no local, o chefe da tribo me convidou a que eu entrasse também. Lá no interior, o pajé, com seus paramentos característicos, assoprava fumaça de folhas de fumo sobre um homem aparentemente moribundo, deitado sobre uma cama de varas. Quando meus olhos se acostumaram à penumbra do ambiente, reconheci, na figura daquele homem esquálido, meu adorado irmão que eu tanto procurava.

À minha aproximação, o pajé se afastou em silêncio, e me ajoelhei aos pés da cama improvisada, onde Fabrício se encontrava. Seu semblante traduzia dor, e seus lábios estavam descorados como cera. Abracei-o comovido, beijei seu rosto magro e pálido e chorei copiosamente.

Ele se achava em estado de sonolência, mas, ao me ver, recuperou sua lucidez por instantes e, ao me reconhecer, ensaiou um sorriso, dizendo com uma voz fraca e quase que imperceptível:

– Meu irmão, meu querido irmão, graças a Deus, estou podendo vê-lo antes de partir para a grande viagem. Pedi tanto essa graça! E Ele me está concedendo o prazer de também abraçá-lo, pois sinto muitas saudades de você, de papai e de mamãe.

Não consegui responder nada, pois um nó se formou em minha garganta e apenas um fluxo de lágrimas irrompeu em meus olhos, banhando meu rosto, e solucei, abraçado ao meu querido irmão.

Um dia, um adeus!

Sérgio contava sua história a Cristina a D. Samara como se estivesse ainda vivendo aqueles momentos, pois tudo continuava muito presente em sua alma, em seu coração. Nem percebeu que o dia já estava indo embora e que o sol já se deitava no horizonte.

Seus olhos cheios de lágrimas reviviam momentos inesquecíveis que jamais haveriam de se apagar de sua memória, pela vivência, pela experiência e pela dor de perdas irreparáveis. Em sua narrativa, recordando esses momentos dolorosos, que tinham marcado sua alma de forma indelével, o jovem precisou do apoio da boa senhora, que o envolveu em seus braços. Então, chorou copiosamente, murmurando com voz débil e desconsolada:

– Existem momentos, momentos únicos, momentos

especiais, que passam rápido, mas que nos marcam por toda eternidade. Meu reencontro com meu irmão foi um desses momentos em relação aos quais posso dizer sem medo de errar: *passará o céu e a terra,* mas jamais se apagará de minha memória a emoção singular que dominou meu coração e meus sentimentos, no instante em que nos reencontramos, e aquela mesma sensação de intuição, sensibilidade e sintonia perfeita, as quais faziam com que um soubesse o que o outro sentia e pensava. No momento que Fabrício recobrou a consciência e nossos olhares se cruzaram, pude sentir toda intensidade da dor que se instalara em seu peito, em seu coração, a dor do

sentimento que ainda sangrava, a dor da alma que sofria o desencanto e perdera a vontade de viver. Naquele instante, percebi que ele apenas estava me esperando para se despedir. Eu estava perdendo meu irmão, meu amigo, meu ídolo, meu herói, meu companheiro, meu referencial, meu tudo. Perdê-lo seria perder o sentido da vida e, naquele momento, eu tinha a plena convicção de que o estava perdendo e me senti impotente, pois sabia que nada poderia fazer para impedir que ele partisse para a grande viagem, além das sombras da morte.

Sérgio chorava, e suas lágrimas banhavam seu rosto, enquanto Cristina lhe estendia um lenço para que o rapaz pudesse enxugar sua face. O silêncio se fez respeitoso por alguns instantes. Em seguida, o médico prosseguiu sua narrativa:

Quando ouvi meu irmão dizendo que apenas me esperava para poder morrer em paz, eu tinha a certeza de que ele estava me falando a verdade, pois aquele sentimento que nos unia e fazia com que soubéssemos o que ia no coração e no pensamento um do outro, me desesperava, pois, no fundo, eu sentia exatamente o que ele sentia: uma sensação de morte. Eu queria lutar contra esse sentimento que me dominava e, ainda que estivesse impotente para tanto, fiz um enorme esforço para animá-lo, dizendo:

– Meu querido irmão, como o procurei! Lembrei-me de que, quando ainda crianças, desejávamos nos tornar médicos para auxiliar os necessitados. Eu tinha a certeza de que era o que estávamos fazendo, quando saí à sua procura. Parti para estes sertões na esperança de encontrá-lo, atendendo pobres e estropiados e, ao ouvir falarem seu nome e de todo o bem que havia praticado, orgulhei-me de você. Agora que o encontrei, vou levá-lo para casa. Prometi a papai e a mãe que o levaria são e salvo. Vamos! Anime-se, que vou cuidar de você, e ainda vamos realizar tantas coisas boas e dar boas risadas juntos!

Fabrício olhou-me, e seus olhos traduziam infinita tristeza. Duas lágrimas grossas desceram por aquele rosto macerado, enquanto ele tentava esboçar um sorriso. Então, respondeu:

– É tarde demais, meu irmão. Quando aqui cheguei, esta aldeia estava com um surto de malária. Cuidei de quase todos, pois alguns morreram, mas a maioria foi salva. Entretanto, o

remédio terminou, e infelizmente acabei sendo contaminado. O ciclo está muito avançado, e meu organismo, completamente enfraquecido, e já não resisto a mais uma crise. Sinto que minha hora está chegando, e agradeço a Deus por vê-lo e poder morrer ao seu lado. Era a única coisa que ainda pedia a Ele em meus momentos de lucidez e também em meus delírios. Aliás, em meus delírios, sentia-me liberto de todo sofrimento: podia ver como se fôssemos ainda crianças, jovens, e brincávamos. Depois que passava a crise espasmódica e febril, voltava-me a lucidez e a consciência de que eu era prisioneiro de mim mesmo, de meus tormentos e de minha dor.

O seu modo de se expressar me levava ao desespero, pois me parecia que, realmente, ele estava desejando morrer para apagar de sua memória a dor e o sofrimento. Ele me transmitia a sensação de que a morte não era uma figura aterrorizante, mas um anjo que liberta o Espírito das amarras de uma prisão, pois a alma é um pássaro de luz. Tudo aquilo me trazia conflitos íntimos porque não tinha nenhuma idéia de alma e Espírito, nem queria perder meu irmão.

– Por favor, Fabrício, não fale desse jeito, pois você tem que lutar pela vida, acreditar. Eu trouxe algumas doses de quinino. Você sabe que aprendemos que o medicamento tem ação ativa contra a doença, mas nós também temos que colaborar. Você está se entregando, desistindo da luta! – exclamei em pranto de desespero.

Ele segurou minha mão, e pude sentir que estava perdendo

as forças, porém ainda queria me dizer algo.

– Por favor, Sérgio, sei o que estou fazendo. Não se desespere, pois, nesses últimos tempos, aprendi muito com os humildes... Hoje, acredito, tenho a plena convicção de que existe algo além de nossos parcos conhecimentos filosóficos e científicos. Acho que existe um plano de uma Inteligência Superior que nos preparou algo grandioso, mas que nós ainda não compreendemos porque vivemos nossa vida de forma tão pequena, que não conseguimos descortinar a sua grandeza. E a vida a que me refiro não é somente a vida física. Posso apenas lhe garantir que nossos laços de sentimento serão sempre santificados. Onde quer que eu esteja, estaremos unidos. Quando estiver preparado, você irá sentir minha presença. Não tenha medo de nada, meu irmão, que estarei sempre com você.

Olhei para ele e me surpreendi: seu rosto estava magro e descorado, porém seus olhos irradiavam uma chama diferente, que me contagiava. Naquele momento, num lampejo, se me afigurou ao Santo de Assis. No meio da mata, junto à natureza e aos humildes, Fabrício parecia-me o próprio "Poverello", o Pobrezinho de Assis, como era conhecido. Emocionado, encostei minha cabeça em seu peito e solucei. Percebi que sua mão tocava minha cabeça e afagava meus cabelos, como querendo infundir-me confiança para que não me entregasse ao desespero.

– Um dia, meu irmão, – continuou ele, pausadamente, pela voz cansada, – você irá descortinar um novo mundo de conhecimentos e descobrirá que a Vida vai muito além da *simples presença física. A Vida é uma chama que não se extingue com a morte nem rompe os laços mais puros e nobres de sentimento, porque guarda em si mesma a consciência da individualidade, originada pelo próprio Criador, que nos deu o dom de existir. Foi junto aos tristes e aos aflitos, no meio das matas e da natureza que me descobri um ser imortal que vai muito além do corpo de carne. Somos Espíritos imortais e detemos, em nós mesmos, potencialidades espirituais ilimitadas, à semelhança do próprio Criador. Este momento de dor e sofrimento é passageiro diante da eternidade, meu caro, e tudo passa muito rápido em nossa existência.*

Fabrício fez nova pausa para recuperar energias e, embora me surpreendesse com as verdades insofismáveis que me dizia, no íntimo, não queria aceitar. Seria fruto do delírio da doença? Não, eu mesmo pensava que não, diante do que sentia vir dele, nem podia duvidar da clareza filosófica da realidade que me transmitia. Eu é que de fato não estava preparado para ouvir o que ele me revelava naquele momento tão doloroso para mim.

– Por favor, meu irmão, – tentei argumentar inutilmente – você não está bem, deve estar delirando. Vou lhe aplicar uma dose de quinino, e irá melhorar.

– Ah, meu querido irmão Sérgio! Você me é tão caro, e meu amor por você transcende as barreiras físicas e temporais, pois tenho a certeza de que nossa amizade e nosso sentimento não podem ter sido originados apenas nesta existência. Deve ter vindo de outras dimensões das quais ainda não tenho

conhecimento, mas guardo tal certeza. Não vamos nos iludir, que sou médico tanto quanto você e sei que nenhum medicamento conhecido irá reverter o quadro em que me encontro. Meu corpo físico já não resiste, todavia, em espírito, sinto-me fortalecido e estou preparado para a partida, meu irmão. Entretanto ainda quero lhe dizer uma coisa: você não teve nenhuma culpa em relação à Lia. Hoje penso nela como uma irmã infeliz que ainda não se reencontrou. Não fico triste pela decepção que sofri por ela, porque agora já a consigo perdoar, mas pelo fato de ela tê-lo feito sofrer também. Já superei a dor transitória da mágoa, que nos envenena o coração. Se um dia puder, diga a ela que a continuo amando, só que de forma diferente como a amei naquela época. E lhe digo mais, Sérgio, procure ser feliz. Procure esquecer os enganos transitórios e tolos que nos afastaram e seja feliz, mesmo que seja com ela, pois sinto que ainda a ama. Insisto, meu irmão: seja feliz, liberte-se do sentimento de culpa e se dê o direito de perdoar-se a si mesmo. Você merece ser feliz...

A voz de Fabrício era quase que um sussurro, um sopro...

– Quero que você me prometa ainda... Fale a mamãe que a amo do fundo do meu coração e que guardo sua lembrança em minha memória por onde estiver. Diga a papai que o que eu mais queria na vida era que ele um dia tivesse orgulho de mim e que guardasse, em sua memória, o último abraço que demos e o beijo que depositei em sua fronte vincada pelas rugas... Fale a ele que guardarei, com carinho, em minha mente, seus olhos cheios de

lágrimas no dia em que nos despedimos...

Enquanto pronunciava tais palavras, a sua voz, aos poucos, ia sumindo. Meu irmão estava morrendo naquele fim de mundo, dentro de uma choupana indígena, rodeado pela selva e pelos animais selvagens. Naquele momento, senti que ele apertava minha mão, despedindo-se de mim. De repente, comecei a ter delírios, ouvindo-o dizer, na derradeira despedida, num dia inesquecível, um adeus...

De repente, parecia-me que, segurando as mãos de Fabrício, eu também era transportado para uma outra dimensão, e que meus sentidos se expandiam em sensibilidade. Parecia que estávamos ele e eu, em meio à selva, apenas nós dois. Meu corpo permanecia flutuando no ar e, ao nosso redor, podia ouvir o canto dos pássaros, sentia o sopro da brisa, percebia o farfalhar das folhas das árvores, o doce marulhar das águas dos igarapés. Minha visão se ampliava para além das formas materiais, conseguindo enxergar o corpo de meu irmão todo iluminado, enquanto formas diáfanas o envolviam com amor e carinho. Como ele estivesse totalmente debilitado, aquelas formas vaporosas, as quais me pareciam ser de médicos, cuidavam dele com carinho inexcedível. Ainda por um momento, quis acompanhá-lo, mas ele apenas sorriu, e pude sentir, vindo de seus olhos, o calor da sintonia da afinidade que nos ligava além da compreensão humana, no grande mistério que une os Espíritos irmãos.

Perdi completamente a noção do tempo nos breves minutos daquele meu delírio. Apenas percebi onde realmente estava, quando voltei a mim e vi Fabrício, que, sorrindo, proferia suas últimas palavras, antes de emudecer para sempre:

– Ah, meu querido irmão Sérgio! Como tudo é lindo!... Sei que você pode sentir por meu intermédio o que vejo agora, mas tudo não passa de uma pálida idéia das belezas que descortino neste momento. Tenha a certeza de que um dia nos reuniremos e seremos felizes, longe dos desencantos do mundo, papai, mamãe, você e eu. Apenas um dia... Por enquanto... um adeus... ou... até breve...

Aquelas foram realmente as últimas palavras proferidas por ele. Sua cabeça pendeu, e lágrimas derradeiras verteram por seu rosto descorado... Seus lábios ainda sorriam. Abracei-o forte e chorei. Chorei diante da dor da incompreensã, do grande enigma da morte, que nos arrebata, mostrando-nos como somos pequenos e impotentes, pois nada podemos fazer para reter a vida que se apaga como uma chama que se extingue. E diante da dor dessa incompreensão, gritei em lágrimas, para que Deus pudesse me ouvir:

– Meu Deus! Meu Deus! Quem poderá me explicar o mistério da morte? O que existe além da vida? Para onde vão aqueles a quem amamos? O que resta da vida, se o corpo se acaba? O que é que o anima, que lhe dá vida? O que faz com que determinada matéria contenha vida em um momento, sinta alegria em um instante, ame, sofra, sorria... para, logo em

seguida, nada mais manifestar, tornando-se apenas coisa morta? O que é a Vida? O que é a Morte?

Acanaã me afastou da cena, amparando-me, enquanto os índios preparavam o corpo de Fabrício para um cerimonial. Apesar da dor da perda e do desalento de minha incompreensão, não pude deixar de registrar a simplicidade e a inocência daquela gente simplória, que fazia suas orações do jeito que acreditava, mostrando profunda sinceridade em suas crenças.

– O corpo está sendo levado ao centro da aldeia e, ao seu lado, será acesa uma fogueira sobre a qual vão sendo jogadas folhagens verdes, como se fossem incensos naturais, para que o Espírito de seu irmão possa se fortalecer e se integrar nos fluidos da natureza, que vai aos poucos acolhendo-o – esclareceu-me Acanaã.

A noite toda, a aldeia dançou e cantou em homenagem ao finado, enquanto a fogueira crepitava. No dia seguinte, quando a luz do Sol iluminava o céu, e as estrelas empalideciam seu brilho, enterraram o seu corpo ao lado de um enorme jacarandá. Segundo a crença, o Espírito de Fabrício viveria integrado à natureza, na seiva da árvore altaneira que o acolhia. Era uma honra destinada aos grandes guerreiros da tribo.

Por alguns dias ainda, permaneci naquela região, passando o tempo todo abraçado àquele jacarandá, como se estivesse abraçando meu irmão. Minha vontade era permanecer lá e não mais ir embora, mas precisava levar a dolorosa notícia aos meus pais.

Então, passados alguns dias, meu guia e eu resolvemos retornar à serra do Capim. O retorno seria mais rápido, pois agora seguiríamos o curso favorável do rio. Os índios nos deram uma piroga (*) ligeira, que Acanaã manobrava com agilidade e maestria. Navegávamos, silenciosamente, pois eu preferia ficar calado e pensativo, num questionamento sem resposta. Ainda não aceitava nem queria acreditar que Fabrício estava morto e enterrado em meio à selva Amazônica, ao pé de um jacarandá, numa aldeia indígena, onde, com o seu trabalho, se dedicara a tanta gente. Meu pranto parecia interminável, e o índio respeitava minha dor, permanecendo em silêncio, apenas remando e direcionando o veículo em meio à correnteza fraca das águas espraiadas.

O trajeto de volta demorou apenas cinco dias. Na manhã em que cheguei ao posto de atendimento do rio Capim, imediatamente fui rodeado pelos nativos da região, logo que tomaram conhecimento do fato. As manifestações de carinho e sentimento foram muitas e sinceras. Meu irmão realmente era amado pelas criaturas simples daquele lugar. Todos insistiram para que eu ficasse, mas compreenderam, assim que lhes esclareci que deveria voltar para levar a notícia aos meus genitores, a quem ainda não havia avisado, pois queria estar presente, quando eles soubessem a verdade.

(*) Pequeno barco, construído por um tronco inteiriço de peroba ou castanheira. (Nota do médium)

Tive sorte porque, no dia seguinte, pousou no local o bimotor que nos visitava periodicamente. Ao me despedir de Acanaã, abracei-o, como se ele fosse também um irmão muito querido. Havia me afeiçoado ao índio e o convidei a vir comigo para a civilização, mas ele meneava a cabeça negativamente, enquanto dizia:

– Meu lugar é aqui, com minha gente, no meio de meu povo. Aprendi muito com o "dotô" e acho que posso ajudar em alguma coisa. Aqui é meu lugar. Se um dia o senhor voltar e precisar de um ajudante, pode procurar Acanaã.

Despedimo-nos com um abraço afetuoso e demorado.

Quando o pequeno avião decolou, ganhando altura, fiquei olhando a vastidão da mata verde, que tudo cobria, a perder de vista. Lá embaixo, em algum ponto perdido na imensidão da mata, estava sepultado meu irmão querido, que um dia fora em busca do esquecimento e da paz de espírito. Chorei mais uma vez de saudade, recordando a sua figura alegre e seu humor refinado e inteligente, enquanto o avião penetrava nas nuvens mais densas, toldando momentaneamente a vista do imenso verde, que se perdia na distância do horizonte visível.

Há pouco tempo atrás, alimentara a esperança de um dia recobrar a felicidade de estarmos novamente juntos, mas agora voltava para casa com o coração despedaçado de dor pela perda irreparável de meu inesquecível irmão. Estava sendo muito difícil acostumar-me com a idéia de que jamais voltaria a vê-lo novamente, de que nunca mais iria abraçá-lo. Quando estávamos juntos, ríamos bastante das coisas engraçadas, e unidos éramos invencíveis, porque um dava forças ao outro nas duras lutas da vida. Meu Deus! A perda de um ente querido é muito dolorosa e, no primeiro instante, leva-nos ao desespero pelo sentimento do vazio que fica em nosso peito, pela sensação de desamparo e impotência diante de um fenômeno, que é natural, pois todos haveremos de morrer um dia, mas ainda de difícil compreensão.

Ao desembarcar em São Paulo, papai e mamãe me aguardavam no Aeroporto de Congonhas. Não resistira, e logo, na escala em Brasília, já os havia avisado sobre o ocorrido. Mamãe estava com os olhos vermelhos de tanto chorar, e papai parecia alquebrado e envelhecido pelo peso da dor.

Durante dias, fiquei em casa, falando da experiência enriquecedora que tinha sido para mim o "Projeto Rondon". Papai e mamãe queriam mesmo era saber tudo que dizia respeito às atividades que Fabrício desenvolvera como médico, em meio às comunidades mais necessitadas. Quando lhes falei que ele era conhecido como Dr. Carlitos, mamãe teve o entendimento que veio confirmar minha suposição anterior.

– Só esse meu filho mesmo para ter uma idéia dessas! Ele era sensível, um poeta que se preocupava com os menos favorecidos, assim como Charles Chaplin. Ah, meu filho! Onde estará você? Creio em Deus e tenho a certeza de que deve estar no seio de Maria, a mãe de Jesus! Sim, Maria, a mãe de Jesus, deve amparar os filhos que partem antes das mães, porque ela *também sofreu a perda de seu filho querido e conhece tal sofrimento – concluiu, enxugando as lágrimas dos olhos.*

Nos dias que se sucederam, recebemos visitas de vários amigos. Então, pude avaliar como Fabrício era querido por tanta gente. A consternação era geral, e as mensagens de conforto que recebíamos, eram muitas.

Depois de uma semana, fui procurado pelo superintendente de um importante hospital público de São Paulo, o qual me convidou para assumir a chefia da clínica geral daquela instituição. Precisava de alguém de confiança, e eu fora muito bem recomendado, dizia-me ele.

Considerei o convite como uma oportunidade de trabalho sério, pois na condição de chefe clínico do hospital, poderia direcionar, efetivamente e de forma favorável, o atendimento aos pacientes necessitados. Aceitei o convite, pois, acima de tudo, desejava trabalhar para que, por meio do trabalho, pudesse esquecer minhas desventuras e fazer com que o tempo passasse mais rápido, pois tinha a certeza de que apenas o tempo haveria de amenizar a dor do meu sentimento.

Acontece... Acontece que as coisas não seriam assim tão simples, como eu imaginava. Não no que tange ao trabalho, pois abracei tal responsabilidade com empenho, procurando, por meio dela, ocupar minha mente e meu tempo. Os colegas médicos foram muito receptivos às minhas idéias, muitas trazidas das experiências do "Projeto Rondon", do qual eu tivera a honra de participar, e as mudanças foram bem recebidas, com resultados muito elogiados pela superintendência.

Acontece que tudo ia muito bem, até que um dia, dirigindo-me à clínica pediátrica, num dos corredores, encontrei-me com Lia. Quando a vi, meu coração parecia querer sair pela boca, pulsando descontrolado, minha pressão sangüínea subiu e minha vista escureceu. Senti tonturas e tive que me segurar para não cair. Ao perceber meu descontrole, ela sorriu. Eu estava sozinho, de forma que não houve testemunhas, portanto ninguém havia percebido o que ocorrera: apenas ela. Segui em frente, tentando disfarçar, mas já era tarde: estava novamente preso nas teias venenosas daquela mulher bela na aparência, na forma física, porém, insensível de alma e sentimento.

Não demorou muito para que começasse novamente uma tortura psíquica: o sentimento de culpa, que me corroía a alma e, ao mesmo tempo, o assédio irresistível daquela mulher, que sabia manejar suas armas femininas como poucas.

Naquela tarde, no final do expediente, ela apareceu insinuante em meu consultório. Procurei me controlar, mantendo a calma para ver até aonde aquela mulher seria capaz de chegar, em sua sanha conquistadora e insensível. Quando se aproximou da sala, bateu à porta discretamente, abriu-a, mas permaneceu no limiar da mesma, dizendo com um sorriso:

– Será que posso entrar? Agora, é chefe, importante, pode ser que se esqueceu dos amigos.

Como era fria e insensível! Na verdade, eu a enxergava como uma mulher em busca de aventuras, de sensação e poder.

Agora, estava eu novamente no centro de seu interesse, pois ocupava um cargo de chefia em um importante hospital. Procurei ser educado, mas formal.

– Entre, Lia. O que deseja? – perguntei laconicamente.

– Nossa! – exclamou, como se estivesse admirada com minha frieza. – É assim que me trata depois de tanto tempo? – comentou em seguida.

– Desculpe-me, Lia, mas como desejava que a tratasse? Não temos mais nada a conversar, a não ser assuntos profissionais. No restante, nada mais temos, pois já nos falamos tudo que tínhamos que falar.

– Acho que você está querendo enganar-se a si mesmo, pois ainda temos muito que conversar. Você já me esqueceu? Não, não posso acreditar que já me tenha esquecido. O que vivemos foi muito profundo e me marcou demais, Sérgio. Acredite-me.

Eu continuava estupefato com a insensibilidade daquela criatura e fiquei, por alguns instantes, a pensar: "Será que havia esquecido o que tinha feito a Fabrício e a mim? Que a morte de meu irmão havia me abalado muito e que eu não estava em condições de falar daquele relacionamento conturbado? Será que se julgava tão esperta diante de mim, um bobo, que ela poderia manipular como se fosse marionete em suas mãos?" Procurando, a todo custo, me conter para não expulsá-la dali, falei pausadamente:

– Lia, por favor, me poupe de seu cinismo. Nós sabemos o que aconteceu comigo e com meu irmão. Infelizmente, fui usado

por você da forma mais torpe que um ser humano pode ser usado. Por favor, retire-se de minha sala, pois nada mais tenho a lhe dizer e não quero mais conversar com você.

Mas Lia não se dava por vencida, retrucando de forma insistente:

– Não, Sérgio, não vou me retirar, pois essa sua maneira de agir comigo apenas demonstra que você está na defensiva, porque tem medo de seus sentimentos. Ainda me ama e não quer admitir. Vamos, Sérgio! Só vou me dar por vencida, quando eu o beijar e você me olhar nos olhos e me dizer, com todas as letras, que não sente mais nada por mim.

Aquilo foi demais para minha educação e para meu autocontrole: peguei-a pelo braço quase com violência, abri a porta e a coloquei no corredor.

– Fora de minha sala, Lia! Fora de minhas lembranças, fora de minha vida! Quero bani-la para sempre de minha memória, recordando que um dia você foi a causa da infelicidade de meu irmão e da minha também.

– Ai, seu bruto, você está sendo grosseiro e me machucando! Mas, mesmo assim, eu o amo e não vou desistir de você até reconquistá-lo. Pode ter a certeza de que não desisto fácil. Estou dando um passo atrás, mas será apenas um recuo estratégico, pois não vou perdê-lo de vista.

Lia saiu. Fechei a porta, sentei-me e chorei. Chorei num misto de emoção e revolta, pois reconhecia que, embora ela tivesse nos usado como brinquedos, no fundo, ainda mexia comigo. Ela havia dito uma verdade: eu a temia porque ainda a amava, apesar de todo o sofrimento que causara a mim e a Fabrício. Eu também era culpado, porquanto tivera uma parcela de responsabilidade naquilo tudo. "O que fazer, meu Deus?" – perguntei a meia voz. Um enorme sentimento de culpa, de remorso, de insatisfação comigo mesmo, tudo isso invadiu meu ser. Já não conseguia dormir direito à noite, já não tinha mais paz de espírito, quando um amigo comentou que, em uma pequena cidade do Interior, estavam precisando de um médico.

Sabendo disso, tomei uma decisão drástica: pedi demissão do hospital, juntei o que tinha de dinheiro, comprei um carro e saí de São Paulo, fugindo de mim mesmo, sem me despedir de ninguém, exceto de meus pais. Na verdade, queria ficar só, ir para algum lugar distante, onde pudesse me esquecer de tudo, sepultar meu passado, meus fantasmas, meus medos.

Enfim, isso foi tudo o que aconteceu comigo. Eis a minha história.

Sérgio havia terminado sua narrativa com os olhos em lágrimas. As emoções vividas ainda estavam muito latentes em sua memória, como se tivessem acabado de acontecer. Então, o médico, com o rosto banhado em lágrimas, concluiu:

– A verdade é que para mim a perda de Fabrício foi algo irreparável, que ainda não pude aceitar e não sei se um dia ainda aceitarei. Ele era meu referencial, meu ídolo, meu irmão, meu amigo. Perdê-lo foi como perder também uma parte importante de mim mesmo, trazendo comigo, inclusive, a sensação de culpa, porque, penso eu, se não fosse por minha causa, possivelmente nada teria acontecido. Tal sensação tem me feito muito mal, pois me sinto desorientado e em desequilíbrio. Não tenho conseguido dormir em paz. Percebo-me perseguido, durante o sono, por inimigos horripilantes. Convivo com a impressão de que alguém invisível, um inimigo, fica à espreita, vigiando-me noite e dia, à espera de que eu enlouqueça. Muitas vezes, em sonho, vejo meu querido irmão a estender-me as mãos, tentando me ajudar, mas não consigo alcançá-las e freqüentemente acordo no meio da noite, com o coração descompassado. Depois, para culminar, tive aquela visão aterradora naquela noite em que fui apanhado pelo temporal e recebi os cuidados do fantasma de um preto velho. Não sou homem de sentir medo, mas confesso que não tenho mais paz no coração. A única coisa boa, que veio me trazer um alento, foi quando a conheci, Cristina, e passamos a conversar. Você com sua humildade e simpatia trouxe-me um pouco de paz ao coração. Também, a leitura do livro que você me emprestou. Ah! Aquele livro trouxe-me muitos esclarecimentos, mas ainda tenho muito a questionar, pois o que me aconteceu está até então muito claro em minha memória. Ainda sinto uma enorme saudade de meu irmão, e o sentimento de perda me tortura até agora.

Entretanto, fora isso, uma outra coisa boa posso dizer que aconteceu: hoje já consigo pensar em Lia como se fosse uma criatura infeliz, que não tem consciência do mal que pratica a si mesma. Acho que estou esquecendo afinal aquele amor descontrolado. Nem sei dizer se o que ocorreu entre nós foi realmente amor ou mera paixão desequilibrada.

Nesse momento, Cristina abraçou carinhosamente o amigo, consolando-o emocionada.

– Sérgio, eu sabia que você carregava algo muito doloroso em seu íntimo, mas jamais poderia imaginar quanto você sofreu e ainda sofre. Conte comigo, meu

querido, pois estarei ao seu lado para o que der e vier. Falo por mim e por mamãe Samara, não é mamãe?

D. Samara também estava tomada pela emoção diante daquela narrativa.

– Sim, minha filha, Sérgio poderá contar conosco, pois estaremos ao seu lado, para que sinta que tem amigos que o apoiam. Mas, você tem razão, meu amigo, quando diz que se encontra desequilibrado em suas emoções, porque realmente você está com sua sensibilidade muito apurada, todavia em desequilíbrio. Você tem mediunidade, e seu irmão, que, aliás, é um Espírito que alcançou grande progresso, tem tentado ajudá-lo, porém seu sentimento de culpa, torna-se um entrave. Teremos que trabalhar isso. Quando você estiver preparado, irá descobrir que sua missão juntamente a ele prossegue. Ele continua vivo, apenas em outra dimensão da vida. Ainda o ama da mesma forma, talvez mais, e se preocupa com você, meu querido. Fabrício quer que você se perdoe, perdoe Lia e seja feliz.

– Ah, Dona Samara, ainda tenho muito que aprender! Embora eu queira, de todo coração, acreditar que a morte não existe, que a vida tem prosseguimento em outra dimensão, que meu irmão continua vivo e que iremos nos encontrar um dia, ainda me é difícil crer em algo que não vejo. Quando perdemos uma pessoa que amamos, que era parte de nosso próprio ser, fica difícil acreditar que permanece viva, se não a vemos, se não a tocamos, se não a sentimos.

A boa senhora sorriu diante da ponderação do médico.

– Quanto a isso, não vou insistir com você, meu amigo. Foi seu próprio irmão quem lhe disse que um dia você estaria em condições de entendimento e sensibilidade, para perceber que ele continua vivo e ao seu lado. Vocês estão unidos pelos laços mais santificados dos Espíritos que têm afinidade e que se amam verdadeiramente. Você terá apenas que sentir por si próprio e preparar-se para tanto, vencendo a si mesmo em uma luta titânica contra seu sentimento de culpa.

A noite já ia avançada, enquanto as constelações

cintilavam no firmamento, qual gaze luminosa e esbranquiçada ao longo da Estrada de São Tiago, trazendo uma pálida luz na escuridão do espaço sem lua.

Sérgio foi para o gramado e ficou em silêncio por algum tempo, fitando os astros na imensidão da abóbada celeste, como se buscasse, no brilho de cada estrela, a luz da presença do ente amado, que partira em demanda do Mundo Maior, da Pátria Espiritual, que ele ainda não entendia.

Alguém se aproximou dele com discrição, abraçando-o carinhosamente. Era Cristina, a amiga silenciosa de todas as horas. Ele sentiu-se reconfortado, retribuindo o carinho, enquanto a moça recostava a cabeça em seu peito.

O silêncio daquele momento foi mais eloqüente que tudo, pois traduzia sentimentos verdadeiros e sinceros de dois corações que estavam em busca do verdadeiro amor.

O véu de Ísis

Naquela noite, Sérgio dormiu em paz. O fato de ter aberto seu coração às amigas fez bem ao moço, tendo funcionado como se fora uma terapia. Foi um sono leve e reconfortante, entremeado de sonhos. A verdade é que, quando acordou no dia seguinte, o rapaz estava de bem consigo mesmo, de bem com a vida.

Preservava ainda algumas lembranças fragmentadas, mas felizes, recordando que Fabrício estivera presente em seus sonhos. Não sabia explicar, mas era uma coisa boa, embora não conseguisse lembrar com clareza o teor das ocorrências. Parecia-lhe que estava se reencontrando depois de muito tempo.

Durante o café, resolveu comentar a respeito do sonho com Cristina e D. Samara, pois necessitava de esclarecimentos.

– Estou me sentindo muito bem hoje, porque, como não acontece há muito tempo, tive uma noite de verdadeiro descanso. E o mais interessante é que sonhei com meu irmão, embora não recorde exatamente o que aconteceu no sonho. Lembro-me apenas da figura de Fabrício, que estava muito alegre. Parecia feliz, pois sorria. Nós nos abraçamos e chorei de saudade. Ele me disse muitas coisas, mas não me recordo de nada; apenas perdura, em meu peito, a viva sensação de que foi tudo muito real. A impressão que guardo é que realmente estive com meu irmão.

D. Samara ficou feliz com as palavras do médico,

aproveitando a oportunidade para lhe esclarecer sobre o assunto dos sonhos, de forma que fosse de fácil assimilação a alguém que apenas estava começando a compreender a Doutrina Espírita.

– Sabe, Sérgio, o Espiritismo nos esclarece que, durante o sono, enquanto o corpo fica adormecido para o devido repouso, o Espírito, que é a *chama,* o princípio inteligente que o anima e lhe dá vida, se liberta dos pesados liames os quais o ligam a ele. Livre, pelo efeito do sono, o Espírito se desprende e sai em busca do que o atrai ou daquilo que deseja. Dessa forma, as pessoas boas, espiritualizadas, que desejam praticar o bem, encontram-se em Espírito com outras do mesmo grau de afinidade, encarnadas e também desprendidas pelo efeito do sono, bem como desencarnadas, e juntas buscam a prática de coisas boas, de tarefas que lhe tragam alegria e bem-estar. O Espírito, livre das pesadas amarras do corpo físico, de acordo com seu grau de desenvolvimento, volita no espaço, em busca de outras paragens, visita locais belos na Espiritualidade, ou participa, juntamente com orientadores espirituais, de caravanas de socorro em regiões de sofrimento, de tarefas de auxílio, ou ainda encontra-se com entes queridos. Também é verdade que o ser humano brutalizado, voltado à prática do mal, buscando apenas os prazeres das sensações dos sentidos físicos, ao se desprender do corpo material, irá se encontrar com aqueles que lhe são afins, na mesma condição vibratória em que se situam. Dessa forma, encontra-se com outros também devotados à prática do mal, ou se divertem em busca de emoções inferiores causadas pelos sentidos. Tudo vai depender da situação de cada um.

Observando que o rapaz estava por demais atento e julgando que ele pudesse não estar entendendo alguma colocação, ela interrompeu sua fala por um breve instante, interrogando logo em seguida:

– Está dando para me acompanhar, amigo? O assunto é muito mais complexo, e acho que você não tem ainda a melhor condição de entendimento.

– Tudo bem, mamãe Samara! Continue, que estou

bastante interessado nesses conhecimentos, que são realmente novos para mim.

– Então, quero lhe dizer que nós não somos apenas este corpo físico que vemos. Na verdade, somos Espíritos imortais, destinados à perfeição, e, como tal, nos servimos do referido corpo para nosso aprendizado em direção à eternidade, no seio do Criador. Quando o corpo adormece, o Espírito recupera temporariamente sua condição de liberdade em maior ou menor grau, dependendo sempre de seu estágio evolutivo. Nessas situações, reencontramos amigos e, como no seu caso, retornamos felizes pela alegria do reencontro, cujas lembranças ficam gravadas na acústica do Espírito. Podemos nos encontrar também com inimigos vingativos, que chamamos de obsessores, os quais nos perseguem sem trégua, e acordamos assustados, cansados, como se tivéssemos levado uma surra, e as lembranças não são agradáveis. Enfim, cada um reencontra consigo mesmo durante o sono, e as lembranças são os sonhos muitas vezes incompreensíveis, porque no retorno ao corpo denso, a matéria representa uma pesada barreira à sutileza das recordações etéreas do Espírito. O maior ou menor grau de lucidez das lembranças de nossos sonhos, também é um atributo das conquistas do Espírito, se ele tem maior ou menor condição de entendimento e de evolução. Fiz toda essa explanação para lhe dizer que certamente você se encontrou com Fabrício, pois sempre nos reencontramos com aqueles que amamos, na medida do merecimento e das condições espirituais de nossos entes queridos.

Sérgio estava em estado de graça, emocionado e com os olhos cheios de lágrimas. Mas era um sentimento agradável, uma sensação de alegria que perdurava em sua alma.

– A senhora me disse tudo isso, Dona Samara, e posso dizer-lhe que percebo muita coerência em sua explanação. Aliás, não sei por que o Espiritismo é tão estigmatizado. Deve ser porque as pessoas desconhecem a profundidade de seus conceitos, pois, de tudo que ouvi da senhora e de tudo que li em *O Livro dos Espíritos*, apenas concluo que são ensinamentos e conceitos revestidos da maior lógica e sabedoria. Confesso que começo a ver o mundo e a complexidade dos problemas da vida com outros olhos. Vou ser muito sincero: mesmo antes de ouvir suas explicações, eu já guardava uma convicção inabalável de que realmente havia me encontrado com meu irmão em sonhos. Apenas não podia entender como isso seria possível. A senhora me esclareceu.

Cristina estava radiante com as palavras do médico.

– Ah, Sérgio, eu tinha a certeza de que mamãe Samara poderia lhe esclarecer muita coisa! Você não imagina como estou feliz por você estar bem! – comentou a moça alegremente.

Ele retribuiu com um sorriso, agradecendo as palavras da amiga.

– Sabe, Cristina, o que sinto de coração é que realmente vocês são criaturas especiais. Você tem me ajudado muito e está tendo bastante paciência comigo. Confiou-me sua história de sofrimento e lutas, demonstrando a pessoa valorosa que é. Ensinou-me coisas importantes a respeito do Espiritismo e me emprestou um livro, que acho de suma importância para quem realmente quer entender a vida e suas complexidades. Mas D. Samara tem mesmo um dom natural para compreender e auxiliar as pessoas. Tenho a certeza de que não as encontrei por acaso.

Foi a vez de mamãe Samara sorrir.

– Você tem razão, meu filho. Não nos encontramos por acaso, pois, como Espíritos imortais, viajores milenares em busca da perfeição, este é apenas um reencontro programado para esta existência, porque somos os mesmos personagens do palco de outras vidas. Nenhum encontro é obra do acaso, tudo tem uma razão de ser e uma lógica. Apenas, ainda não compreendemos a grandiosidade das belezas e das alegrias as quais Deus nos destinou, por temos uma visão temporária, limitada e míope de tudo que acontece, enquanto o Criador tem a visão completa de nossos destinos e sabe por antecipação aonde iremos chegar, e nos espera com a alegria do oceano infinito, que recebe em seu interior a simples gotícula que se integrou no turbilhão das águas da vida, para aprender a contornar os obstáculos e a superar suas deficiências e finalmente retornar ao oceano cósmico da Vida Eterna em Seu seio. Por isso, podemos questionar: O que é um minuto diante do relógio da eternidade? O que é um dia, um ano, um século ou um milênio? Ainda estamos distantes da compreensão da magnificência de Deus e de sua obra, e tudo é relativo, porquanto nosso sofrimento se afigura como insuperável e insuportável diante dos duros embates da vida, mas na generosidade do Pai, tudo se repara e tudo retorna ao equilíbrio da alegria e do amor, quando olhamos a eternidade, onde um dia todos haveremos de nos reencontrar, tendo as dores e as mágoas superadas, as feridas cicatrizadas, os desencantos esquecidos, os rancores perdoados, as maldades abolidas e a perfeição alcançada.

Sérgio estava maravilhado com os elevados conceitos filosóficos daquela sábia criatura.

– Que engraçado, Dona Samara! Quando ouço a senhora falar todas essas coisas, sinto que desperta em mim algo estranho, pois parece que estou em uma sala de aula, apenas recordando lições já conhecidas, porque, embora esteja ouvindo tudo isso pela primeira vez, tenho a impressão de que nada disso é novidade para mim. Agora mesmo, estou me lembrando do momento da morte de Fabrício. Ele me disse que um dia eu estaria preparado para o conhecimento. Será que o que estou sentindo está relacionado com o que meu irmão quis me dizer?

– Certamente, Sérgio, seu irmão sabia que você já possuía o conhecimento, apenas não estava preparado ainda. Com certeza, este é o momento, e você já se encontra apto, pois já sente isso em seu íntimo. Para tudo existe a hora certa, e o fruto deve ser colhido apenas quando está maduro.

O rapaz ficou pensativo por algum tempo e depois respondeu:

– É interessante que às vezes temos que sofrer, a despertarmos para determinadas coisas. Eu, por exemplo, mesmo sentindo que estou entrando num assunto de que já tenho conhecimento anterior, em situação normal, jamais iria me deter em matéria dessa ordem. Minha preocupação sempre foi estudar, trabalhar e, na condição de médico, minimizar a dor e auxiliar os que sofrem. Jamais questionaria comigo mesmo assuntos de *post-mortem,* não fora pela perda de meu irmão. Não seria por nada, não; seria simplesmente por falta absoluta de interesse a respeito desse tema.

Cristina, que, até aquele instante, mantinha-se discreta, interveio:

– Pois é assim mesmo... Ensina o Evangelho de Jesus, com muita sabedoria, que aquele que não caminha pelo amor, caminha pela dor. Assim somos nós de uma maneira geral, porque, quando reencarnamos, trazemos conosco uma missão e vimos preparados para cumpri-la. Mas, ao aportamos aqui em um novo corpo físico, as dificuldades do dia-a-dia, as tentações mundanas e a indolência, acabam por nos afastar de nossa trajetória. Então, vem a visita da dor para nos trazer de volta ao caminho.

– Quer dizer que eu teria que passar pela dor da perda de meu irmão, a fim de despertar para as verdades espirituais? – perguntou o rapaz, demonstrando muito interesse.

– Cristina tem razão, pois de um modo geral, o Espírito prepara-se anos a fio, antes da reencarnação e, quando aqui chega, por vários motivos, acaba por negligenciar os compromissos assumidos. Às vezes, é a perda de um ente querido, a visita da doença incurável, o leito de dor; outras vezes, é a dificuldade financeira, o desemprego, o abandono daqueles que lhe são caros. Tais fatos são sempre chamamentos para despertarmos e entendermos que a vida não se resume simplesmente na existência material, que existe algo além dela, o qual subsiste após a morte do corpo físico: um mundo espiritual, que é o verdadeiro. O ser humano, de um modo geral, procura protelar ao máximo os compromissos com a Espiritualidade, por isso é que o Evangelho nos mostra que ainda a grande maioria necessita da dor para despertar. Poucos são aqueles que buscam as Verdades Eternas pelo exercício do amor. Talvez, um dia não muito distante, você ainda irá ser esclarecido a respeito desse assunto, quem sabe, por meio de alguma mensagem. Agora, o que importa é ter despertado para a realidade espiritual e adquirido a consciência de que intimamente você já trazia tal conhecimento.

– Meu Deus, – comentou o rapaz – será que teria mesmo que perder meu irmão para acordar?! Não teria o Pai outra forma de preservá-lo, para juntos despertarmos de alguma outra maneira? Seria maravilhoso dividir todos esses conhecimentos com ele, a trabalharmos juntos em favor do bem, como sempre desejamos desde crianças!

– Isso é apenas o tempo que irá lhe responder. Tenha paciência e não fique mais tempo em indagações improfícuas e sem respostas imediatas, Sérgio. Seu irmão infelizmente já partiu e você terá que se preparar para continuar vivendo sem sua presença física, pois com certeza ele o acompanhará espiritualmente em sua jornada. O que você deve fazer para amenizar a dor da saudade, é realizar coisas que ele gostaria de ter feito, em memória dele, enfeitando suas lembranças com recordações felizes. Cada lágrima que você enxugar, cada ferida que você curar, cada sorriso restabelecido, cada esperança devolvida, dedique ao seu irmão. Perceberá com o tempo que vocês estarão mais juntos que imagina e que não existe barreira dimensional para Espíritos que se amam de verdade, pois o pensamento e a intenção verdadeira de amor são elos indestrutíveis para Espíritos afins, os quais nem o tempo, nem o espaço são capazes de separar.

– A senhora tem razão, Dona Samara. Começo já a raciocinar em existências passadas. Quem fomos nós? O que fizemos? Por que sempre fomos tão unidos? Por que tal afinidade e sentimento de amor? Quando digo amor, não é um amor comum, mas algo sublime e elevado. É isso que sempre senti por meu irmão: algo tão puro e genuíno, que eu seria capaz de dar minha vida pela dele. Pensando que *Deus é soberanamente bom e justo, que é a inteligência suprema do universo e a causa primária de todas as coisas*, certamente, fizemos algo para virmos juntos como irmãos e passarmos o que passamos.

A bondosa senhora assentiu com a cabeça, em concordância.

– Você demonstra muita capacidade de compreensão

a respeito da grandiosidade de Deus. Aliás, o que você acabou de dizer está contido na primeira questão de *O Livro dos Espíritos,* quando Kardec pergunta: *"O que é Deus?"*. A resposta dos Espíritos demonstra que Deus não é simplesmente uma pessoa, que não está preso nem à forma nem ao espaço, nem ao tempo. Mas que é uma força superior que a tudo criou, a todo Universo e ao que nele contém. Essa força que dele emana e irradia, a qual chamamos de amor, a tudo envolve, a tudo equilibra em perfeita harmonia, inclusive as leis que nos regem: não só a Lei de Ação e Reação ou Causa e Efeito, mas também a Lei de Misericórdia, que nos concede a moratória necessária, enquanto ainda não temos crédito suficiente para resgatar as dívidas clamorosas de nosso passado de erros. Nossas imperfeições é que provocam desarmonia e desequilíbrio, e Suas leis sábias e soberanas nos possibilitam os recursos para restabelecermos o equilíbrio onde desequilibramos, concedendo-nos, através das reencarnações, benditas oportunidades de repararmos o mal que praticamos no passado e de enxugarmos as lágrimas que provocamos. Por isso Deus é soberanamente bom e justo, porque cada um passa exatamente por aquilo que necessita ao seu aprendizado espiritual, para sua evolução e progresso. Como ainda estamos em um estágio de aprendizado, por sermos ainda inferiores, necessitamos da visita da dor para progredirmos. Quando tivermos amor suficiente no coração, as dores e as provações diminuirão de intensidade, embora continuem, por ainda serem necessárias ao nosso aprimoramento espiritual, não mais na condição do resgate doloroso, mas como um exercício necessário para a evolução do Espírito rumo à perfeição. Portanto reafirmamos: Deus não pune a ninguém, nem castiga, nem condena ao fogo eterno, pois concede aos seus filhos queridos tantas oportunidades quantas forem necessárias para o reajuste de Espíritos delituosos, mas cada um terá que reparar o mal praticado, seja pelo amor, seja pela dor.

A conversa estava muito agradável e, se dependesse de Sérgio, continuaria por ainda mais tempo, pois o assunto o empolgava. Queria aprender mais, conhecer mais, saber de seu irmão. Mas já haviam terminado o café, e D. Samara necessitava cuidar dos afazeres da casa, de forma que concluiu:

– Sabe, Sérgio, seria interessante que, na medida do possível, você freqüentasse o Centro Espírita de Paineiras, que, aliás, Cristina já freqüenta, desde que desenvolveu sua mediunidade. Nesse local, terá a oportunidade de estudar mais e compreender melhor, pois lá existem pessoas que conhecem a Doutrina Espírita com profundidade, podendo orientá-lo adequadamente. Então, conseguirá desenvolver sua sensibilidade, meu filho. Você verá a grande diferença entre mediunidade e mediunidade com Cristo. Irá descobrir que mediunidade é um atributo do Espírito, independente da condição religiosa ou até daqueles que não acreditam em nada. Mas a grande diferença é a mediunidade com Jesus, a serviço do Bem, a qual se transforma em uma fonte inesgotável de bênçãos e de alegrias renovadoras.

O rapaz sorriu diante dessa singela, porém verdadeira colocação.

– Engraçado! Sempre olhei com desconfiança essa história de desenvolver mediunidade. Ela sempre soou mal aos meus ouvidos. Mas, ao ouvir a senhora falar, percebo como tudo isso toma outra dimensão, outra conotação. Nunca me imaginei freqüentando um centro espírita. No entanto pode ter a certeza de que irei, Dona Samara, isto é, se Cristina me levar. No fundo, no fundo mesmo, lendo *O Livro dos Espíritos* e ouvindo suas explanações, sinto-me como uma criança que passa a entender as primeiras palavras do alfabeto diante de uma professora, ou como um neófito diante de um oráculo de sabedoria. Realmente, começo a pressentir que a grandeza da verdade e das leis eternas são imponderáveis e que o Espiritismo nos dá uma idéia da dimensão da Vida, do Universo, da Criação e do Espírito, a descobrirmos quem somos, de onde viemos e qual nosso destino final. Sinto-me um pequeno aprendiz que começa a desvendar o grande mistério da Vida, que não se resume simplesmente a uma existência de provações, dores, sofrimento e incompreensões, mas algo magnífico que Deus nos destinou na grandiosidade de sua Criação. Sinto que me encontro no caminho certo e desejo conhecer mais, porém ainda estou apenas levantando uma pequena ponta do véu de Ísis.

Cristina estava admirada com as palavras do médico, mas foi mamãe Samara quem respondeu:

– Esse seu desejo de compreensão e essa ânsia na busca da verdade farão com que você realmente encontre no Espiritismo as respostas que procura. Aliás, esse é o princípio da Doutrina Espírita, o qual norteou o trabalho de Kardec. Quando as pessoas se reuniam, para as famosas manifestações das *mesas girantes* na antiga França, e se divertiam com o objetivo de atender simplesmente a curiosidade das respostas inteligentes dos *objetos inanimados,* fez com que Kardec mudasse completamente o curso da história da humanidade em termos filosóficos, científicos e mesmo religiosos, ao ter a sensibilidade de perceber que, por trás daquelas brincadeiras, existia algo muito sério, profundo e científico a ser estudado e pesquisado com retidão. A conseqüência de tudo foi um legado de valor inestimável, trazendo-nos, pelos livros que compõem a Codificação Espírita, um tratado completo a respeito da Vida, do

Universo, das Leis, do Homem e de Deus. Isso é que é o mais importante no Espiritismo; não simplesmente o fenômeno, mas o despertar das consciências humanas para a compreensão da verdade, da dimensão da obra da criação, dos porquês de tudo que acontece na vida. Não somos meras folhas caídas da árvore, levada ao sabor do vento, sem destino: somos Espíritos imortais, filhos de Deus, destinados todos, sem exceção, às glórias eternas, como resultado de nossas próprias conquistas, facultadas pelas oportunidades que o Senhor nos concede através de reencarnações sucessivas. A compreensão da Doutrina Espírita alarga nossos horizontes de entendimento para vislumbrarmos, numa visão de futuro e amparados pela convicção da fé raciocinada, que estamos caminhando, cada qual com seu passo, rumo à perfeição. Mas você tem razão por se achar apenas um aprendiz, pois todos ainda somos verdadeiras crianças espirituais e, nesse aspecto, ainda estamos apenas começando a levantar o véu de Ísis. Deveremos sempre recordar o pensamento do grande sábio grego Sócrates, quando dizia: *Só sei que nada sei.* Ainda temos muito que aprender.

O assunto era profundo e exigia muita compreensão. A fisionomia do médico demonstrava todo seu interesse.

– Agora, mais do que nunca, desejo ler as obras de Kardec e freqüentar um centro espírita. Entretanto, preciso de alguém que me dê forças e apoio. Acho que você é a pessoa certa para isso – disse, referindo-se à Cristina. – Você teria a paciência de me acompanhar?

Radiante com a proposta, ela respondeu imediatamente:

– É lógico que o levarei. Aliás, muito pelo contrário, terei muita satisfação em acompanhá-lo, Sérgio. Você irá conhecer pessoas maravilhosas em nosso centro, pessoas que nem imagina encontrar lá, as quais se dedicam à prática das boas obras, sem esperar nenhum tipo de recompensa, apenas a alegria do dever cumprido, como disse mamãe Samara: *do dever cumprido em nome de Jesus.*

– Então, estamos combinados, Cristina. Na próxima semana, gostaria de conhecer o Centro Espírita de Paineiras.

– Ótimo! Por que vocês não aproveitam este lindo dia de sol para darem uma volta? – sugeriu D. Samara.

– Sabe o que poderíamos fazer? Poderíamos ir a pé até a fazenda do Sr. Agenor. Será que ele não está ocupado? Gostei de conversar com ele – sugeriu o médico.

– Então, vamos! – exclamou Cristina, animada. – Aproveitemos para caminhar um pouco, respirando este oxigênio puro, que a natureza nos oferece.

Assim fizeram. Enquanto a senhora retornou feliz aos seus afazeres, os jovens saíram pela estrada caminhando, conversando e sorrindo alegremente.

Quando chegaram à fazenda, o Sr. Agenor veio recebê-los amavelmente.

– Sejam bem-vindos à minha casa, amigos! Fico feliz que vieram. Por que D. Samara não os acompanhou?

– Ela tem muito que fazer hoje, Senhor Agenor – explicou a moça. – Viemos para dar uma passada rápida, pois sabemos que o senhor também é um homem ocupado com os afazeres da fazenda, e não queremos tomar seu tempo.

– De jeito nenhum, o trabalho pode esperar. Para tanto, tenho os empregados que cuidam de tudo. Hoje, somente olho à distância. Só sinto mesmo a falta de um filho ou de um de meus genros para tocar os negócios da fazenda, quando eu estiver mais velho... Mas, fazer o quê? Nem minhas filhas, nem meus genros manifestaram vocação para esse tipo de trabalho. Então, tenho que me conformar. Por enquanto, posso contar com administrador, retireiro e tudo mais. Mas o que quero dizer mesmo é que hoje vocês são meus convidados e irão almoçar comigo.

– Não, Senhor Agenor. Mamãe está nos esperando para o almoço. Então, ficará para outro dia – agradeceu Cristina.

O Sr. Agenor era daqueles que não desistia fácil de nada.

– De jeito nenhum... Não aceito essa desculpa. Vou

mandar o Felisberto ir, agora mesmo, avisar D. Samara para que ela também venha almoçar conosco, pois Nhá Felisbina vai preparar hoje um virado e um cuscuz dignos de uma rainha.

Os jovens sorriram diante da determinação do fazendeiro, enquanto ele tomava as providências a fim de que o empregado fosse imediatamente convidar a mãe de Cristina. Passaram aquela manhã em agradável e descontraída conversa. O Sr. Agenor *era um bom papo* e tinha histórias engraçadas para contar. Quando o almoço ficou pronto, Felisberto foi buscar D. Samara de carro. A refeição ocorreu em clima de amizade e alegria.

Sérgio não conseguia esquecer que, como ele, por seu irmão, aquele bondoso senhor também tivera por seu tio um sentimento de amizade, carinho e amor, sentimento esse que supera a dimensão do entendimento humano. Ele pensava no grande mistério da morte, a qual separa temporariamente as pessoas que se amam, e agora percebia que estava começando a engatinhar na compreensão desse grande mistério: aqueles que partem para a outra vida continuam vivos em Espírito, com os mesmos sentimentos e unidos pelo pensamento com os que aqui ficam. O elo que os une é a sensibilidade, o amor como sentimento verdadeiro, o pensamento carinhoso e sincero. Quando dois Espíritos se atraem por afinidade, a morte não os separa jamais, pois, em pensamento, estarão sempre unidos.

O médico estava feliz por começar a conhecer as verdades espirituais e a desvendar o grande segredo de Ísis(*).

(*) Ísis: deusa egípcia, irmã de Osíris, que detinha o poder sobre os mistérios da vida e da morte. (Nota do autor espiritual)

Um encontro no além

Aquele final de semana prolongado no sítio de D. Samara seria inesquecível para Sérgio. O fato de ter conhecido a mãe adotiva de Cristina, o Sr. Agenor e de ter tido contato com pessoas simples foi marcante para o jovem médico, que finalmente conseguiu vencer suas dificuldades íntimas e abrir seu coração, encontrando a coragem necessária para contar sua história.

Quando assim o fez, foi como que impulsionado por uma força desconhecida que o encorajou a fazê-lo, relatando os sentimentos mais íntimos, seus complexos de culpa, suas dores da alma magoada em sua sensibilidade.

Na maioria das vezes, a grande dificuldade para o Espírito se reerguer é encontrar para si mesmo a possibilidade verdadeira e sincera do autoperdão. O sentimento de necessidade de punição que envolve o Espírito culpado, transforma-se em idéia fixa e cristalizada, tornando-se perigosa no processo de autopunição, permitindo que ele se torne presa fácil de irmãos menos felizes, por não esboçar reação pelo falso entendimento de que merece sofrer. Então, estabelece-se, muitas vezes, complicada teia que o enreda em complexo processo de auto-obsessão. Nessa situação, ele se compraz em se autopunir, em sofrer, por não se achar digno de perdão nem de piedade. Nesses casos, é necessário que algum acontecimento venha interferir no íntimo da criatura, para que ela possa romper tal barreira imposta por si mesma, abrindo seu coração, após o que, vai sentir-se aliviada.

No caso de Sérgio, os fatores foram vários e devidamente preparados. Desde o início, quando Cristina contou sua história, transmitiu-lhe confiança e coragem. A literatura espírita aguçou sua curiosidade e seu desejo de saber mais sobre o mistério que envolve o grande segredo da morte e dos sentimentos das pessoas que se amam; depois, a história contada pelo Sr. Agenor a respeito do sentimento de amor e afinidade em relação a seu tio, trouxe-lhe muito conforto. Mas o fator preponderante para que o médico sentisse a coragem suficiente a fim de romper seu silêncio e adquirir condições para abrir seu coração, confiando a outras pessoas seus segredos mais íntimos, foi o preparo que recebeu do plano espiritual para aquele momento. Inicialmente, a jovem foi quem deu o primeiro passo, mas o passo definitivo foi o de D. Samara, como instrumento hábil da Espiritualidade, ao proferir as palavras inspiradas no momento adequado. Na verdade, o rapaz já tinha sido preparado previamente, pois, no mundo espiritual, não existe acaso nem improvisação, de forma que aquela viagem, foi de grande proveito para ele, que finalmente conseguiu transpor a muralha psicológica da autopunição, provocada pelo sentimento de culpa que havia imposto para si mesmo.

De volta a Paineiras, todos notaram a mudança comportamental do médico. Antes, era sisudo; agora, mostrava-se sociável. Se antes estava sempre com a fisionomia carregada, agora seu rosto parecia suavizado, sorrindo com naturalidade. Se antes transparecia tristeza profunda em seu olhar, agora seus olhos irradiavam jovialidade.

O pequeno local não oferecia muitas opções de lazer, mas, como toda cidade interiorana, tinha a praça em frente à matriz, onde, no final da tarde ou nas noites quentes, muitas pessoas se reuniam para bate-papos.

Sérgio e Cristina passaram a ser vistos com freqüência, dando voltas pela praça ou conversando sentados num banco do jardim. E, como sempre acontece em cidades pequenas, as faladeiras e as comadres de plantão logo começaram a *tricotar,* inventando histórias de um suposto romance entre a enfermeira e o médico.

Em uma noite, num dos bancos da praça, estavam reunidas as fofoqueiras mais renomadas da cidade.

– Estão vendo como aquela moça é esperta? – dizia D. Mariquita, uma das mexeriqueiras mais respeitadas da região. – Com aquela cara de *sonsa,* conseguiu finalmente fisgar o médico. Sempre falei para a minha filha Terezinha que deveria dar em cima do Dr. Sérgio, que uma hora ele *entregaria os pontos.* Não foi o que aconteceu? Bastou a enfermeira levá-lo para um final de semana no sítio, e ele *entregou a rapadura.* Que espertalhona essa enfermeirazinha de meia-tigela!

Outra faladeira das maiores, chamada de D. Cornélia, que não conseguia manter a boca fechada pelo tamanho da língua, deitava mais lenha na fogueira da inveja desmedida por meio da maledicência.

– Dizem por aí, não sei se é verdade, que, durante o caminho, eles pararam na estrada, e tudo aconteceu no meio do mato. Que descaramento e sem-vergonhice! – completou com despeito. – Depois ficam desfilando pela praça como se nada tivesse acontecido.

Outra comadre, por nome de D. Anésia, defensora da moral e dos bons costumes e vigilante incansável dos acontecimentos do lugar, também manifestou sua contrariedade com sua língua ferina e impiedosa.

– O que queriam que acontecesse? Um rapaz e uma moça viajando sozinhos por essas estradas desertas... O que mais poderia acontecer? Acho mesmo é que ela nunca prestou. Não souberam que já deu em cima do noivo da própria irmã? Além do mais, o que queriam de uma moça que não tem família e ainda é espirita? Só podia dar nisso mesmo. Ai, meu Deus! Fico pensando que este mundo e essa juventude estão mesmo perdidos! Onde vamos parar? Vou reclamar ao padre Honório que domingo, durante a missa, comece a lançar imediatamente uma campanha pela moral e preservação dos bons costumes. Ainda mais, sendo ela espírita, o que se poderia esperar? Só poderia dar nisso mesmo – completou com despeito incontido.

– Isso mesmo – aprovou D. Risoleta, também participante do grupo de *línguas de serpente*. – O padre Honório tem que se manifestar a favor da defesa da moral de nossa sociedade. Mas acho que o Dr. Sérgio não tem tanta culpa, pois ele deve ter sido apanhado pela tentação do envolvimento dessa moça. Vai saber o que ela faz, quando está na reunião com os Espíritos. Dizem que, nessas reuniões espíritas, fazem trabalhos para que as moças solteiras arranjem namorados e até casamentos...

– Ah! Coitado! Deve ser isso mesmo – concordou D.

Mariquita. Em seguida, completou: – Eu nunca fui mesmo com a cara dessa moça.

Naquele momento, Cristina e Sérgio se aproximaram do grupo, que de repente emudeceu pela presença inesperada do casal. O rapaz e a moça cumprimentam-nas com educação, como é o costume das pessoas do interior.

– Boa noite, minhas senhoras! Linda noite! Não é verdade? – disse o médico.

E a jovem também saudou com cortesia:

– Boa noite, Dona Mariquita, Dona Anésia, Dona Cornélia e Dona Risoleta!

Todas responderam ao cumprimento meio desenxabidas, por terem sido apanhadas desprevenidas. Cristina, sorrindo com simpatia, apresentou as virtudes de cada uma ao médico:

– Sabe, Sérgio, se um dia você quiser comer o bolo de milho mais saboroso que você já comeu, deve ir à casa de D. Mariquita. Mas se você quiser saborear o pão caseiro mais delicioso que você já provou, então deve ir um dia à casa de D. Anésia. Entretanto, se você desejar um dia experimentar a macarronada mais suculenta que você poderia comer, então deverá ir à casa de D. Cornélia. Aliás, o grande segredo dela é o molho de tomate ao sugo, o qual prepara com receita própria, que não revela a ninguém. Todavia, se você gosta de lombo assado, vai ter que aceitar o convite de D. Risoleta, pois só ela sabe, como ninguém, preparar, temperar e assar um lombo, que fica extraordinário.

As comadres fofoqueiras ficaram boquiabertas, diante dos elogios proferidos de forma espontânea pela moça. O médico não deixou por menos, acrescentando com simpatia:

– Fico admirado com tantas virtudes de senhoras tão prendadas! Parabéns! Seus maridos devem ser homens muito felizes, por terem o privilégio de possuírem como esposas pessoas assim tão especiais!

Todas tinham na face um sorriso amarelo, e os agradecimentos soaram tão falsos quanto o beijo de Judas.

– Obrigada, doutor! Obrigada Cristina! Mas é bondade de vocês. Nós também o admiramos muito, doutor. E você também, Cristina. Sabemos que você é uma grande enfermeira – falou sem graça D. Anésia.

– Concordo com minha comadre Anésia – comentou D. Risoleta. – Cristina, você é uma pessoa privilegiada por trabalhar junto com o doutor, porque o admiramos muito. O senhor é uma pessoa especial para nós todas.

– Faço minhas as palavras de comadre Anésia e Risoleta. – endossou D. Cornélia. – Aliás, vocês fazem um par muito lindo e simpático, sabiam?

– Minha querida Cristina, Doutor Sérgio, não

acreditem no que estão dizendo minhas amigas, porque eu sim é que sempre achei que formam um par muito simpático e torço por vocês com todo meu coração – completou D. Mariquita.

– Não, senhora, – protestaram as demais – todas nós sempre falamos bem do doutor e de Cristina, e só Deus sabe como ficamos felizes com vocês juntos.

Os jovens sorriram diante da confusão feita pelas comadres faladeiras. Mas a enfermeira, mais uma vez com simpatia, ajeitou a situação.

– Calma, minhas senhoras! Doutor Sérgio e eu somos apenas bons amigos, não é verdade, Sérgio?

– Sim – concordou o médico. Cristina é uma criatura por quem tenho muita simpatia e estima. Somos apenas bons amigos.

– Aaaahhhh!!! – foi a exclamação de espanto de todas.

– Que pena! Vocês fariam um belo casal! – exclamou intimamente satisfeita D. Anésia.

O casal, também meio desconcertado, cumprimentou-as com um boa-noite e se afastou. Quando já estava à prudente distância, as fofoqueiras voltaram a *afiar a língua*:

– Eu sabia que o doutor não ia cair na lábia dessa *zinha* oportunista – comentou uma delas.

– Quem ela pensa que é para conquistar um bonitão como o Dr. Sérgio, e ainda médico? Seria muita pretensão de uma reles pobretona – completou outra.

– Minha filha, sim, é que merece um homem como esse. Já sei o que vou fazer – revelou D. Mariquita. – Vou preparar um almoço digno de um príncipe e um bolo de milho, que ele jamais irá esquecer. Nesse dia, minha filha Terezinha terá que *fisgar esse peixão em sua rede*.

Mas deixemos de lado aqueles que se comprazem na falação e na maledicência, porque reservam para si mesmos doses mortíferas do próprio veneno. A verdade é que Sérgio estava experimentando um sentimento novo para com a enfermeira. Era algo diferente do que havia sentido por Lia, embora não pudesse afirmar categoricamente que havia esquecido aquela paixão, que lhe trazia conflitos íntimos. O que sentia pela moça era um misto de agradecimento, carinho, sensação de paz e de bem-estar. Era agradável para ele estar ao lado dela, trocando idéias, conversando...

A conversa fluía naturalmente, e sempre era surpreendente para ele a passagem rápida das horas, quando estava na companhia de Cristina. Por outro lado, ela também não conseguia mais esconder seu sentimento pelo médico: estava apaixonada, mas tinha medo de que o rapaz percebesse. Não queria que soubesse, por entender que ele se achava sentimentalmente frágil, e ela não pretendia ser oportunista. Se tivesse que acontecer algo entre eles, teria que ser de forma natural.

Então, Sérgio resolveu freqüentar as reuniões que eram realizadas no Centro Espírita de Paineiras, e, cada vez mais, surpreendia-se com o carinho com que era recebido e com as pessoas que aos poucos ia conhecendo e que jamais suspeitaria serem espíritas. Eram pessoas simples, mas que demonstravam conhecimento e sabedoria, ou pessoas respeitáveis da cidade, que se apresentavam despidas de qualquer vaidade pela posição social que ocupavam.

Depois, resolveu participar de um grupo de estudos e a tomar passes. Sua sensibilidade aos poucos foi se expandindo, ganhando equilíbrio. Até que, em um dos encontros, começou a ter percepções, como visões de fluidos coloridos a impregnarem o ambiente. Na verdade, tudo se transformava para ele no instante da prece de encerramento, tendo como fundo musical a *Serenata*, de Schubert. Percebia-se tocado nas fibras mais sensíveis de sua alma. Emocionava-se às lágrimas, sentindo-se transportado a outras esferas, em desdobramentos espirituais, retornando ao corpo físico tão logo era proferida a última palavra da prece, e se acendiam as luzes.

Comumente, ao se acenderem as luzes, o médico estava com os olhos rasos de lágrimas. Conservava a sensação íntima de alegria por ter estado em outra dimensão, com espíritos amigos e afins, embora não tivesse consciência nem lembrança de onde nem com quem estivera, ao se desdobrar espiritualmente.

****

Aquele era um dia de sol que irradiava sua luz, espalhando vibrações no ar, pela sintonia da brisa que soprava e o canto alegre dos pássaros que voavam pelo azul infinito do céu. Sérgio acordou feliz, sentindo desde a manhã que se encontrava em estado de graça. Tivera uma noite de sono tão tranqüilo como há muito tempo não ocorria. Acordou de bom-humor e feliz. Quando chegou ao consultório, Cristina o recebeu com um sorriso alegre, cumprimentando-o com um bom-dia, e ele sentiu uma vibração gostosa, algo que tocou seu coração. Teve ímpetos de abraçar a moça e beijá-la, mas segurou-se, afinal estavam em um ambiente de trabalho.

A atitude do médico não passou despercebida pela moça, que se manteve discreta. O dia estava bastante atribulado pelo grande número de pacientes, mas tudo transcorreu em harmonia, e todos puderam perceber que o Dr. Sérgio realmente encontrava-se em estado de graça. No final do dia, ao terminar o expediente, o médico dirigiu-se à enfermeira para *um dedinho de prosa*. Sua aparência exprimia cansaço pelo trabalho que fora intenso, mas seu rosto exibia um sorriso jovial.

– Nossa! Hoje foi um dia muito intenso! – exclamou entusiasmado. – Parece que todos os habitantes de

Paineiras resolveram vir ao ambulatório para uma consulta médica. Mas, sabe de uma coisa, Cristina? Estou cansado fisicamente, porém me sinto feliz e leve como há muito tempo não me sentia.

– É que você está bem espiritualmente, Sérgio. Sua noite foi boa? Dormiu bem?

– Exatamente isso que gostaria de comentar com você. Tenho uma vaga lembrança de que a noite também foi bastante intensa. Sonhei que visitava lugares muito bonitos e alegres na companhia de pessoas que me faziam bem. Mas, como disse, restou apenas uma vaga lembrança, pois não me recordo de nada. Apenas ficou uma impressão íntima muito gostosa de alegria e bem-estar. Como D. Samara já me explicou, devo ter me encontrado com bons Espíritos no desprendimento do meu corpo físico.

– Certamente, você se encontrou com Espíritos amigos, que o levaram a algum local de aprendizado, possivelmente para prepará-lo para alguma coisa. Embora não se lembre do que aconteceu, as sensações ficaram gravadas em seu íntimo, e o resultado é que você está sentindo uma alegria interior, que continua após o retorno do Espírito ao corpo físico. As lembranças se apagam, mas a sensações íntimas perduram.

– Você tem razão, Cristina. É exatamente isso que estou sentindo. O que você está falando é a mesma impressão íntima que também tenho: eu fui levado a algum local no espaço, para ser preparado para algo que ainda desconheço. O que seria?

– Deve ser algo que você deseja muito, Sérgio, porque intimamente, em Espírito, você sabe o que é, apenas não tem lembrança do que se trata. Por essa razão, a alegria que está estampada em seu semblante. Hoje, realmente, você está muito feliz; dá para se perceber isso. E fico feliz por você, sabe? O que mais lhe desejo, de coração, é que você recupere o entusiasmo pela vida e volte a ser feliz novamente.

As palavras da enfermeira tocaram-lhe o coração. O médico olhou para a moça e se enterneceu. Cristina era um anjo que Deus havia colocado em sua frente. Como não havia percebido antes? Abraçou-a carinhosamente, acariciando seus cabelos.

– Sabe de uma coisa, Cristina? Acho que estou me apaixonando por você. Você é uma criatura linda de corpo e de alma, tem sido um anjo em minha vida. Acho que estou me apaixonando por você de verdade – completou, fazendo menção de beijá-la.

Mas ela se afastou com delicadeza, para não feri-lo em sua sensibilidade.

– É exatamente com isso que temos que ter cuidado, Sérgio. Vou confessar-lhe uma coisa, o que jamais faria antes, mas, agora, neste momento, sinto-me à vontade para fazê-lo: eu o amo de verdade, de todo meu coração. Você é meu eleito, e percebi isso desde o primeiro dia em que o vi com seu semblante triste e seu olhar perdido no nada. Tenho certeza de meu sentimento e, simplesmente por amá-lo de verdade, é que desejo, com toda a sinceridade, que seja venturoso, independentemente da pessoa a quem irá se unir. Sinto-me feliz, a mais ditosa das mulheres do mundo, por me confessar que *acha que está apaixonado* por mim, pois tal declaração me dá muita esperança, mas me preocupa a incerteza, a insegurança. Você acha que *está apaixonado*, e estar apaixonado não é o mesmo que estar amando. Além do mais, você vive um momento em que se encontra sentimentalmente frágil. Assim, não poderia estar confundindo seus sentimentos?

Sérgio caiu em si, diante das palavras ponderadas de Cristina. Entretanto, sentia-se realmente confuso, pois, o que mais desejava, naquele momento, era abraçá-la, beijá-la, fazê-la feliz. Se existisse alguma pessoa merecedora de seu amor, essa pessoa era ela. Mas, por outro lado, a moça tinha razão em seus argumentos. Seria de bom-tom aguardar um pouco mais, para tomar uma decisão definitiva em relação aos seus sentimentos.

Então, ela o abraçou delicadamente e, com muito carinho, depositou um beijo em seu rosto. Em seguida, olhou fixamente em seus olhos, notando que o médico os tinha rasos de lágrimas.

– Eu o amo demais, Sérgio. Mas quero que tudo ocorra, quando você tiver plena certeza de seus sentimentos. Se isso acontecer um dia, pode acreditar que o farei o homem mais feliz do mundo, pois também serei a mulher mais feliz da face da Terra.

– Você é uma criatura que não existe! Por essa e outras razões é que a admiro cada vez mais! – exclamou o rapaz, com a voz embargada pela emoção.

– Obrigada pelas palavras, pois, além de admirá-lo, ainda o amo. Mas agora é melhor que eu vá para casa tomar um banho, e você também. Não se esqueça de que hoje é dia de reunião mediúnica no Centro.

– Muito bem lembrado. Já estava me esquecendo do horário. Vou tomar um banho e, em seguida, passarei em sua casa para apanhá-la. Assim, iremos juntos.

***

Aquela sensação de alegria estava latente no coração de Sérgio. A reunião perpassava com muita harmonia entre os participantes. Cristina era médium de psicofonia, das mais esmeradas, enquanto o médico ainda estava em estágio de aprendizado, em doutrinação espiritual. O que ele começava a sentir é que, a cada dia, sua sensibilidade mais se apurava, à medida que melhor compreendia os conceitos da Doutrina Espírita, encantando-se com a lógica insofismável dos ensinamentos codificados por

Kardec. Era interessante que, na condição de aprendiz, simplesmente acompanhava a doutrinação efetuada por um médium mais experiente da casa, surpreendendo-se ao detectar, em sua mente, palavras silenciosas, inarticuladas, como se sopradas diretamente por algum amigo invisível. Sua surpresa tornava-se ainda mais evidente, quando aquelas palavras eram articuladas pelo doutrinador, que, tocado pela sensibilidade e pelo amor, conseguia demover Espíritos, os quais haviam se apresentado anteriormente com os corações endurecidos.

Irmãos desencarnados que se apresentavam como terríveis vingadores ferozes, após a doutrinação, se transformavam simplesmente em irmãos necessitados de amparo, emocionados e demovidos de seus intentos de vingança, pela palavra amorosa e amiga do doutrinador, que, movido pela inspiração, identificava o ponto de sensibilidade deles. Costuma-se dizer que apenas o amor constrói, e isso é uma verdade inquestionável. Espíritos aparentemente endurecidos, suscitados por desejos terríveis de vinganças cruéis, desmoronam sobre si mesmos como castelos de cartas, quando tocados no ponto exato de sua sensibilidade, pois nenhum Espírito, por mais empedernido que seja, é totalmente mau, porque abriga em seu íntimo, muitas vezes nos escaninhos mentais, esquecido possivelmente em algum arquivo empoeirado e abandonado, adormecido, algo de bom e de nobre. Todos nós, na condição de Espíritos imortais, que somos, em nossas inúmeras existências, amamos e sofremos, caímos e nos levantamos. Outros se enveredam por caminhos tortuosos da vingança sem trégua, mas, quando tocados naquele ponto sensível, principalmente se tocados com amor e carinho, despertam em seus sentimentos mais nobres, que jazem esquecidos e adormecidos em algum cantinho da mente e, despertando, se transformam. Por isso podemos dizer que ao verdadeiro amor basta um minuto, para transformar criaturas, despertá-las para a realidade e o arrependimento. Quantas vezes já pudemos testemunhar inimigos ferrenhos que se arrependem e depois procuram se redimir do mal praticado na insânia da vingança irracional, desdobrando-se pelo bem, em favor daqueles a quem prejudicaram alhures.!

Sérgio se emocionava com as doutrinações que testemunhava na condição de aprendiz, chorando juntamente com doutrinador e doutrinado, percebendo em sua sensibilidade que o ambiente era impregnado da mais elevada condição vibratória, que envolvia o grupo de trabalho em poderosas radiações de harmonia e amor, as quais tocavam todos aqueles que se sintonizavam com o ambiente.

Eis a grande tarefa do doutrinador: conduzir o doutrinado com carinho e respeito, procurando tocar sua sensibilidade, e, quando isso acontecia, o mesmo era envolvido naquele intenso influxo amoroso, proveniente das esferas mais altas da Espiritualidade, ocasião em que despertava seus bons sentimentos, esquecidos ou amortecidos pelo rancor, pelo ódio ou pela vingança.

A reunião da noite chegara ao fim e fora o corolário de um dia muito especial para o médico, que sentia vibrar todas as fibras de sua alma. Assim que as luzes se apagaram, o ambiente mergulhou numa penumbra discretamente azulada, a *Ave-Maria*, de Gounod, se espalhou no ar e o dirigente proferiu sentida prece de agradecimento, Sérgio não mais resistiu, entregando-se a tamanha emoção que jamais sentira.

De repente, sentiu que não se encontrava mais no corpo físico, e, sim, no espaço. Não mais no ambiente do Centro, e, sim, em outro local que encantava seus sentidos e tocava sua sensibilidade. Encontrava-se em uma extensa campina verdejante, onde podia divisar árvores frondosas e flores por toda a parte. Ao lado, manso regato com águas cristalinas, que marulhavam como que tangidas por sublime maestro, entoando uma balada que traduzia paz e harmonia. Tudo era muito belo e maravilhoso, enquanto uma luz pálida se irradiava pelo espaço, trazendo, em sua tonalidade clara, uma sensação de alegria a invadir seu ser. Emocionado, o médico se perguntava: "Onde estou? Estarei sonhando novamente?".

Olhou mais uma vez ao seu redor e até onde sua vista alcançava: tudo era lindo e magnífico. A lua, no alto do céu, parecia uma nave prateada adornada por ogivas luminosas. As estrelas cintilavam com intenso brilho, na noite iluminada, enquanto uma brisa suave soprava com frescor matinal, e ele sentia doce carícia em seu rosto.

Mas, o que estava fazendo ali? Por que estava sozinho? Por que ninguém aparecia para orientá-lo ou explicar o porquê de tudo aquilo?

Foi então que, olhando atentamente em direção ao regato, uma luz se destacou no ambiente, vindo ao seu encontro. Seu coração pulsou descontrolado pela emoção,
ao perceber que, à medida que se aproximava, uma figura muito conhecida sua ia se materializando diante de sua visão: era Fabrício.

Tomado pela emoção daquele momento de sublime alegria, Sérgio não consegue se suster: seus joelhos se dobram, e ele se prostra genuflexo, a chorar copiosamente. Fabrício se aproxima e se ajoelha junto ao irmão, abraçando-o. Envolvidos na mesma emoção, aqueles dois seres irmãos e amigos choram a alegria do reencontro. Um reencontro de Espíritos que traziam afinidades pelos laços mais santos de irmãos que juntos lutaram por séculos e séculos, sofreram, caíram, levantaram-se, sorriram, choraram e, sobretudo, aprenderam a amar.

Laços de afinidade, sedimentados nas experiências seculares de lutas redentoras pelas quais o Espírito aprende, mediante o sentimento legítimo da estima e da afeição, a se doar, sem pedir nada em troca.

Em lágrimas, Sérgio sentia dificuldades para exprimir sua alegria:

– Fabrício, meu irmão querido! Sei que não sou merecedor, porém agradeço ao Pai tal bênção! Como estou feliz por esta dádiva! Obrigado, meu Deus! Obrigado, Senhor!

Fabrício, envolvido em gracioso halo luminoso e abraçado ao irmão, profere uma prece de agradecimento a Jesus.

– Jesus, Divino Mestre e Amigo, é com o coração cheio de alegria que Te agradeço, Senhor, por este momento de felicidade e emoção. Obrigado por meu irmão que Te reencontrou na dor, porque, por Tua infinita bondade, assim foi necessário, uma vez que, em eras passadas, assumimos pesados compromissos diante de Tua misericórdia. Embora nosso amor de irmãos fosse puro e sincero, ainda não havíamos aprendido a sublimar, a renunciar e a amar ao próximo. Em eras passadas, combatemos pela arma que matava em Teu nome, no equívoco de que teríamos conquistado Tuas glórias, Senhor! Quanto engano! Quanta ilusão! E agora, na experiência da perda irreparável do irmão querido, dá-nos, Senhor, a oportunidade de nossa redenção, trabalhando, em Teu nome, em favor da caridade, do amor e da verdadeira paz. Permite, Senhor, que meu irmão e eu, agora unidos por sentimentos mais sublimados, possamos servir-Te por intermédio da mediunidade redentora, e que possamos amar nossos irmãos indistintamente, servir e seguir em frente, sem olhar para trás, no exercício da verdadeira caridade em Teu nome. Obrigado, Senhor, pelo presente do reencontro que nos concedeste. Assim seja!

O médico não conseguia conter suas lágrimas, enquanto Fabrício o envolvia num abraço carinhoso de equilíbrio e amor.

– Meu querido irmão, pela graça do Senhor, foi-nos dada a oportunidade deste reencontro. Estou muito feliz por você ter finalmente encontrado a si mesmo na Doutrina Espírita, pois temos uma missão a cumprir. Nossa tarefa em favor dos necessitados, dos tristes e dos aflitos continua: só que agora estou do lado de cá, mas mesmo assim estaremos sempre juntos. Procure ser feliz na prática do Bem e da caridade. Viva a vida com alegria, pois a vida é uma bênção de Deus, que se renova a cada dia! Seja feliz, meu irmão, mas se prepare para momentos de testemunhos que hão de vir em breve – concluiu Fabrício, despedindo-se do irmão com um ósculo em sua fronte.

Sérgio nada mais viu, retornando ao corpo físico, exatamente no momento em que a prece acabava de ser proferida e as luzes se acenderam. O médico encontrava-se em completo estado de emoção, com a face lavada por lágrimas. Cristina estava ao seu lado e de imediato compreendeu o que havia ocorrido. Abraçou-o comovida, enxugando seu rosto com o carinho de quem é capaz de saber o sentido do verdadeiro amor.

Enquanto o público se retirava, o jovem também se despediu, saindo rapidamente, abraçado à Cristina. Queria preservar a emoção que se instalara em seu íntimo, devido à alegria do reencontro com seu querido irmão. Era algo tão belo e tão pessoal, que desejava dividir apenas com a moça a imensa felicidade que há pouco vivenciara.

Durante o trajeto, procurou narrar à sua amada todos os detalhes que percebera durante aquela experiência maravilhosa. O rapaz esforçava-se por achar a melhor maneira de expressar toda a intensidade possível da emoção que sentira, mas percebia que as palavras eram insuficientes para traduzir a beleza e a sublimidade daqueles breves minutos. Cristina sabia que era preciso, naquele momento, apenas ser a ouvinte atenta, a amiga que consola e a companheira que compreende.

Por fim, depois de exprimir toda torrente verbal emotiva, ele soluçou nos ombros amigos e compreensivos da moça, que, sensibilizada com a narrativa do amado, acariciava seu rosto, afagando seus cabelos.

– Ah, Cristina, tudo foi muito belo! Durou apenas poucos minutos, mas ficou, em meu íntimo, toda aquela sensação, que perdurou por longo tempo, no plano em que nos encontrávamos. Jamais irei esquecer que, na despedida, ele me disse que temos uma tarefa a cumprir na mediunidade com Cristo, envolvendo o atendimento aos necessitados, aos tristes e aos aflitos. Também enfatizou que devo esquecer o passado e ser feliz. Recordo que também me revelou algo, como que eu devesse me preparar para testemunhos difíceis, que deverão ocorrer. O que Fabrício estaria querendo me dizer com isso?

– Possivelmente, ele tentava alertá-lo de que, quando o discípulo trilha o caminho do Mestre Jesus, virão as cobranças, e nessas condições, terá que ser forte para testemunhar sua fé.

– Espero estar preparado para tais testemunhos, Cristina. Tenho a certeza de que, com você ao meu lado, terei forças para superar as provas que advirão.

Ambos sorriram, selando um compromisso de amor, de um amor sublime, que desabrochava naqueles corações, cujas experiências amargas haviam produzido feridas dolorosas, as quais agora começavam a cicatrizar no bálsamo desse sentimento puro e elevado. Ah! O amor, sublime amor, lenitivo que cura feridas, que alivia a dor, que recupera o infeliz, que levanta o caído, que redime o culpado, que eleva o arrependido e que santifica a alma que compreende o seu verdadeiro sentido!

Um beijo apaixonado selou a promessa de felicidade, de alegria e de esperança que pulsava naqueles corações amados, transportando-os momentaneamente na dimensão do amor sublimado, que vibra na harmonia cósmica do Universo infinito.

Uma surpresa

Três meses transcorreram após aquela inesquecível noite em que Sérgio tivera memorável encontro espiritual com Fabrício. O médico sentia que estava evoluindo em sua condição de aprendiz do Evangelho e de trabalhador do Cristo, pois se transformara em uma pessoa bem diferente do homem triste, calado e sisudo, que chegara em Paineiras, há quase dois anos.

Se, na condição de médico, no atendimento aos pacientes, tinha que manter uma postura sóbria, mesmo assim tornara-se simpático e agradável com as pessoas. Assim, com jovialidade e simpatia, sem quebrar a seriedade que a posição exigia, ele passou a ser muito benquisto e alvo de verdadeira admiração e estima de todos.

Mas a mudança mais radical mesmo havia se operado, quando, nos finais de semana, o Centro Espírita de Paineiras promovia o atendimento às famílias pobres da região. No trabalho fraterno, ninguém era capaz de reconhecer o médico, que arregaçava as mangas e, juntamente com Cristina e outros companheiros, serviam a sopa aos necessitados. Fazia brincadeiras, abraçava as crianças e, no momento da distribuição das cestas básicas, enfrentava o batente com bom-humor e simpatia.

Dava pena ver aquelas pessoas deserdadas da sorte, as quais, ao ganharem os alimentos, sorriam felizes, exibindo horríveis falhas dentárias! Sérgio sentia-se compadecido, ao perceber que muitas dentre elas não se aproximavam dele, por ser médico. Com certeza, tinham vergonha. Então, ele fazia sua parte: conversava com cada uma, perguntando sobre as condições de vida, de saúde e de higiene. Ao sentirem a atitude do esculápio, aquelas pobres criaturas percebiam que o interesse dele era genuíno e sincero. Assim, animavam-se para desabafar, falando de suas dificuldades, de seus problemas.

Certo dia, depois da tarefa de distribuição das cestas de alimentos, muitas senhoras ainda permaneceram no local, até conseguirem uma palavra com o médico. Assim que elas se foram, Jerônimo, o dirigente responsável pelo trabalho de atendimento fraterno, deu uma sugestão que deixou Sérgio muito feliz:

– Sabe, irmão, sempre desejei oferecer a essas pessoas algo mais que um prato de sopa, um sorriso, um abraço e uma cesta básica. Certamente, tudo isso é importante para tais criaturas, que não têm nada na vida, a não ser sofrimento e problemas. Queria ofertar-lhes algo que fizesse com que elas também sentissem que são filhas de Deus, que também podem mudar suas vidas, percebendo-se como gente e não como pedintes da misericórdia de quem quer que seja, apesar de todo o nosso esforço e cuidado de fazer com que o fato de estarem recebendo alimento não lhes pareça humilhante. Mas tudo isso ainda não está sendo suficiente. Gostaria que elas viessem ao Centro Espírita uma vez por mês não somente em busca do alimento material, mas também, do alimento espiritual. Vendo sua atitude em relação a elas e como é querido e respeitado por elas, tive a idéia de montar uma sala de atendimento para você e outra para Cristina. Assim, nas próximas distribuições, os assistidos continuarão tendo o prato de sopa e a cesta básica. Aí, então, é que começa a diferença: aquelas que quiserem ficar para ter uma palavra com você e com Cristina, para uma orientação de saúde, higiene ou mesmo uma palavra amiga, poderão ficar; as que não quiserem, estarão livres para irem embora, mas, enquanto esperam sua vez, iremos ministrar noções de Evangelho, tendo a cautela para não ferir suscetibilidades nem crenças, ainda que no fundo, bem no fundo, a palavra do Cristo é a mesma para todos. Assim, – concluiu Jerônimo – tais pessoas passam a ter um atendimento material por meio do alimento, um atendimento pessoal e a oportunidade de ouvir a palavra do Evangelho. O pão alimenta o corpo, porém o atendimento fraterno e o Evangelho do Cristo alimentam a alma.

Ao ouvir as palavras do dirigente, Sérgio se emocionou. Abraçou Cristina e, com os olhos rasos de lágrimas, respondeu:

– Adoraria participar de um trabalho como esse, Jerônimo. Tenho a certeza de que falo por mim e por você também, não é amor? – perguntou o rapaz.

– É lógico! Eu também ficaria imensamente feliz pelo ensejo de desenvolver alguma atividade que nos aproxime mais dessas criaturas.

Visivelmente emocionado, Sérgio ponderou:

– São trabalhos como esse que me deixam realizado como médico e pessoa humana. Esse sempre foi meu desejo e o de meu irmão. Aliás, ultimamente, quando estou envolvido nessas tarefas de auxílio fraterno, tenho sentido a presença de Fabrício ao meu lado, como, por exemplo, agora.

Jerônimo sorriu satisfeito, ao ouvir tais palavras.

– E tem toda razão, meu amigo, pois seu irmão realmente está neste momento, ao seu lado. Vocês estarão juntos nessa nova atividade, e você pode esperar, com certeza, que terão muito trabalho pela frente.

Nos meses seguintes, aconteceu o que o dirigente previra. No domingo destinado à distribuição das cestas básicas, a casa esteve lotada. Mesmo após o recebimento dos mantimentos, a maioria do pessoal não arredava pé, e dessa forma, criou-se uma equipe de evangelização infantil, para entreter as crianças, enquanto os pais ouviam o Evangelho e depois passavam pela orientação de Cristina e Sérgio. Normalmente, o sol já tinha ido embora e já era noite, quando o médico atendia a última pessoa.

As fisionomias do médico e da enfermeira demonstravam cansaço, mas, mesmo assim, exibiam sorrisos de satisfação pelo labor fraterno. Sérgio sentou-se no banco para a prece de encerramento, com um comentário prazeroso:

– Sinto-me cansado, mas, ao mesmo tempo, recompensado e feliz, muito feliz.

– Faço minhas as suas palavras, meu querido, pois quase nem tenho forças para falar, porém nunca fui tão feliz em minha vida como nestes últimos tempos.

A verdade é que todos estavam felizes com o andamento dos trabalhos e com o novo direcionamento dado. Jerônimo também deu seu testemunho:

– Realmente, meus amigos, também estou muito feliz. Falo por mim e por todos os nossos companheiros de labor cristão desta casa. Nosso centro sempre foi muito pequeno e discriminado nesta cidade. Não me importo com isso, porque o trabalho pertence ao Cristo e não a nós. Nunca tivemos grande freqüência de público, a não ser os companheiros de sempre, um pequeno grupo que míngua cada vez mais. Entretanto, apesar do pequeno número de trabalhadores, não deixamos cair o ânimo e sempre nos desdobramos para que o estudo e a prática da caridade não venha a sofrer as conseqüências. Por outro lado, a vinda de vocês foi uma bênção, pois nos possibilitou o atendimento e a orientação aos nossos irmãos necessitados, uma vez que os moradores de Paineiras nunca se preocuparam nem se interessaram pelo Espiritismo. Por isso, sempre gosto de enfatizar: a atitude e o exemplo são o melhor ensinamento, pois desde que iniciamos esse novo trabalho, a freqüência do nosso centro começou a aumentar. Quando digo isso, digo com a maior alegria, pois identifiquei, entre a maioria dos novos freqüentadores, filhos, maridos e esposas de nossos assistidos. A própria população da cidade está curiosa e atenta às nossas atividades. No último domingo, o pároco da igreja matriz, ao celebrar a missa, fez menção à nossa iniciativa.

Jerônimo falava com emoção. Interrompeu momentaneamente seu testemunho para respirar profundamente e se recompor, prosseguindo em seguida:

– Recordo sempre os ensinamentos dos nossos benfeitores espirituais, que nos recomendam estar sempre em vigilância e oração, porque, quando tudo caminha muito bem, é apenas uma trégua para nos fortalecermos, pois sempre estão por vir provas difíceis e temos que estar preparados em nome de Jesus. É um momento de alegria e de regozijo por ver frutificar um trabalho de amor e fraternidade, mas estejamos vigilantes e em oração, meus irmãos, porque certamente teremos ainda muitos testemunhos pela frente.

O ambiente era de emoção e alegria. Foi proferida a prece de encerramento, e todos retornaram aos seus lares, para o merecido descanso do corpo físico.

Os meses correram céleres. Já havia transcorrido mais de seis meses, desde que havia sido iniciado o trabalho de orientação fraterna no Centro Espírita de Paineiras. As noites das sextas-feiras ficaram reservadas para as palestras públicas. Com o passar do tempo, o salão do centro ia ficando cada vez mais pequeno, devido ao afluxo de público que comparecia.

Muitos eram trabalhadores da casa, mas a grande maioria era formada pelos próprios necessitados, que faziam questão de comparecer às palestras, para ouvirem uma palavra de conforto e consolo. Por outro lado, o público de Paineiras, alguns atraídos pela curiosidade, outros tocados pelo exemplo da caridade cristã, outros ainda premidos pela dor da perda de entes queridos, passaram a freqüentar regularmente as conversações públicas, de forma que o tamanho do salão já estava se tornando realmente mais uma preocupação para a diretoria do centro.

Orientado por Jerônimo, Sérgio começou também a proferir palestras. Inicialmente, ficava nervoso, mas logo ganhou confiança, sentindo-se envolvido espiritualmente, e sua oratória fluía maravilhosamente, inspirado em memoráveis conversações. Ele mesmo surpreendia-se, quando, em estado de inspiração, recebia um fluxo mental tão forte, que as palavras fluíam facilmente, recordando passagens do Evangelho de forma oportuna e apropriada. O público adorava suas palestras, e os elogios eram muitos.

O dirigente, sempre atento, procurava orientar o jovem médico para os cuidados com a vaidade. Um dia, resolveu chamá-lo em particular, para uma orientação.

– Meu querido irmão, você tem sido um dos pilares desta casa. Foi por sua causa que iniciamos o atendimento de orientação fraterna. Você desenvolveu belíssimo dom de oratória e tem proferido palestras maravilhosas. O que observo é que sua mediunidade tem desabrochado como uma rosa, espalhando perfume por todos os lados, e os elogios tem sido muitos, todos merecidos, pois realmente você tem se revelado um grande médium a serviço de

Jesus. Aí é que gostaria de orientá-lo, meu irmão, porque, quando um médium está em evidência, embora tenha toda proteção espiritual necessária, torna-se alvo das investidas de nossos irmãos menos felizes, que não têm interesse que o Bem prospere. É meu dever alertá-lo, apenas para que fique vigilante e atento, pois sei que você não se deixa levar pela vaidade, porém os elogios podem mexer com nosso ego. Por isso eis a minha recomendação: vigilância redobrada, porquanto, quando o discípulo está prevenido, as forças negativas buscarão encontrar alternativas para tentar, de todas as formas, tirar a estabilidade do trabalhador. Portanto, meu querido irmão, volto a lhe dizer: continue assim, trabalhador destemido e incansável, mas esteja atento, que surgirão situações difíceis e tentações perigosas em seu caminho para desviá-lo do Bem.

O rapaz ouviu atentamente a advertência do companheiro de ideal, agradecendo a orientação recebida. Ele mesmo, às vezes, sentia-se constrangido com os elogios, por reconhecer que ainda estava apenas começando e que ainda tinha muito que aprender. Ele era, acima de tudo, uma pessoa muito sensata e trazia por lema um pensamento do grande sábio grego Sócrates: *Só sei que nada sei*. O jovem médico tinha plena consciência de que ainda estava muito longe no aprendizado, entretanto no íntimo sentia-se feliz, ao perceber que realmente suas faculdades mediúnicas estavam cada vez mais afloradas. Durante os trabalhos e nas palestras, percebia a presença do irmão, e o envolvimento era algo muito agradável.

Sérgio vivia um momento de muita alegria e felicidade, principalmente por estar de bem consigo mesmo e com a vida, depois de longos anos de sofrimento e conflito íntimo. Além do mais, o namoro com Cristina estava caminhando bem, pois, a cada dia, o jovem se afeiçoava mais àquela moça que o destino havia colocado em seu caminho. Por último, o fato de constatar, por meio de sua sensibilidade mediúnica, a presença do irmão nos momentos de trabalhos e palestras, era algo que o deixava muito feliz de verdade. A carinhosa presença espiritual de Fabrício era captada com muita emoção, devido à ligação estreita entre aquelas almas tão amadas, que vibravam na mesma sintonia do amor do Cristo.

***

A vida seguia em frente. Em uma tarde, o prefeito da cidade surpreendeu o médico, ao fazer-lhe uma visita inesperada no consultório.

– Boa tarde, Doutor Sérgio! Como vai? – perguntou educadamente.

– Senhor prefeito, a que devo a honra de sua visita?! – questionou surpreso o jovem facultativo.

– Tenho um convite a lhe fazer. Por isso resolvi vir até aqui pessoalmente.

– Em que posso ser-lhe útil, senhor prefeito?

– Nossa cidade completa, no mês vindouro, meio século de existência. Haverá muitas festividades comemorativas, entre as quais, um jantar para poucos convidados, o qual será realizado no clube da cidade, seguido de um baile de gala. Iremos receber a visita de paineirenses ilustres, que não mais residem aqui, mas virão para as festividades, principalmente para o jantar, durante o qual alguns serão homenageados. Tenho acompanhado seu trabalho e percebido que o senhor tornou-se uma pessoa muito respeitada e querida de nosso povo. No mesmo dia, à tarde, realizaremos uma solenidade na Câmara Municipal, em homenagem a algumas pessoas, e nessa ocasião, gostaria de informá-lo, o senhor também será homenageado com o título de Cidadão Paineirense. Já mandei o projeto à câmara, e ele foi aprovado. Dessa forma, o senhor será pessoa imprescindível nas festividades. Por tal motivo, fiz questão de vir pessoalmente avisá-lo dessa justa homenagem para me certificar de que tudo está de acordo.

Sérgio ficou perplexo com o convite e a revelação do

prefeito. No fundo, no fundo, achava aquela história de homenagem e título de cidadão honorário ser algo que não o interessava, mas recusar poderia parecer uma afronta. Aprendia também, em *O Evangelho Segundo o Espiritismo,* que deveríamos exercitar a humildade, mesmo nos momentos de exaltação. Meio sem jeito, aquiesceu afirmativamente, com um movimento de cabeça.

Então, o prefeito sorriu feliz, dando politicamente um tapinha nas costas do médico.

– Ótimo, fico muito satisfeito que tenha aceitado nossa homenagem e nosso convite.

***

A partir daquele dia, o médico começou a sentir-se nervoso e a perder a naturalidade. Cristina, sempre atenta, percebeu que algo não estava bem com seu namorado. Naquela noite, saíram para um passeio no jardim da praça, sentando-se em um dos bancos. Então, cuidadosamente, ela lhe perguntou o que estava acontecendo, pois ele parecia não estar muito bem. O médico olhou fundo nos olhos de sua amada e respondeu preocupado:

– Sabe, Cristina, o que sempre desejei foi cultivar uma vida com pessoas simples ao meu redor e poder fazer o que bem entendesse, no sentido de ajudar o próximo.

Encontrei tal possibilidade aqui em Paineiras, tendo você ao meu lado e o trabalho no Centro Espírita. Dá-me satisfação perceber que, por meio da medicina, posso ajudar os que sofrem, que posso amenizar a dor. Sinto-me feliz ao descobrir que pela mediunidade posso chegar junto aos tristes, aos aflitos, aos humildes, auxiliando-os de alguma forma, trazendo-lhes conforto íntimo. Tudo isso é algo que me faz muito bem e tem mudado o rumo de minha vida. O que me preocupa é essa homenagem que o prefeito irá fazer a minha pessoa, por ser algo que sinceramente não queria, não pelo fato do título de cidadão desta terra, pois me sinto honrado com isso, mas pela conotação política que envolve tal gesto. Isso é que não me agrada. Mas ainda não é só isso que está tirando minha paz de espírito: é um sentimento que não sei explicar; mas algo me diz que no final alguma coisa poderá acontecer de ruim. É apenas um pressentimento, porém, como já disse, está me tirando a paz de espírito, conquistada nos últimos tempos.

A jovem o abraçou forte, acariciou seu rosto, beijando-o carinhosamente.

– Ah, meu amor, não fique com seu coração oprimido por um pressentimento de algo que você nem imagina o que possa ser! Quanto à conotação política, também acho que tem razão, pois o prefeito não é bobo. Ao homenageá-lo, pretende fazer um gesto simpático ao público e logicamente tirar alguns dividendos políticos. Mas penso que não deva dar importância demasiada a isso. Entretanto, julgo que devemos estar vigilantes e em oração, pois, quando nos perturbamos por algum motivo, abrimos oportunidades para a ação de nossos irmãos menos felizes. Vamos conversar com nosso irmão Jerônimo, para obtermos orientação segura a esse respeito.

Assim fizeram. Jerônimo sossegou o coração de Sérgio, recomendando-lhe que orasse e mantivesse a vigilância constante, que confiasse em Jesus e na proteção dos benfeitores espirituais. Enfatizou que o Evangelho nos orienta que o amanhã a Deus pertence e que não sofresse por antecipação, mantendo sempre a confiança na Proteção Divina.

***

Finalmente, chegou o sábado. A cidade já estava em festa. A banda municipal tocava no coreto da praça, e os rojões espocavam a todo o momento, dando alegria às festividades.

Sérgio acordou novamente com aquele pressentimento ruim, que angustiava seu coração. O dia passava vagarosamente, enquanto ele sentia o coração opresso e angustiado. À tarde, Cristina veio ao seu encontro, pois o acompanharia à solenidade, às dezesseis horas, na Câmara Municipal. Assim que o viu, ficou preocupada com o seu nervosismo, procurando acalmá-lo.

– Querido, fique tranqüilo! Hoje, logo que acordei, fiz uma prece, pedindo proteção para que nada possa dar errado. Pense bem, raciocine... – enfatizava ela, para acalmar o rapaz. – Você será homenageado, o que é uma coisa boa. O que de errado pode acontecer? Lembremo-nos do Evangelho: tenhamos fé em Deus.

– A verdade, Cristina, é que, quando tenho algum problema, sinto que meu irmão me fortalece. Nos últimos dias, porém, não tenho sentido sua presença nos momentos mais difíceis.

A moça deu um beijo em seu rosto, sorriu e o abraçou tentando encorajá-lo.

– Ele está ao seu lado, meu amor. Sabe por que não sente sua presença? É que você, ao se perturbar, baixa sua tonalidade vibratória e perde a sintonia da espiritualidade que o ampara, inclusive a de seu irmão. Vamos! Respire fundo e mentalize Jesus, pedindo, em silenciosa oração, que tudo possa correr bem. Tenha a certeza de que tudo irá dar certo.

O moço sorriu mais aliviado, retribuindo o beijo da namorada.

– Obrigado, querida! O que seria de mim sem você? Tem sido meu anjo da guarda, a minha fada-madrinha.

– Sossegue o coração e serene a mente – arrematou a moça.

A solenidade transcorreu tranqüila. O prefeito enalteceu as qualidades do médico, cuja árdua tarefa fora substituir o Dr. Heráclito, que era muito estimado pela comunidade, dizendo também que, segundo ele, o Dr. Sérgio não ficava devendo nada ao velho esculápio já falecido.

O plenário estava repleto de pessoas, em sua maioria, os pobres assistidos por Sérgio. O discurso do prefeito era interrompido diversas vezes por aplausos, quando ele enaltecia as virtudes do médico; porém, mal lhe estendeu o título de cidadão, o público começou a aplaudi-lo em pé, por longos minutos.

Sérgio ficou emocionado, e as lágrimas brotaram em seus olhos. Naquele instante, lembrou-se de Fabrício e, em pensamento, ofereceu a ele os aplausos que recebia da comunidade presente.

Enfim, tudo foi emocionante. Concluída a cerimônia, o médico parecia ter finalmente recuperado, ao lado de Cristina, sua tranqüilidade habitual, quando o prefeito dirigiu-se a ele para os abraços e comentários finais.

– Doutor Sérgio, não preciso dizer mais nada a respeito da alegria em poder homenageá-lo com tal título. O senhor mora no coração de todos e certamente será sempre lembrado pelo trabalho que tem desenvolvido e por tudo que tem feito em prol deste povo. Mas eu queria ainda fazer um último comentário. Como já lhe disse, temos muitos paineirenses ilustres, que atualmente residem em outras cidades, mas, hoje, aqui estarão para o jantar de confraternização. Inclusive, temos especialmente uma médica, jovem como o senhor, que reside em São Paulo, a qual também virá para o evento. Sei que ela está desenvolvendo um belíssimo trabalho em um grande hospital público de São Paulo. Quando soube ser o senhor o médico da cidade, ficou muito feliz, dizendo que o conhece. O senhor terá uma grande surpresa durante o jantar, Doutor Sérgio.

Ao ouvir as palavras do prefeito, o jovem novamente sentiu aquela desagradável sensação de desconforto e inquietação invadir seu peito.

– Por favor, senhor prefeito, poderia me dizer quem é tal pessoa?

Ele sorriu enigmático.

– Sinto muito, mas não posso revelar, pois me comprometi em manter segredo a pedido da própria interessada. Apenas posso afiançar que se trata de uma pessoa muito especial, que já foi moradora desta cidade, e que o senhor irá se surpreender realmente. Fique tranqüilo, doutor, pois certamente será uma agradável surpresa.

O médico sorriu e agradeceu a atenção do prefeito, afastando-se em seguida, de retorno à sua residência. No caminho, Cristina não soube explicar, mas no íntimo também sentiu um certo desconforto com as palavras que ouvira, pois pressentia que algo não estava bem. Ao perceber que uma sombra de preocupação havia pairado sobre o semblante de seu amado, procurou afastar aquele mau presságio com palavras de encorajamento, tentando ela mesma se animar.

– Ora, amor, você parece ter ficado apreensivo. Vamos, anime-se, pois hoje é um dia de festa, e você acaba de ser homenageado com o título de Cidadão de Paineiras! Isso é motivo para alegrar-se! Vamos! Tente se descontrair para o jantar da noite!

Ele sorriu para disfarçar, abraçando a namorada, mas apenas como um subterfúgio, pois, em seu íntimo, aquela sensação persistia.

– Você tem razão, meu amor. O que de mal poderia acontecer? Deve ser alguma colega com a qual vou também me alegrar ao revê-la. Mas, por que o mistério?

– Os políticos são assim mesmo, querido. Gostam de criar um clima de suspense. Mas como você mesmo disse: deve ser alguma colega de faculdade ou dos hospitais onde você trabalhou, mas nem imagina quem seja, e possivelmente ao revê-la, irão recordar episódios vividos e dar boas risadas, como sempre acontece, quando revemos colegas de estudo.

O rapaz pareceu concordar, o que aparentemente acalmou a moça. Então, deixou-a em sua casa, retornando à dele, após ter combinando para apanhá-la às vinte horas. Quando chegou, deitou-se um pouco para uma soneca, pois estava sonolento.

Foi um sono atribulado e cheio de pesadelos. Como há muito tempo não acontecia, viu-se novamente perseguido por inimigos. Corria pelos campos, mas as pernas pareciam amarradas, enquanto figuras estranhas se aproximavam perigosamente. Gritava por socorro, porém a voz morria em sua garganta. Em desespero de causa, chegou à beira de enorme e assustador abismo. De repente, escorregou e caiu naquela vala escura e profunda. Sentiu o sangue gelar nas veias. Enquanto, em queda livre, tentava se agarrar a alguma coisa, quando sentiu um forte baque, como se tivesse atingido o fundo do abismo, e acordou: havia caído da cama. Seu coração batia descompassado no peito, e a testa estava suarenta.

Suspirou fundo, pois tudo aquilo lhe parecia ter sido muito real. "Ufa! Ainda bem que foi apenas um pesadelo! Mas que pesadelo!" – pensou consigo mesmo.

Levantou-se, procurando espantar os maus pensamentos. Foi até o banheiro e lavou o rosto, mas aquela sensação estranha parecia estar muito forte em seu coração.

"Isso é só bobagem minha. O que tem de mal rever alguma colega de trabalho ou de estudos?!" – refletiu, tentando mudar de idéia.

Sentiu necessidade de ler alguma coisa para passar o tempo. Apanhou o *Evangelho Segundo o Espiritismo*, abrindo-o de forma aleatória, e se surpreendeu com o título: *Amai aos vossos inimigos*.

Leu as mensagens e meditou: "O Evangelho estaria me dando alguma orientação?". Recordou o ensinamento de Jesus: *Nada temais. Buscai o Reino de Deus e sua justiça, e o restante vos será dado por acréscimo*. "Sim, não deveria temer nada. Onde estava sua fé? Não estava procurando o caminho do Bem?" – concluiu de si para consigo.

Às vinte horas em ponto, chegava à casa de Cristina. Quando a moça abriu a porta, o sorriso do rapaz se iluminou, pois ela estava muito linda. Elegantemente, o rapaz desceu do carro, e, enquanto abria a porta para ela entrar, abraçou-a e beijou-a com muita emoção.

– Meu Deus! – comentou vivamente impressionado. – Você está muito linda, meu amor!

O elogio foi sincero e espontâneo, de forma que ela sorriu feliz.

– Obrigada, meu amor! Espero que, com o passar do tempo, você nunca se esqueça dos elogios, pois fazem muito bem ao ego de qualquer mulher. Obrigada, mais uma vez! Você também está muito lindo e elegante!

– Acho que seremos o casal mais elegante da festa – completou em tom de brincadeira.

Quando chegaram ao salão de festas do clube, a

grande maioria dos convidados já estava presente. O prefeito veio recepcioná-lo:

– Sejam bem-vindos, meus amigos! Fiquem à vontade, pois o jantar será servido dentro de meia hora. Aproveitem para conversar com os amigos de nossa querida Paineiras. Por favor, sintam-se à vontade – insistiu.

– E a pessoa de quem nos falou, senhor prefeito, já se encontra aqui?

– Está curioso, hein, doutor?! – brincou o anfitrião – Não, ainda não chegou. Nossa convidada está um pouco atrasada, mas não tardará a chegar. Inclusive, já me telefonou, pedindo que reserve um lugar ao seu lado, na mesa do jantar.

Na verdade, Sérgio estava realmente muito curioso. "Quem seria essa pessoa misteriosa?" Sua mente procurou esquadrinhar na memória, mas tudo não passava de elucubrações. O jeito era munir-se de paciência e aguardar. Para disfarçar o nervosismo que tomava conta de seu íntimo, abraçou a namorada como que procurando proteção e abrigo em seus braços. Cristina percebeu que ele estava uma pilha de nervos, mas ela também não estava menos nervosa. Todavia, tinha que aparentar tranqüilidade.

– Olhe, amor, vamos conversar com o Sr. Medeiros e sua esposa? D. Margarida é uma pessoa muito agradável e já freqüentou o Centro. Faz algum tempo que ela não aparece por lá, e esta seria até uma boa oportunidade para sabermos o que anda acontecendo.

O rapaz acolheu de bom grado o alvitre. Conversar com alguém era uma boa idéia para descontrair e passar o tempo.

– Olá, Dona Margarida! Como vai? – cumprimentou Cristina.

– Cristina, minha filha, que alegria revê-la! Tudo bem com você? Apesar da cidade ser pequena, a gente acaba não se vendo muito, não é verdade?

– Temos sentido falta da senhora no Centro.

– Tenho falado para ela não deixar de ir, pois quando freqüentava o Centro, me dava um pouco de sossego – comentou em tom de brincadeira o Sr. Sebastião.

Todos riram, menos D. Margarida, que retrucou séria, mas também no clima da brincadeira:

– Ah! Então é assim?! Quer dizer que o fato de eu ir ao Centro faz com que você se sinta livre de mim?! – Deixe estar, que vou retomar minhas atividades, porque também fico livre de você.

O Sr. Sebastião não deixou a peteca cair, respondendo rápido e de forma bem-humorada:

– Está vendo, Cristina? Minha mulher entende tudo errado! Ao falar que, quando freqüentava o Centro, ela me dava um pouco de sossego, quis dizer que ela retornava uma pessoa bem melhor: mais carinhosa, mais meiga e mais compreensiva. Está vendo, doutor? – brincou com Sérgio. – Temos que ter um cuidado com o que dizemos às mulheres, porque elas interpretam à maneira delas.

Todos riram descontraídos. D. Margarida e seu esposo eram pessoas que transmitiam muita simpatia. A conversa transcorria de forma agradabilíssima, quando foi anunciado que todos tomassem posição à mesa, pois seria servido o jantar.

– Vamos sentar juntos? – convidou o Sr. Sebastião. Sente-se ao meu lado, doutor, assim poderemos conversar um pouco, enquanto as mulheres ficam *tricotando* entre elas.

– É uma pena, meu senhor, mas o prefeito me informou ter reservado um lugar ao meu lado, para uma convidada misteriosa. Só que parece que ainda tal pessoa não chegou.

– Sem problema. Após o jantar, continuaremos a conversa.

Sentaram-se à mesa, e o prefeito fez questão de deixar vago o lugar ao lado de Sérgio. A misteriosa figura parecia criar mesmo um clima de suspense, pois já começavam a serem servidas as bebidas, e o lugar continuava vazio. De repente, uma figura assomou à entrada do salão. Todos os olhares se voltaram para a beleza da mulher que entrava no recinto. Quando Sérgio identificou a personagem, seu sangue gelou nas veias, e seu coração bateu descompassado.

– Meu Deus! Não posso acreditar no que vejo! – gaguejou descontrolado e nervoso. – Por tal surpresa, eu realmente não esperava!

– Meu Deus! – balbuciou Cristina, visivelmente nervosa e descontrolada. – Recuso-me a acreditar no que meus olhos vêem.

Sem se importar com os olhares curiosos de que era alvo, a moça caminhou resoluta, sentando-se, com um gesto gracioso e calculado, ao lado do médico, que não conseguia sequer se mover, diante da surpresa que seus olhos incrédulos constatavam.

Por aquela surpresa, jamais o médico havia de esperar. E para Cristina a presença daquela mulher também era algo inesperado, inacreditável e inconcebível.

Testemunhos de amor

Todas as atenções convergiam para a personagem que acabara de se instalar ao lado de Sérgio. No silêncio que envolveu o ambiente, era possível ouvir os sussurros disfarçados, enquanto o médico tentava, em vão, recuperar seu equilíbrio. Cristina tinha no rosto uma palidez de cera, enquanto abundante suor brotava de sua fronte, devido a seu estado de nervosismo.

Então, a recém-chegada olhou para os circunstantes e, com uma calma surpreendente e gestos devidamente calculados, cumprimentou-os a todos:

– Boa noite! Vamos, gente! Não quero que minha presença seja motivo para este silêncio sepulcral. Podem continuar com as conversas, que assim animam mais o ambiente.

Em seguida, voltou-se para o médico, cumprimentando-o.

– E você, Sérgio? Senti muito sua falta, sabia? Realmente, estava com muitas saudades suas e fiquei muito chateada, quando você me abandonou daquele jeito. Mas eu lhe perdôo, querido. Além do mais, tenho uma novidade: o prefeito acaba de me contratar como médica em Paineiras. Iremos trabalhar juntos, sabia? Nossa! Vai ser muito legal, pois iremos matar a saudade!

O rapaz estava estupefato e, com as mãos trêmulas, que denunciavam o nervosismo do momento, redargüiu, gaguejando:

– Como assim?! Não estou entendendo nada. Você está me dizendo que foi contratada como médica aqui,

em Paineiras?!

– Ora, Sérgio, acalme-se, que haverá lugar para nós dois. Depois, sou uma cidadã paineirense. Todos aqui me conhecem, inclusive, sua namorada. Aliás, anteriormente, você tinha mais bom-gosto – completou irônica.

Ao ouvir crítica tão malévola, Sérgio olhou para Cristina e verificou que ela não passava bem.

– Querida, o que está acontecendo com você? Você está pálida...

A moça desatou em choro convulsivo. Sérgio abraçou-a, tentando ampará-la e entender o que ocorria com ela. Por que Cristina mostrava-se tão nervosa e descontrolada? Por fim, quando ela pôde falar, explicou:

– Essa moça, a quem você chama de Lia, é Tida, minha irmã.

Sérgio sentiu que o sangue gelou em suas veias. Então, compreendeu o porquê daquela sensação, que sentira antes, de que algo ruim estava para acontecer. Ao ouvir a revelação de Cristina, percebeu que aquela criatura polêmica e difícil era a mesma personagem de uma trama extremamente complicada e dolorosa. Por mais penoso que fosse entender o enredo daquele drama, a realidade simplesmente demonstrava que os intrincados fios de seus destinos, de alguma forma, estavam traçados para aquele reencontro inesperado.

Cristina continuava chorando descontrolada, enquanto Lia comentava irônica:

– Essa aí parece que continua a mesma de sempre: só sabe chorar. Mas, pelo amor de Deus, Sérgio, se ela ficar com os olhos esbugalhados, me proteja, por favor!

Diante de tamanho disparate, o médico sentiu vontade de esbofetear aquela mulher na frente dos convidados. Respirou fundo, procurando controlar-se. Como Cristina estivesse soluçando descontrolada, ele tomou uma decisão: levantou-se, amparando sua namorada, e pediu desculpas aos circunstantes:

– Perdoem-me, cavalheiros, que, apesar da importância do evento desta noite, infelizmente Cristina e eu não podemos ficar para o jantar.

Os presentes permaneciam estupefatos ante a cena inusitada, pois, embora a maior parte das pessoas soubesse do passado de Cristina e Tida, não entendiam qual era a ligação da moça com o médico. O prefeito parecia embaraçado, tentando consertar uma situação que se apresentava vexatória.

– Por favor, Doutor Sérgio, se a Srta. Cristina não está se sentindo bem, leve-a, mas retorne para o nosso jantar-dançante.

O médico olhou firme nos olhos do interlocutor e respondeu resoluto:

– Se minha namorada não se sente bem neste ambiente, em virtude de determinada pessoa, desculpe-me, senhor prefeito, também não fico e tenho sobejamente motivos para tanto. Boa noite a todos! Tenham um bom jantar e uma bela noite de gala!

– Desculpe-me, amigo! – tentou justificar o prefeito, ao perceber que havia cometido uma tremenda gafe. – A Srta. Maria Aparecida pediu-me que mantivesse sigilo, pois era sua amiga.

O rapaz não respondeu, mas o olhar que dirigiu ao prefeito e a Lia, era mais eloqüente que mil palavras. Em seguida, retirou-se do salão abraçado à namorada. Percebia que algo lhe dava forças, pois, no fundo, sentia-se totalmente desorientado. Chegando ao carro, entretanto, veio a sua mente tudo o que havia ocorrido:

as insinuações de Lia, o sofrimento de Fabrício ao ser rejeitado, o envolvimento de que fora objeto, o desespero e o desaparecimento do irmão na selva Amazônica, a morte de Fabrício, o reencontro com Lia e sua própria fuga. Procurara um lugar distante e desconhecido para fugir de um problema para cair em outro: um novo e inusitado encontro com aquela mulher, que havia tirado sua paz e a de seu irmão. Descobria agora que ela também fora responsável pela infelicidade de Cristina. Não, não era possível que isso estivesse acontecendo. Já havia saído de São Paulo por não suportar aquela criatura, e viera justamente para a cidade em que ela havia nascido, e agora a reencontrava... "Teriam que trabalhar juntos? O que significaria isso?" – perguntava-se a si mesmo. Reconhecia, porém, que, acima de tudo, necessitava de equilíbrio e serenidade.

Cristina, então, parecia inconsolável diante do duro golpe que sofrera. "Como trabalhar na clínica, tendo agora Tida, fazendo parte da chefia?" – interrogava-se a moça de si para consigo.

Sérgio tirou do bolso o lenço e enxugou as lágrimas da namorada. Em seguida, abraçou-a, procurando transmitir segurança e confiança em suas palavras.

– Calma, meu amor. Sei que é difícil para você, da mesma forma que está sendo difícil para mim. Teremos que ter força e serenidade neste momento, para não nos desequilibrarmos.

Por fim, a jovem pareceu se controlar e, ainda com a voz embargada pela emoção, justificou:

– Sérgio, você já pensou em que situação vexatória me encontro? Não terei as mínimas condições emocionais para continuar no emprego.

– Você tem razão, meu bem. Também estou em uma situação difícil e sinceramente não sei o que fazer. Tenho que pensar muito e com calma.

– Tida me faz mal, querido. Tenho medo de sofrer uma recaída e ter que passar por tudo que já passei novamente. Meu Deus, só de pensar naqueles momentos de loucura e obsessão, me dá calafrios!

– Vamos para casa, pois não me surpreenderia, se aquela doida viesse até aqui para nos provocar.

A moça não falou nada, enquanto o médico acionava a ignição do carro, dando partida. No fundo, sentia-se muito infeliz, pois sua situação era muito complicada. Tida a odiava, mas, em relação a Sérgio, era o inverso: ela desejava reconquistá-lo. O medo maior de Cristina era saber se, no seu íntimo, Sérgio ainda alimentava algum sentimento por sua irmã.

Quando chegaram à casa de Cristina, esta lhe deu um beijo e pediu:

– Por favor, Sérgio, quero ficar sozinha. Deixe-me,

sim? Vá e aproveite para pensar no que irá fazer.

O rapaz se surpreendeu com a atitude da namorada. Desejava ficar ao seu lado, confortá-la, embora ele também necessitasse de reconforto. Por essa razão, insistiu em ficarem juntos, mas ela estava mesmo decidida:

– Por favor, Sérgio, repito mais uma vez: quero ficar sozinha, pois não serei uma boa companhia. Desejo pensar muito e aconselho que você faça o mesmo. Amanhã, nós nos falaremos – despediu-se de forma lacônica.

Diante da postura firme da namorada, o rapaz aquiesceu. Retornou para sua casa, e a solidão se acentuou naquele enorme casarão. Desabou sobre a poltrona da sala e, depois de muito tempo, percebeu-se novamente perdido e desorientado. Por fim, sentia-se intrigado com a postura da namorada e pensava: "Por que não quisera ela ficar junto a ele naquela noite, quando precisavam tanto um do outro?!".

Procurou a leitura do Evangelho, o qual fora presente de Cristina, mas seu pensamento estava em outro lugar. Seus olhos passavam de forma maquinal, sobre as parábolas e os ensinamentos, sem que ele prestasse a mínima atenção. Assim, tentou passar o tempo, folheando um livro e outro de medicina, ouvindo, de quando em quando, os acordes da orquestra, trazidos do clube, pela vibração da música.

Tentou orar, mas não conseguiu. Deitou-se, porém não tinha sono. Mil pensamentos desconexos fervilhavam em sua mente, num questionamento que parecia não ter fim: "O que faria? Fugiria mais uma vez? Retornaria a São Paulo? Casar-se-ia com Cristina? E, se ficasse, não cederia às investidas de Lia? E, se não resistisse aos seus apelos insidiosos e caísse novamente nas teias obsessivas daquela mulher? E os trabalhos espirituais? Como ficaria moralmente, diante de sua própria consciência?".

A verdade é que a noite parecia transcorrer vagarosamente, e o sono não vinha. Já era alta madrugada, quando ele capitulou nas ondas de Morfeu, adormecendo finalmente, num sono agitado de pesadelos sufocantes. Em sonhos, via-se nos braços de Lia, e esta o beijava. Queria livrar-se daqueles braços, que mais pareciam tentáculos de polvo, mas ele não conseguia. No entanto intimamente se deleitava e correspondia aos beijos e abraços. Já estando totalmente entregue aos encantos daquela mulher, de súbito apareceu uma figura aterradora: era um guerreiro medieval, armado com enorme e afiada espada, gritando: "– Miserável, miserável! Você está querendo roubar novamente minha mulher? Mas, desta vez, não vou deixar! Vou matá-lo, canalha!" – vociferava, brandindo perigosamente a espada em sua direção. Ele tentava fugir, todavia suas pernas pareciam amarradas, e o inimigo, cada vez mais perto. "Isso é um pesadelo que está se repetindo, pois já vivi esta mesma situação em sonhos passados" – pensava consigo mesmo. Quanto mais ele corria, mais o inimigo se aproximava. De repente, viu-se prisioneiro em um lugar escuro. Assim, aquela horrenda criatura conseguiu alcançá-lo. Mas, quando estava para feri-lo, surgiu seu irmão, tentando libertá-lo. Então, a fúria de seu algoz se voltou contra Fabrício, que parecia ter um poder superior ao do inimigo, em torno do qual havia um exército. Vendo-se finalmente liberto, ainda amedrontado, tentou nova fuga para outro lugar. Enquanto corria, a voz de seu irmão chegava-lhe aos ouvidos, querendo alertá-lo: "– Sérgio, não fuja, não fuja, porque só iremos vencer esta batalha, se tivermos coragem. Fique comigo!". No entanto, o apelo foi em vão: tomado de verdadeiro pavor, ele continuava a correr em direção a enorme abismo profundo e escuro, de cuja beira despencou. A queda foi pavorosa e parecia interminável. Chegando ao fundo da vala, descobriu que não se encontrava ferido, mas não conseguia distinguir onde estava, pois tudo era tétrico e negro. Podia ouvir gemidos e imprecações: "– Quem veio até nós? Quem também caiu no fundo do inferno?" – dizia uma voz gutural e cavernosa. Em seguida, apresentou-se a ele uma ameaçadora figura de ciclope. Sentindo-se aterrorizado, lembrou-se de orar: *Senhor, auxilia-me neste momento de agonia e de temor. Estende-me, Senhor, Tuas mãos compassivas, envolve-me em Teu amor e em Tua luz, dá-me a oportunidade da redenção e socorre-me nesta hora de aflição.* Tão logo seus pensamentos buscaram o recurso da prece, viu-se envolvido em suave luminosidade, enquanto uma voz se fazia ouvir: – *Aquele que confia no Senhor não terá medo dos fantasmas noturnos, nem da seta que voa durante o dia. Atravessará o vale da morte e pisará sobre a serpente e o leão, porque cairão mil à sua direita e dez mil à sua esquerda, mas não será atingido.* Naquele momento, Sérgio sentiu-se emocionado ao recordar sua mãe lendo os Salmos para eles, quando ainda eram pequenos e tinham medo de dormir à noite. Chorou muito, mas mesmo assim estava conseguindo vislumbrar, em meio às lágrimas, a figura de Fabrício estendendo-lhe as mãos e dizendo: "– Vamos, meu irmão, coragem! Eis que chega o momento em que lhe será exigido seu testemunho de amor. Perdoe sempre e esqueça o passado, pois, somente perdoando, você poderá ser feliz". Naquele instante, pôde ver nitidamente a figura de Fabrício, que o abraçava com o carinho do amor fraterno que existe nos Espíritos que estão unidos pelos laços da afinidade espiritual.

Enfim, nada mais vendo, Sérgio adormeceu profundamente num sono sem pesadelos, nem lembranças.

Ao acordar, o sol já ia alto. Assustado, olhou para o relógio e viu que já era quase meio-dia. Ficou na cama ainda por alguns minutos mais, recordando o pesadelo que tivera. "Aquele sonho foi muito real" – pensava consigo mesmo. "O que quereria dizer?". Lembrou-se das últimas palavras que ouvira do irmão: teria que se preparar para perdoar Lia, esquecendo todo o passado. Isso seria um grande testemunho de amor. "Estaria à altura de tal atitude de coragem?" – continuou pensando. "– Meu Deus, dai-me forças!" – pediu, em voz alta e com fé, recordando a prece que havia feito durante o pesadelo.

Levantou-se com mais confiança. Enquanto tomava um banho refrescante, ia tentando ordenar as idéias sobre o que deveria fazer. Lembrou-se de Cristina: "Como estaria ela? Certamente, também não tivera uma noite tranqüila". Assim que se arrumou e tomou o café matinal, dirigiu-se à pensão onde se hospedava a namorada, porém teve uma surpresa. A enfermeira tinha ido embora. Uma das colegas disse que ela havia chorado a noite toda, e que, logo pela manhã, preparara sua mala, tomara o ônibus em direção ao sítio de D. Samara, mas que havia deixado uma carta para ser entregue a ele.

Desconcertado, o rapaz não teve coragem de abrir ali o envelope. Retornou à sua residência e, só depois de alguns minutos, começou a ler a carta. Cristina dizia em sua mensagem: *Meu amor, perdoe-me, mas não tenho a mínima condição emocional no momento, para ficar em Paineiras, nem para trabalhar aqui. Acho que o melhor que devo fazer nesta hora é buscar um refúgio ao lado de minha mãe, pois temo novamente enlouquecer. Por favor, dê-me um tempo, pois preciso encontrar a paz que meu coração perdeu de forma tão abrupta e inesperada. Estou sofrendo muito, mas não quero que sofra por mim. Faça o que acha que deve fazer, pois você sempre foi honesto comigo, em relação aos seus sentimentos. Neste momento em que necessito reencontrar-me, vou ao encontro do afeto de mamãe Samara e junto à natureza. Peço-lhe que me perdoe, perdoe Tida e seja feliz. Eu, por mim mesma, vou tentar superar minhas dificuldades íntimas e, quem sabe, também adquirir forças para perdoar minha irmã. Queria apenas dizer-lhe que o amanhã a Deus pertence, e espero que Ele me conceda coragem e sabedoria, para que eu possa reencontrar o entusiasmo de viver. Que Jesus o abençoe! Cristina.*

Assim que acabou de ler a mensagem, Sérgio desmoronou. Sentia-se frágil e sozinho. Sua vontade era retornar à casa paterna, pois lhe fazia falta o apoio materno. "O que faria Fabrício em seu lugar?" – interrogou de si para consigo. Sentiu saudades do irmão e chorou copiosamente. Depois de meditar, durante um bom tempo, em tudo o que estava acontecendo, tomou uma decisão: não iria fugir novamente; enfrentaria a situação com coragem, buscando apoio no grupo de prece do Centro Espírita.

Assim fez. Todas as noites, após o atendimento aos pacientes, dirigia-se àquele local, onde o irmão Jerônimo o assistia e o apoiava em todas as atividades. Abraçou várias delas, envolvendo aulas, palestras, estudos, passes e doutrinação. O rapaz parecia encontrar forças em tais dedicações, mas todos percebiam que estava mesmo era ocupando seu tempo, para não ficar com a mente desocupada, a oferecer campo para idéias infelizes e obsessão, as quais sempre encontram eco nas mentes vazias.

Sentia muita falta de Cristina, porém não tinha coragem de procurá-la no sítio de D. Samara. Haviam contratado nova enfermeira para o posto médico e, durante todo o dia, procurava ser muito educado e imparcial em seu trabalho em relação à Lia. Ela também parecia exercer suas tarefas com isenção, e todas as conversas entre eles eram estritamente profissionais.

***

Dois meses se passaram. Em uma tarde, no final do expediente, Lia o procurou.

– Sérgio, desculpe-me a intromissão, mas gostaria muito de lhe falar.

O médico observou atentamente a colega e ficou impressionado com o tom de seriedade de sua fisionomia. Lembrou-se do pesadelo e do conselho de Fabrício. Não poderia ficar fugindo eternamente de um problema que se encontrava à sua frente. Então, respondeu educadamente, mas com a firmeza de quem não se nega a conversar, nada mais que isso:

– Pois não, Doutora Maria Aparecida. O que deseja me falar?

– Por favor, Sérgio, somos colegas e trabalhamos juntos neste fim de mundo. Vamos deixar de formalidades, tudo bem?

– Olhe, doutora, se a senhora se sente bem para deixar de formalidades, isso é com a senhora. Eu, por mim mesmo, continuarei dessa forma. A senhora tem razão, quando diz que devemos conversar, o que é até uma atitude civilizada de sua parte. Mas, por favor, não

espere de minha parte nada mais que isso.

A moça abaixou a cabeça e ficou em silêncio, por alguns minutos. Quando levantou o rosto, seus olhos estavam cheios de lágrimas.

– Por favor, Sérgio, até quando irei pagar pelos equívocos que cometi no passado? Pensa que também não tenho consciência? que não sofro? que não me arrependi do mal que pratiquei contra você e seu irmão? Por que você me julga assim de forma tão severa? Será que não mereço uma nova chance? Tenho ouvido falar que você tornou-se espírita e que freqüenta o Centro todas as noites. Será que você não aprendeu o valor do perdão? Sei que realmente procedi mal e que possivelmente não mereça ser perdoada por tudo que fiz.

Confesso que não conheço o Evangelho, mas ouvi dizer que Jesus nunca condenou nenhum pecador, por pior que ele fosse. Por que, então, você me condena?

Sérgio estava impressionado com as palavras de Lia, e suas lágrimas o comoviam. Na verdade, sentia-se tocado, mas ainda receava que não podia confiar naquela mulher. "Não seria talvez um teatro de uma peça bem ensaiada?" – pensou por um instante. Entretanto, aquelas lágrimas pareciam verdadeiras. "Mas, quem haveria de garantir que ela não poderia ser uma grande intérprete teatral?" – tornou a pensar. De qualquer forma, ele continuava realmente abalado. Quando respondeu, seu tom de voz já estava mais brando.

– Lia, por favor, eu é que lhe peço: não leve por esse lado. Jesus realmente não condenou a ninguém. Mas quem sou eu para tanto? Tenho feito um grande esforço para entender os ensinamentos do Mestre, porém sinto que ainda estou muito longe de tudo isso. Meu coração ainda sangra, quando me lembro de sua pérfida traição. Minha alma ainda se revolta, ao recordar como me usou para ferir meu irmão. Agora, pede-me que a perdoe, que não a condene, e só posso lhe dizer, com toda a franqueza, que tenho me esforçado e lutado contra mim mesmo, para perdoá-la, todavia confesso que ainda não estou conseguindo. Tenho feito um enorme esforço para não odiá-la e acho que já alcancei grande progresso nesse sentido, mas perdoá-la... Ah! Ainda não consigo tirar de meu íntimo tal sentimento de mágoa e revolta, que me envenena a existência. Você roga clemência, no entanto você mesma é impiedosa com as criaturas... Você foi dura e cruel com Cristina. Como ousa ainda pedir-me perdão?

Ela não respondeu de imediato. Soluçou em lágrimas abundantes. Somente quando se recompôs, é que conseguiu se retratar:

– Sinceramente, acho que você tem razão. Não sou merecedora de perdão por tudo o que fiz. Entretanto quero lhe dizer com todo o meu coração, com a sinceridade que jamais tive antes em minha vida: eu me modifiquei. Será que as pessoas não podem mudar para melhor e ter direito a uma nova chance? Até quando serei condenada por equívocos do passado?

A jovem recomeçou a chorar, enquanto lágrimas abundantes corriam por seu rosto. Sérgio começou a sentir-se mal. No fundo, parecia que era ele um monstro insensível diante de uma mulher arrependida e em pranto. As palavras de Fabrício soavam em sua mente: "Perdoe..., pois, somente perdoando, você poderá ser feliz".

No entanto, ele ainda não se sentia em condições de oferecer-lhe o perdão, porque, se o fizesse naquele momento, iria sentir-se como um tolo, um fraco, que havia sido enganado mais uma vez por falsas lágrimas de uma mulher fria e calculista. Ela, porém, parecia inspirada em suas palavras.

– Eu sei, Sérgio, que você não quer parecer um tolo, nem um fraco, pois ainda não acredita em minha transformação, e não o condeno por isso. Você tem toda razão para desconfiar de mim, depois de tudo o que fiz, todavia sou capaz de tudo, para provar que realmente mudei.

Ao dizer isso, postou-se de joelhos diante do médico, beijando-lhe os pés. Em seguida, declarou em lágrimas:

– Alguém me disse uma vez, e jamais me esqueci, que um dia uma pecadora beijou os pés de Jesus, lavou-os com suas lágrimas e os enxugou com seus cabelos. Hoje, para provar-lhe que estou arrependida, também
quero lavar seus pés com minhas lágrimas e enxugá-los com meus cabelos, como fez aquela mulher.

Ela parecia frágil e desprotegida naquele momento. Sua atitude de humilhação estava sendo demais para Sérgio, que, num ato instintivo, levantou-a e a abraçou, para impedir aquele gesto. Sentindo-se abraçada pelo rapaz, Lia entregou-se à emoção e soluçou em seu peito. Tocado em sua sensibilidade, ele foi incapaz de conter-se e também chorou emocionado, recordando Fabrício, que lhe havia recomendado o testemunho do perdão. Diante daqueles fatos, finalmente capitulou e, com a voz embargada pela emoção, disse:

– Lia, por favor, pare de chorar, pois eu a perdôo.

Perdôo sim, porque meu coração não pode continuar vivendo tamanho conflito entre o amor e o ódio, uma vez que o próprio Fabrício me recomendou que a perdoasse.

Diante daquelas palavras, ela continuou chorando baixinho. Logo após, com a voz sumida e ainda abraçada ao rapaz, perguntou:

– Seu perdão é verdadeiro?! Não está dizendo que perdoa apenas para se livrar de mim? Seria capaz de conviver comigo depois de tudo isso? Poderíamos trabalhar juntos novamente? O verdadeiro perdão consiste em superar todas essas dificuldades. Você seria capaz disso, Sérgio?

– Sim, Lia, meu perdão é sincero. Você pode ter a certeza disso. Se ainda tenho alguma dificuldade, irei me esforçar para superá-la. Mas, também vou lhe pedir algo.

Diante das palavras do médico, ela parou de chorar e, olhando-o nos olhos de forma profunda, questionou:

– É alguma condição que me impõe por seu perdão? Não faço a mínima idéia do que irá me pedir, mas, como prova de que minhas lágrimas são sinceras e verdadeiras, de antemão, lhe digo: aceito o que me pedirá, não importa o que seja.

– Ótimo! Não é nenhuma condição imposta, apenas um convite que gostaria de lhe fazer.

– Peça, Sérgio. Já lhe disse que farei o que me pedir, sem questionar.

– Apenas quero convidá-la para que freqüente o Centro Espírita comigo. Por tudo o que me falou, sinto que você é uma pessoa inspirada e que poderia fazer muitas coisas boas em favor dos humildes e dos necessitados.

A moça ficou, por alguns segundos, meditativa, respondendo em seguida:

– É somente isso que me pede? Diga-me quando irá, que irei com você. Acho que chegou mesmo o momento de eu fazer algo concreto em favor das criaturas menos afortunadas, além da medicina. Conte comigo, que estarei com você.

Naquele dia, Sérgio retornou para casa feliz consigo mesmo. No fundo, estava satisfeito por sentir que havia vencido uma importante etapa de sua vida. Sua alegria apenas não era completa em virtude da ausência de Cristina. "Seria certa a atitude de sua namorada? Será que ele ainda podia considerar-se seu namorado? A fuga não representaria um rompimento entre ambos?" – ficou a refletir sobre isso, por alguns instantes.

***

Os dias se passaram. Lia cumpriu sua promessa, freqüentando o Centro Espírita de Paineiras. Começou a participar do Curso de Aprendizes do Evangelho e, desenvolta, auxiliava as evangelizadoras no atendimento às crianças, nos dias de reuniões espirituais. Sérgio via com bons olhos o esforço da moça, como uma prova que seu arrependimento fora realmente verdadeiro.

Com o passar do tempo, surpreendeu-se reavivando sentimentos sepultados em seu peito, ao perceber que seu coração pulsava mais forte, quando estava perto dela. A moça, por seu lado, parecia não ser mais aquela mulher insinuante de outrora, pois atualmente mostrava-se muito cuidadosa em relação ao rapaz.

Finalmente, Sérgio sentia que tinha perdoado Lia de forma definitiva, pois seu coração já não mais nutria nenhum ressentimento ou rancor por ela. Muito pelo contrário, ficava feliz ao ver o progresso dela no atendimento aos pacientes, no consultório. A mulher arrogante de antes, dera lugar a uma profissional humana e preocupada com o bem-estar dos doentes, principalmente daqueles menos favorecidos. No Centro Espírita, acabara por ocupar o lugar de Cristina no serviço de orientação.

***

Mais dois meses se passaram céleres. Em uma tarde, depois do atendimento, sentaram-se para conversar, no consultório médico, colocando em dia os assuntos pendentes. Sérgio não conseguia esconder sua satisfação.

– Hoje gostaria de dizer-lhe algo muito importante

para mim – afirmou ele, com ar de mistério.

Lia sorriu satisfeita, antevendo, naquela atitude, um sinal de que algo bom estava para acontecer entre ambos.

– Pois diga, Sérgio. Sou toda ouvidos.

– Na verdade, colega, hoje gostaria de pedir-lhe perdão.

Ela se surpreendeu com as palavras dele.

– Pedir-me perdão?! Perdão pelo que, Sérgio? Não foi você quem me magoou. Fui eu que o magoei e ao seu irmão.

– Mas eu gostaria de pedir-lhe perdão por ter duvidado de você. Confesso-lhe, com toda a sinceridade, que não acreditava em seu arrependimento nem em sua mudança. Você foi muito paciente para esperar e demonstrar que tudo é possível, quando o arrependimento é sincero e honesto; e o tempo se encarregou de provar-me o que estou lhe dizendo. Quero pedir-lhe perdão por tê-la torturado com minha desconfiança e por não ter acreditado em você antes.

A moça se enterneceu diante daquelas palavras. Aproximou-se dele e o abraçou com carinho e ternura.

– Ah, Sérgio, você é realmente uma criatura que não existe! Depois de tudo que aconteceu conosco, eu é que deveria beijar seus pés e suas mãos, e você ainda vem me pedir perdão! Eu lhe serei eternamente grata por tudo que fez por mim. Agradeço-lhe também as palavras que acaba de proferir, por serem elas a prova cabal de que realmente você não nutre mais nenhum resquício de ressentimento, seja ele qual for.

Dizendo isso, ela beijou o rosto do médico. Sem perceber, ele estava acariciando os cabelos dela. Em seguida, seus lábios se encontraram, e eles se beijaram longamente, como que recordando uma paixão avassaladora do passado.

De súbito, como que acordando de um torpor, Sérgio pareceu retornar à realidade.

– Meu Deus! O que estamos fazendo, Lia?

– A coisa mais linda que Deus nos ensinou: o amor!

Não tenhamos medo de amar, Sérgio. O amor é o sentimento mais sublime das criaturas e cobre nossa multidão de pecados. É isso que estou aprendendo no Evangelho.

Naquele instante, ele sentiu um estremecimento, percebendo que suas estruturas estavam abaladas. Então, permaneceu calado, refletindo por alguns minutos: "Tudo bem: perdoar-lhe era algo que seu coração mandava. Perdoar e conviver eram necessidades imperiosas, pois trabalhavam juntos. Esquecer o passado de amarguras, desvencilhar-se do rancor, da mágoa e dos ressentimentos, tudo isso era uma terapia necessária para sua alma e seu próprio bem-estar. Sentir-se feliz por seus progressos era uma superação de si mesmo, vencendo seus preconceitos íntimos. Pedir perdão por ter duvidado era uma questão de humildade, o que ele prazerosamente o fizera por desprendimento e alegria íntima. Mas seria possível amá-la verdadeiramente? Ele reconhecia que, no fundo, sentia uma atração física irresistível pela moça, atração essa que fazia com que perdesse o bom-senso e o raciocínio lógico, trazendo-lhe sensações não só de prazer, mas também de medo. Não, o que sentia por Lia não era amor de verdade ou pelo menos não era o verdadeiro sentimento de amor".

Lia percebeu que ele esfriou seus gestos de carinho, tornando-se meditativo, o que a intrigou, pois para ela aquele beijo era uma demonstração inequívoca de que ele ainda a amava.

– O que foi, Sérgio? Alguma coisa ainda o amedronta?

– Não se trata disso, Lia. O que me intriga é o sentimento de amor, como você mesma disse há pouco. O amor que Jesus nos ensinou no Evangelho é o amor sublimado, que se doa, que perdoa, que renuncia, que fica feliz com a felicidade dos outros, que não é possessivo, que não exige recompensa nem reconhecimento. É o amor sublimado e puro, que não se restringe apenas a um relacionamento entre um homem e uma mulher, sendo, portanto, o mais difícil, porquanto não exige nada em troca. O verdadeiro amor não pode fazer ninguém feliz

com a infelicidade dos outros. Confesso que tenho por você uma atração muito forte, entretanto hoje já consigo diferenciar atração e paixão de amor, o que me preocupa, pois não quero enganá-la nem alimentar em você falsas esperanças. Poderíamos até ter um relacionamento, porém desejaria que fosse algo para o resto da vida, algo duradouro. Então, pergunto: Até quando a gente se suportaria, passados os primeiros anos em que o fogo da paixão abrasadora se esvaísse?. Não, eu não seria honesto comigo mesmo, porque a pessoa que desejo ter ao meu lado é alguém que comungue comigo as mesmas idéias e ideais, que me compreenda, que seja alegre, que me faça
 feliz de forma natural e sem imposições, com verdadeira reciprocidade, porquanto essa pessoa, eu seria capaz de também fazê-la feliz sem o peso da obrigação, mas com alegria íntima.

As palavras de Sérgio soaram como uma ducha de água fria. Ela se retraiu e abaixou a cabeça sem fitar os olhos do rapaz.

– Sérgio, para mim é muito difícil entender o que está querendo me dizer, pois eu mesma reconheço que meus sentimentos são possessivos, porém verdadeiros. Você não poderia dar uma chance para nós?

– Uma chance?! Até daria, se, em meu coração, já não estivesse outra pessoa que realmente me compreendeu e me apoiou nos momentos em que mais precisei, que tolerou minhas neuroses e meus fantasmas, minhas fobias, meus receios, meus medos, enfim, que soube esperar e que nunca exigiu nada em troca, que foi companheira e que me mostrou um novo caminho, uma nova compreensão da vida.

– Está se referindo à Cristina, não é mesmo?

– Sim, refiro-me à sua irmã.

– Minha irmã?! – disse em tom irônico. Mas ela o abandonou, quando mais precisava.

– Hoje, compreendo que até essa atitude de Cristina foi um ato de amor. Ela me deixou liberto para que eu pudesse tomar a melhor decisão de forma desimpedida, sem pressões nem dramas. Sei que ela está sofrendo muito...

Lia ficou em silêncio e pensativa. Em seguida, num átimo, sua fala mudou de tom.

– Acho que você tem razão, Sérgio. Sinto que preciso reconciliar-me com minha irmã, pois também a magoei no passado. Sei que ela foi inocente no episódio de meu noivo, contudo, na época, foi-me difícil aceitar. Hoje, confesso que necessito de seu perdão, mas não sei se o mereço. Tenho a consciência de ser tal atitude muito difícil, porém minha paz depende da compreensão de Cristina.

– Fico muito sensibilizado com suas palavras, pois elas demonstram que você aos poucos vai se reconciliando com seu passado – comentou ele, com visível satisfação. – Eu também sinto que devo procurá-la para lhe dizer que realmente a amo, que ela é a mulher que gostaria de ter ao meu lado, para envelhecermos juntos, rindo, conversando de forma suave, afetiva, sem cobranças nem imposições. Quero dizer a ela que realmente a amo, e não que "acho que a amo", como disse da última vez.

Lia ficou emocionada e com os olhos cheios de lágrimas.

– Se é o que você de fato sente em seu coração, faça isso, Sérgio.

– Mas preciso me preparar para tanto. No próximo sábado, pegarei a estrada, irei até o sítio de D. Samara, para ver Cristina. Depois, ajoelhado aos seus pés, beijarei suas mãos, pedindo-lhe que aceite passarmos o resto da vida juntos, pois é o que realmente desejo.

A conversa foi interrompida pela campainha do telefone na recepção. Em seguida, a atendente surgiu para informar:

– Doutor Sérgio, interurbano de São Paulo para o senhor. A senhora que está na linha diz que é sua mãe.

O coração do médico bateu em descompasso. "Minha mãe ao telefone?! O que teria acontecido?" – pensou num átimo. Fazia tempo que ele não falava com seus pais. Pressentiu que deveria ser algo grave, para ela estar ligando. Quando apanhou o aparelho, suas mãos tremiam, demonstrando muita tensão nervosa.

– Mamãe? Tudo bem com a senhora? O que está acontecendo?

A voz do outro lado da linha, também demonstrava agonia.

– Meu filho, é seu pai que não está nada bem. Sofreu um ataque cardíaco, precisando ser internado na UTI. Venha para cá o mais rápido possível. Nos últimos tempos, papai não estava bem de saúde, parecia muito saudoso e sempre falava de você e de Fabrício. Dizia que havia perdido um filho por morte, e o que estava vivo permanecia ausente. Ele chorou muito, nos últimos dias, meu filho. Hoje, como não se sentisse bem, levei-o ao hospital, onde foi diagnosticado um infarto. Venha logo, meu filho, pois preciso muito de você neste momento!

Naquele momento, Sérgio ficou arrasado. Havia fugido de tudo, de si mesmo, e esquecido duas criaturas que amava profundamente: seus pais. E agora? Seu pai poderia morrer, sem poder dizer-lhe um último adeus. Sim, retornaria imediatamente a São Paulo, e, quem sabe, Deus, em Sua infinita misericórdia, pudesse preservar a vida de seu genitor. Queria abraçá-lo, abraçar sua mãezinha querida, dizer-lhes que não mais os abandonaria.

Ele não conseguia articular seus pensamentos. A

idéia de perda de mais um ente querido era simplesmente dolorosa. Procurou serenar seu coração, enquanto, mentalmente, pedia a Deus e à Espiritualidade amparo para seu querido pai. Suspirou fundo e, num esforço para controlar-se, explicou à colega seu problema:

– Lia, vou precisar de sua ajuda. Papai sofreu um infarto e está internado na UTI, em estado grave. Estou indo para São Paulo, imediatamente. Por favor, avise o senhor prefeito. Não sei quando voltarei, nem se voltarei, pois devo reavaliar minha vida por completo. Desejo a você boa sorte. Manterei contato, assim que possível.

A moça ficou perplexa e sem ação diante da notícia, mas sua resposta foi firme e imediata.

– Não se preocupe, Sérgio. Vá ver seu Pai. Deixe as coisas comigo. O atendimento médico irá sofrer com sua ausência, mas procurarei me desdobrar para que tudo possa ser levado a contento. Apenas peço que tenha cuidado, pois dirigir à noite é perigoso, ainda mais depois de um dia de trabalho. Você deve estar muito cansado. Não seria conveniente repousar e levantar amanhã bem cedo, para então viajar descansado?

– Obrigado por sua preocupação, Lia. Realmente, estou cansado, mas prometo que irei com muito cuidado. Uma vez, fui encontrar meu irmão no momento da morte, podendo conversar com ele, o que representou um alento para mim. Não me perdoaria, se descansasse por uma noite e perdesse a oportunidade de encontrar meu pai ainda com vida.

Dizendo isso, o médico despediu-se da colega com um ósculo carinhoso em sua fronte e saiu rapidamente. Foi uma viagem longa, mas quando era meia-noite e meia, estava em casa. Sua mãe veio recebê-lo num misto de alegria e lágrimas. Abraçaram-se demoradamente, tocados pela emoção do momento.

– Ah, meu filho, como é bom ter você novamente aqui conosco! Seu pai está, neste exato momento, em cirurgia, pois os médicos entenderam que não podiam esperar, e eu, agoniada, não sabia o que fazer.

Sérgio, que, durante toda a viagem, estivera em prece, pedindo proteção espiritual, sentiu-se fortalecido para amparar sua mãe naquele momento. Percebia a presença de Fabrício ao seu lado, o que lhe dava mais confiança. Procurou acalmar o coração de sua genitora.

– Mamãe, procure manter a calma e não perder a confiança em Deus. Vou imediatamente para o hospital, pois, com certeza, devo conhecer a equipe médica que está operando papai.

– Que bom ouvir você falar em Deus, meu filho! Você e seu irmão nunca foram muito ligados à religiosidade.

– É verdade, mamãe... Mas este é um assunto que, no momento oportuno, quero conversar com a senhora. Pode ter a certeza de que mudei muito meus conceitos a respeito da crença em Deus. Agora, deixemos essa conversa para depois e vamos saber de papai.

O hospital não era longe da residência. Assim, em poucos minutos, lá chegaram. A sala de cirurgia foi imediatamente franqueada ao médico, na qual entrou, justamente no momento que a cirurgia estava sendo concluída. O médico-chefe Dr. Aníbal era velho conhecido da família.

– A cirurgia foi um sucesso, afirmou ele, ao reconhecer Sérgio. Seu pai tem uma boa resistência. Foram implantadas duas pontes de safena. De acordo com minhas perspectivas, ele haverá de se recuperar rapidamente.

– Obrigado, doutor! Quando ele poderá estar consciente para conversarmos um pouco?

– Ele permanecerá sedado por algumas horas. Aos poucos, iremos diminuindo as doses de sedativo, de acordo com a reação do paciente. Então, você terá que ter um pouco de paciência, pois, apenas amanhã por volta do meio-dia, poderá receber visitas.

Sérgio agradeceu a dedicação dos colegas, acompanhando, em seguida, a maca pela qual seu pai estava sendo transferido para a UTI do hospital. Sedado, seu pai parecia dormir placidamente. Assim, afagou seu rosto, acariciando-lhe os cabelos. Naquele momento, pôde observar, em seu semblante, os vincos do tempo, testemunhando os sofrimentos da vida. Os olhos do rapaz se encheram de lágrimas, e ele murmurou em prece:

– Que Deus o abençoe, papai! Que Ele o ampare e restitua sua saúde para que possamos viver juntos, ainda por muito tempo, a fim de conversarmos, falarmos de nossas lutas, de nossas dificuldades, de nossos desencantos!... Quero ficar ao seu lado e também ao lado de mamãe novamente.

O paciente chegou à UTI. Após acompanhar os procedimentos de praxe e certificar-se de que seu pai estava evoluindo bem, saiu para tranqüilizar sua mãe, que ficara na recepção. Tudo que deveria ser feito, fora feito. Agora, a única coisa que restava era esperar pelo movimento progressivo do paciente em sua recuperação. Aconselhado pelos colegas, Sérgio retornou a casa com sua mãe, para o devido repouso.

No dia seguinte, logo pela manhã, dirigiu-se ao hospital. Queria estar ao lado de seu genitor, desde as primeiras horas, apenas na condição de filho. As visitas ainda não estavam sendo permitidas, mas sua patente acadêmica lhe facultava isso. Entrou no recinto da UTI, onde pôde verificar que os monitores indicavam que tudo corria bem.

Sentou-se ao lado do leito e ficou segurando a mão de seu pai, observando sua fisionomia abatida, os cabelos grisalhos e as rugas insistindo em emoldurarem seu rosto, numa prova de que o tempo havia passado e fora implacável. Olhando para um dos monitores, constatou as batidas cadenciadas daquele coração já cansado de tanto sofrimento nos duros embates da vida.

Então, começou a recordar sua infância, quando ele e Fabrício ainda eram pequenos. Chegou até a sentir a alegria que tomava conta de ambos, assim que o pai chegava a casa, no final do dia, sempre com alguma guloseima nos bolsos, fazendo mistério: "– Hoje, tenho uma surpresa para vocês. Sabem o quê?". Geralmente, eram balas, pirulitos de açúcar queimado, os quais imitavam uma chupeta, ou ainda pirulitos compridos, listrados e coloridos, disputados em festas. Lembrou-se da figura do pai ainda jovem e forte, tomando-os nos braços e beijando-os com carinho. "É, o tempo passa de forma inexorável, reservando-nos, em sua trajetória, alegrias, sofrimentos, sorrisos, lágrimas, encontros, desencontros, mas os momentos de felicidade ficam registrados para sempre, em nossa memória" – ponderava ele, em seu monólogo silencioso. Recordou ainda a alegria da formatura, o orgulho de seu pai ao ver ambos os filhos formados em medicina, sua tristeza quando da partida de Fabrício e o duro golpe, ao receber a notícia da morte do filho querido. Lembrou-se também da figura paterna já alquebrada, ao se reencontrarem no

Aeroporto de Congonhas, quando de seu retorno do "Projeto Rondon". Sérgio sabia que o sofrimento do pai fora intenso, o que muito contribuiu para seu envelhecimento prematuro. Portanto cada fio de seus cabelos brancos e cada ruga vincada em seu rosto simbolizavam sua dor e seu sofrimento.

Tendo o rosto banhado em lágrimas, que desciam de seus olhos, o rapaz acariciava com a destra, de forma discreta, os cabelos de seu pai e, com a outra mão segurava a paterna.

Sentindo saudades de seu irmão, perguntou para si mesmo se era justo ficar longe de sua mãe e de seu pai. Lembrou-se de Cristina. Não tivera mais nenhum contato com a moça. No fundo, sentia muita falta daquela pessoa que havia dado tanto apoio em sua vida. Na verdade, ele se achava perdido e muito confuso. Naquele momento, sua presença era necessária junto ao pai e à mãe e, por isso, deveria rever sua vida, retornar a São Paulo e estar junto dos seus. "E Lia? E Cristina? E os companheiros do Centro Espírita de Paineiras? E seus pobres assistidos?" – questionava-se intimamente. Com um aperto no coração, chorou baixinho. "O que fazer, meu Deus?" – perguntou ele, em novo monólogo silencioso.

Naquele instante, sentiu que um calor o envolvia e de imediato percebeu que Fabrício estava ao seu lado. Interessante diálogo telepático se estabeleceu, pois ele ouvia distintamente a voz do irmão em sua consciência:

– Confiemos em Deus, porque nosso pai está sendo bem assistido espiritualmente. Não perca o bom ânimo, meu querido irmão, pois embora as coisas estejam confusas para você neste momento, aguarde com serenidade, que o amanhã a Deus pertence.

– Fabrício, meu querido irmão, reconheço que devo ter bom ânimo, mas sinto que tenho feito tudo errado na vida – respondeu em pensamento.

– Como já lhe disse, querido irmão, não perca a fé e a convicção de que tudo está certo nos desígnios do Pai. Atenha-se, porém, a uma coisa de cada vez. No momento, é importante que esteja onde exatamente está: ao lado de papai e amparando mamãe. Deixe para pensar nas outras coisas mais tarde, com serenidade e equilíbrio. Então, constatará que, na hora certa, tudo haverá de se equilibrar na balança do tempo. Acompanhei do lado espiritual a cirurgia de papai e posso dizer-lhe, com toda a certeza, que ele foi bem assistido. Nunca perca sua confiança nem sua fé em Deus, meu irmão.

Foram essas as últimas palavras que Sérgio registrou, percebendo que Fabrício havia se afastado. Entretanto, sentia-se confortado, fortalecido e confiante. Num átimo, seu pai abriu os olhos ainda esgazeados. Ao identificar a figura do filho ao seu lado, esboçou um sorriso e apertou sua mão. Em seguida, fechou os olhos, adormecendo novamente. O rapaz entendeu que aquele era um bom sinal. Assim, com o coração agradecido, fez uma breve prece ao Pai.

***

A recuperação do Sr. Alfredo foi rápida, além das expectativas, fazendo com que os médicos ficassem admirados, considerando sua idade e a gravidade do problema. D. Amélia estava feliz com o restabelecimento do esposo e com a presença do filho. Naquele dia, com a casa repleta de amigos e parentes, ela não escondia sua emoção.

– Ah! Como agradeço a Deus todo dia! Quando Alfredo sofreu o ataque cardíaco, confesso que entrei em desespero e pensei comigo mesma: "Era só o que me faltava. Já perdi um filho querido de meu coração; o outro foi morar longe e não dá notícias; agora, é meu marido que corre risco de vida. O que me resta, meu Deus? Por favor, eu Te imploro um milagre: preserva a vida de meu marido e permite que meu outro filho volte!".

Todos ouviam, em silêncio, as palavras emocionadas de D. Amélia, que fez pequena pausa para enxugar as lágrimas dos olhos e concluir em seguida:

– Minhas preces foram ouvidas, pois, graças a Deus, Alfredo está se recuperando, e meu filho está de volta – disse, abraçando o rapaz.

Sérgio também estava emocionado. Naquele momento, teve a certeza de que deveria retornar mesmo para São Paulo, porque seu lugar era ao lado de seus pais. Entretanto sentia que lhe faltava ainda algo. O dever do amor filial recomendava seu retorno, porém, em seu coração, havia uma lacuna, um vazio triste e torturante. Deixara para traz, em Paineiras, bons momentos vividos ao lado de Cristina, a experiência de valor inestimável que tivera no Centro Espírita, o atendimento aos pobres, a orientação aos necessitados, enfim, tudo isso representava para ele um grande e inesquecível aprendizado.

Procuraria algum Centro Espírita nas imediações de

sua residência ou do hospital, pois já recebera convite para trabalho. "Mas, seria esse como o pequenino Centro de Paineiras?" – perguntava a si mesmo. Recordava a simplicidade daquele, a amizade dos companheiros de ideal e os seus pobres, que ele já conhecia pelos nomes. Certamente, iria encontrar um lugar para servir a Jesus na Doutrina Espírita, contudo ainda ficaria faltando alguma coisa. Companheiros, encontraria novos; necessitados, existiriam tantos! E haveria de dedicar seu carinho a todos indistintamente. Entretanto ele nunca iria se esquecer de nenhuma das criaturas pelas quais se afeiçoara, tanto companheiros de trabalho, quanto necessitados. Mas havia ainda algo além de tudo isso: a presença de Cristina. Seu coração lhe dizia que ela faria falta em sua vida.

Naquele sábado, a casa dos Moreira estava em festa com o retorno do Sr. Alfredo. Ele estava animado com sua própria recuperação e feliz com a presença do filho. Era difícil dizer quem se encontrava mais alegre: ele ou D. Amélia. O carinho dos amigos e dos parentes mais íntimos completava aquele quadro de felicidade.

No entanto Sérgio, embora feliz, sentia-se intimamente amargurado, vivendo um dilema particular. Tinha a felicidade de estar ao lado de sua mãe, de poder acariciar seus cabelos embranquecidos, de beijar seu rosto em transportes de carinho filial. Agradecia a Deus feliz, por ter novamente seu querido pai de volta em franca recuperação de saúde, após ter superado tão grave problema. Sentar-se ao lado do velho amigo, segurar suas mãos, abraçá-lo e dizer que o amava muito era algo gratificante, e ele não se cansava nas demonstrações ostensivas de amor de filho.

Entretanto faltava algo na velha casa paterna. Em cada canto, em cada móvel, em cada lugar, um sentimento de saudade; nas recordações de cada objeto, nas fotografias, havia a ausência sentida e dolorosa da presença de seu querido irmão. Naqueles dias particularmente, Sérgio sentia-se muitíssimo sensibilizado, pois, apesar de ter a percepção da presença espiritual de Fabrício, não era a mesma coisa: ele sentia falta do irmão para poderem conversar como faziam antigamente, trocar idéias, a falarem bobagens muitas vezes e depois darem boas risadas.

Para tudo, porém, existe solução: saber que a vida continua *post-mortem* era um consolo que a Doutrina dos Espíritos lhe oferecia. O carinho de pai e de mãe, destituído de apego, era uma evolução do amor com desprendimento. Tudo isso se resumia para ele em sentimentos de amor: amor filial, amor fraterno, amor sublimado pelo sofrimento, pelo amadurecimento, que os anos trazem ao coração que aprende a amar.

Mas, e o sentimento da saudade e da ausência de uma pessoa sem a qual de repente descobrimos que não mais podemos viver e que sua falta traz um sentimento de dor ao coração? que ocupa nossos pensamentos de forma sistemática e insistente, sem tréguas? que descobrimos ser imprescindível em nossa existência?

Todas essas interrogações lhe passavam pela mente, pois seu pensamento permanecia completamente tomado pelas lembranças de Cristina, e só então estava tendo a certeza absoluta de que realmente amava a moça e que não mais conseguiria ver a vida sem sua presença ao seu lado. Só agora estava tendo a plena convicção de que a amava de verdade, e de que o que mais desejava naquele momento era ter novamente a oportunidade de poder estar ao seu lado e de recomeçar tudo. Ela lhe dera forças, fora seu suporte e apoio, fora sua companheira dedicada e silenciosa, quando ele mais precisava. Fora ela quem o amara, sem pedir nada em troca, e que lhe dera finalmente a oportunidade de reencontrar-se com seus fantasmas do passado, mesmo correndo o risco de perdê-lo.

Sim, agora, não tinha mais nenhuma dúvida de que Cristina era a mulher de sua vida, pois sem ela tudo estava sem sentido. Não, não tinha mais nenhuma dúvida: teria que retornar a Paineiras, procurar por ela, ajoelhar-se a seus pés, beijar-lhe as mãos, rogar-lhe perdão por tê-la deixado partir e, finalmente, pedir para que ela aceite ser a sua esposa amada. Dizer que ela era a mulher de sua vida, seu verdadeiro amor, aquela que desejava fosse a mãe de seus filhos, repartindo com ela sua vida não só em suas amarguras e tristezas, mas também em suas alegrias e conquistas; que era a mulher com a qual queria envelhecer num companheirismo de amor, que o tempo transforma e sublima, elevando os sentimentos daqueles que sabem amar de verdade.

Decididamente, não esperaria mais. Como, em sua casa, tudo já estivesse bem, prometeu a si mesmo que daria a notícia aos seus pais, dizendo-lhes que, na próxima segunda-feira, estaria retornando à cidade de Paineiras com um único objetivo: reconquistar a mulher amada, tentando a reconciliação com um pedido de casamento. Casar-se-iam o mais rápido possível. Depois, se Cristina aceitasse, viriam a São Paulo para morar perto dos pais, encheriam a casa com o riso cristalino dos netos felizes e espertos, para que os avós pudessem ter mais alegria no final de suas vidas. Ele e Cristina juntos completariam o quadro de harmonia e felicidade, o qual haveria de reinar no lar dos Moreiras.

Ele estava absorto em seus pensamentos, quando a campainha do telefone tocou. Alguém atendeu e chamou-o pelo nome, fazendo-o retornar à realidade:

– Sérgio, interurbano para você. É de uma pessoa, dizendo que é de Paineiras.

"De Paineiras?! Meu Deus, seria Cristina?!" – perguntou a si mesmo, enquanto seu coração pulsava em descompasso no peito. Correu para o telefone com as mãos trêmulas de emoção. E, se não fosse a sua amada, quem mais poderia ter se lembrado dele? Só poderia ser Cristina, a criatura que, naquele momento, ele mais desejava ter ao seu lado.

– Sérgio? Como vai? Como está seu pai? Como você não tem dado notícias, tomei a liberdade de ligar-lhe para saber como estão as coisas.

O rapaz sentiu-se decepcionado, ao reconhecer a voz de Lia.

– Olá, Lia! Estou bem! E você, como está? Aqui, aos poucos, as coisas vão voltando aos devidos lugares. Papai, graças a Deus, está bem e de volta para casa, mamãe, mais calma, e eu estou colocando minha cabeça em ordem. Recebi propostas de trabalho, e acho que ficarei por aqui mesmo. Mas, diga-me: como estão as coisas em Paineiras? Como está o pessoal do Centro? E meus pacientes?

Teve vontade de perguntar por Cristina, mas se conteve, pois achava que Lia não era a pessoa mais apropriada para aquela informação. Enquanto isso, ela respondia suas perguntas:

– Ora, Sérgio, você sabe que, aqui em Paineiras, todos o adoram e sentem sua falta. Realmente, será uma grande perda para todos nós. O pessoal do Centro sempre fala de você, de suas atividades, de seu desprendimento. Seus pacientes estão sempre pedindo notícias suas. Eu, pessoalmente, sinto muito sua ausência, pois aprendi muitíssimo com você. Hoje, tenho consciência dos atos de meu passado e lhe agradeço pela paciência, ao me levar ao Centro Espírita, onde tive o privilégio de conhecer a doutrina que esclarece e ilumina nosso conhecimento por meio da fé raciocinada.

– Confesso que também sinto muita falta de todos vocês, da vida simples e singela de Paineiras; acima de tudo, sinto falta de meus pacientes humildes e dos pobres que eu atendia na orientação. Mas, para mim, tudo o que vivi nessa cidade foi um aprendizado de valor inestimável. Confesso que devo tudo isso a Cristina.

Fez-se um pequeno hiato no outro lado da linha. Estranhando aquele silêncio, o médico questionou:

– Lia, por que, quando falei de Cristina, você não respondeu nada? Algum problema entre vocês?

– Não, Sérgio, não é bem entre nós duas... Infelizmente, é uma notícia que não gostaria de lhe dar, pois tem exigido de mim um grande esforço, mas acho que estou vencendo. Ela precisa muito de nossa ajuda, principalmente de seu apoio.

– O que aconteceu com Cristina? – perguntou preocupado.

– Ela não anda bem. Encontra-se em profundo estado de desequilíbrio espiritual e está precisando de amparo. Custa-me dizer-lhe, pois ainda o amo, mas acho que apenas você será capaz de auxiliá-la neste momento.

Ele ouvia o relato da colega com o coração aos pedaços e os olhos cheios de lágrimas.

– Depois de nossa última conversa, seguida de seu retorno a São Paulo, tomei uma decisão: fui até o sítio de D. Samara, para falar com Cristina e pedir-lhe que me perdoasse. Acontece que, quando lá cheguei, ela encontrava-se acamada, depressiva e em profunda prostração. Conversamos longamente, pedi-lhe perdão e choramos abraçadas. Percebi que, embora ainda frágil em seus sentimentos, ela me perdoava de coração, e nos reconciliamos finalmente. Acho que aquela minha atitude ajudou-a de qualquer forma, pois D. Samara me disse que fazia dias que ela não tinha mais vontade de viver, não mais se alimentava direito e não mais dormia. Depois que lá estive, Cristina concordou que a senhora viesse com ela a Paineiras, onde está passando por um sério tratamento de desobssessão no Centro Espírita. Após a nossa reconciliação, temos conversado muito, nos últimos dias, e confesso que isso tem me ajudado bastante a superar meus problemas, porém tenho percebido que minha irmã evita falar seu nome. Acho que, no fundo, parte da causa de seu desequilíbrio foi culpa minha, mas, por outro lado, tudo isso também se agravou pelo fato de sentir a perda do relacionamento entre vocês. Parece que tem medo de pronunciar seu nome, de lembrar-se de você e sonhar com algo inatingível. Ela tem receio de alimentar um sentimento que julga inacessível e impossível. Para mim, fica difícil dizer-lhe, Sérgio, pois isto mata todas as minhas esperanças: Cristina o ama de verdade. Confesso que sua presença levantaria a chama de esperança de minha irmã. Quanto a mim, ficarei feliz por ela e triste por mim mesma, pois, quando tive a chance de lhe oferecer um amor verdadeiro, fracassei. Ela é que merece seu amor. Venha ao encontro dela, pois acho que o seu sentimento será para ela o verdadeiro remédio que necessita neste momento. Ao dizer-lhe isso, sofre meu coração, mas, por outro lado, sinto-me redimida e reconciliada com minha própria consciência. Quero que você seja feliz. E ainda, se para você ser feliz consiste em fazer outra mulher feliz, que assim seja. Tenho também que aprender a renunciar em nome do amor, não foi isso que me disse? Dessa forma, sinto-me mais digna para, quem sabe, no futuro, encontrar alguém que me ame como você a ama, e que eu mereça tal amor. Por favor, meu amigo, não demore, pois sua presença será uma surpresa gratificante para Cristina, a razão e o motivo que fará com que ela possa, finalmente, recuperar-se da tristeza profunda que se abateu sobre seu coração.

Sérgio estava sensibilizado. Tanta era a emoção, que não cabia em seu peito, e as lágrimas desceram pelo seu rosto.

– É o que farei, Lia. Mas, por favor, não avise ninguém de minha chegada, porque pretendo ir direto ao encontro de Cristina. Por favor, isso é um segredo só nosso. Peço-lhe novamente, por favor, não o revele a ninguém. Amanhã, logo cedo, sairei daqui e chegarei a Paineiras à tarde, se Deus assim o permitir.

Desligou o telefone e ficou pensativo. Aguardou pacientemente e, quando as visitas se foram, sentou-se ao lado do leito paterno e abraçou carinhosamente sua mãe, dizendo que precisavam conversar.

– Mamãe, papai já está em casa e se recupera bem de seu coração. Agora, é chegada a minha vez de cuidar de meu coração. Não, não se preocupem, pois meu problema é diverso do que papai teve. O meu está doente de sentimento, por isso partirei em busca do grande amor de minha vida. Ela é uma criatura maravilhosa e especial, que encontrei, e não imagino minha vida sem ela. Se tudo der certo, se ela aceitar, espero já marcar a data de nosso casamento, que pretendo seja nos próximos meses. Após o enlace, desejo morar com ela aqui em São Paulo, próximo a vocês, a fim de estarmos sempre juntos e completar minha vida com alegria e felicidade, tendo filhos, seus netos, para que esta casa esteja sempre com gritos de crianças. Quero ter a satisfação de vê-lo, papai, brincando de cavalinho com meus filhos, fazendo traquinagens juntos, *curtindo* os pequenos. Quero vê-la, mamãe, contando histórias para seus netinhos, fazendo doces para eles, ensinando-lhes canções de ninar e lendo histórias infantis antes de eles dormirem. Acho que hoje é isso que nos falta, para que nossas vidas voltem a ter alegria e sabor como antigamente.

Os pais de Sérgio, emocionados com a decisão do filho, choravam abraçados a ele. Mas foi D. Amélia quem o encorajou:

– Vá, meu filho, parta em busca da mulher que merece seu amor. Você sempre foi um filho maravilhoso e também sofreu tanto quanto nós com a perda de seu irmão. Tenho a certeza de que, onde estiver, Fabrício também estará feliz conosco.

***

Na manhã seguinte, quando os albores da aurora tingiam o horizonte de rubro com o fulgor do Sol, o médico já pegara a estrada em direção a Paineiras. O motor possante do carro rugia como uma fera indomável, vencendo os quilômetros intermináveis da longa rodovia. A paisagem passava célere pela janela, enquanto o Sol, já pleno de luz, inundava de calor e vida todos os recantos da Terra. O gado pastava tranqüilamente nas verdes

campinas, que se perdiam de vista, ao passo que, no céu azul, os pássaros teciam graciosos contornos volitivos, saudando com gorjeios a chegada de mais um dia, que se irradiava com as bênçãos de Deus.

O coração do rapaz batia em descompasso pela emoção, antevendo a alegria do reencontro com sua amada. Queria apertá-la de encontro ao peito, beijar seus lábios, enxugar suas lágrimas, pedir-lhe que o perdoasse por sua fraqueza e perguntar a ela se gostaria de viverem o resto da vida juntos; dizer-lhe também que seria o homem mais feliz do mundo, se ela aceitasse seu pedido de casamento.

Já passava do meio-dia, quando chegou a Paineiras. Saiu da rodovia por uma estrada secundária, adentrando na rua principal da cidade, que tão bem conhecia. Chegou à frente da casa onde Cristina se hospedava, estacionando ali o carro. Tocou a campainha, e quem atendeu foi D. Samara, cujo rosto se iluminou num sorriso, ao identificar quem era o visitante. A voz de Cristina se fez ouvir:

– Mamãe, quem está aí?

Sérgio pediu silêncio a D. Samara com um gesto do dedo indicador sobre os lábios, pois queria fazer uma surpresa para a moça, e silenciosamente adentrou na sala onde Cristina se encontrava deitada em um sofá, de costas para a porta de entrada e com um livro nas mãos.

Então, ele se aproximou e, com as palmas das mãos, tapou os olhos dela, enquanto a boa senhora, em tom de cumplicidade, respondeu:

– Não vou lhe dizer quem está aqui... Tente adivinhar, se for capaz.

Cristina não titubeou, respondendo de imediato:

– Meu Deus, será possível?! Mamãe, é Sérgio que está aqui. Estas mãos, este toque carinhoso e este perfume são inconfundíveis. Ai, meu Deus, será que estou delirando!? Diga-me que não estou sonhando, mamãe. E eu tão desarrumada como estou! Sérgio, por favor, fale comigo!

Num átimo, ele destapou os olhos da amada e ajoelhado ao lado dela, segurou seu rosto com as mãos, fitou-a profundamente e, emocionado, apenas disse:

– Cristina, sou eu mesmo! Você não está delirando

nem sonhando, pois estou aqui para lhe dizer tantas coisas que vim pensando durante todo o caminho e que tenho pensado em todos esses dias! Quero lhe dizer que, para mim, você é a mulher mais linda do mundo, porque sua beleza não é apenas física, mas se irradia também de sua alma nobre e generosa. Com você, aprendi a ver o belo além das aparências, a compreender o verdadeiro significado da vida, a apreciar a riqueza das coisas em sua essência verdadeira, a descortinar novos horizontes de entendimento, a apreciar a grandeza das pequeninas coisas, sem perder a visão crítica dos menos favorecidos, dos que sofrem. E também juntos estivemos ao lado dos

trôpegos e mancos, dos tristes, dos aflitos, dos humildes, dos deserdados da sorte. Com você, tive a oportunidade de conhecer Jesus em sua simplicidade e pureza e consegui tirar de meu coração a mesquinhez do egoísmo, que ainda me dominava, ao preocupar-me apenas comigo. Você me ajudou, quando eu mais precisava, esteve ao meu lado paciente, carinhosa, sem pedir nada em troca. Quero dizer-lhe que, se, no início, confundi meus sentimentos de amor com gratidão, peço-lhe que me perdoe por tê-la deixado confusa e insegura, pois hoje não mais tenho dúvidas, aliás, muito pelo contrário: se hoje tenho a mais absoluta certeza de algo que é justamente em relação ao meu amor por você.

O tom de voz de Sérgio era um misto de ansiedade e

emoção. Cristina também estava contagiada pela emoção daquele momento tão belo e sublime com que ela havia sonhado tanto! Já até chegara a perder a esperança de que ele viesse a ocorrer algum dia. No entanto, em sua frente, estava a figura de seu amado, dizendo-lhe coisas tão belas, reavivando novamente a chama da alegria que, nos últimos tempos, havia se apagado em seu peito. Com os olhos cheios de lágrimas, que desciam pelo seu rosto, e sem qualquer reação imediata, a moça soluçava de alegria e felicidade, enquanto o médico continuava a sua declaração:

– Eu a amo, Cristina, de todo o meu coração, com o sentimento do amor mais sublime, pois você é a mulher que quero para ter sempre ao meu lado, com quem desejo ter meus filhos, viver momentos felizes. Tenho a plena convicção de que juntos teremos forças para superar as vicissitudes da vida, envelheceremos saudáveis, veremos nossos filhos crescerem e finalmente formaremos uma família ideal, sem esquecer os desvalidos, os deserdados da sorte, trabalhando em nome do Cristo. Quero, neste momento, diante de mamãe Samara, pedi-la em casamento. Se você aceitar, serei o homem mais feliz do mundo e prometo que irei me esforçar para ser digno deste amor e fazê-la feliz também, porque, hoje tenho a certeza de que você merece meu amor; apenas não sei, e isso é você quem me dirá, se sou merecedor de seu amor.

Após a eloquência emotiva do amado, Cristina o abraçou em prantos. Lágrimas de alegria e de felicidade rolavam de seus olhos; lágrimas que lhe traziam a redenção de um amor que ela até pensara em renunciar, para que seu amado pudesse ser feliz; lágrimas que lhe traziam a recompensa num momento em que tanto necessitava de uma voz amiga, de um reconforto, de um carinho, de um amparo, de muita compreensão. A presença de Sérgio era o corolário dos sonhos mais puros que havia anelado em seu coração por tantos anos, o qual lhe parecia tão distante e agora estava se realizando com aquele pedido de casamento tão sincero e emocionado que ele lhe fizera, numa declaração de amor genuíno, sublime e verdadeiro.

Ela continuava a chorar emocionada, e as lágrimas impediam que pudesse falar. Percebendo a comoção da moça, Sérgio encostou cabeça dela sobre seu peito amoroso, protetor e amigo, afagando seus cabelos carinhosamente. Quando, finalmente, pôde falar, ela suspirou fundo e respondeu:

– Sérgio, este é o momento mais belo e sublime de minha vida. Quanto sonhei com tudo isto! E, neste instante, minha felicidade é tão grande que posso dizer-lhe que valeu a pena todo o sofrimento por que passei. Você me pede perdão, e eu lhe digo que eu é que deveria pedir-lhe perdão, por tê-lo deixado numa hora tão difícil.

Mas confesso que tentei ser forte, apesar da dor de deixá-lo naquele momento, pois considerei tal atitude como algo honesto de minha parte, para que você pudesse seguir o caminho que entendesse ser o melhor à sua felicidade. Talvez, eu nem seja merecedora das coisas tão lindas que me diz! No entanto quero lhe dizer que ser sua esposa será o coroamento de meus sonhos de menina, de moça e de mulher. Reconciliar-me com minha irmã foi uma bênção, e aceitar o seu pedido de casamento é a maior felicidade que poderia desejar. Serei a mulher mais ditosa da Terra, e juntos formaremos um casal que terá amor para distribuir a mancheias, repartindo nossa felicidade com nossos familiares – mamãe Samara, seus pais, nossos filhos –, com amigos e parentes, sem esquecer, como você bem disse, os pobres e desvalidos, os deserdados da sorte, os infelizes e esquecidos do mundo. Aceito sim seu pedido de casamento, Sérgio.

D. Samara, em lágrimas de felicidade, afastou-se da sala, enquanto os jovens se beijavam ternamente, esquecendo, naquele instante, todos os sofrimentos, todas as tristezas, as contrariedades, as tribulações, as desilusões e as incertezas. Em seus peitos, pulsavam dois corações de duas almas afins, que, finalmente, se reencontravam para juntas poderem edificar um reino de amor, de paz e de alegria em suas vidas.

***

Três meses se passaram...

O amor é o melhor remédio para todos os males: restaura a confiança, devolve o sorriso, rejuvenesce a criatura, cura as doenças, cicatriza as feridas, devolve a alegria ao coração, enfeita os dias e dá um colorido especial à vida, resgatando os valores mais sublimes do Espírito.

Recuperada de seu trauma, Cristina vivia dias brilhantes e alegres pela ação do amor, que devolvia a alegria de viver àquele coração que estivera, por algum tempo, desencantado da vida. Nos planos do casal, após o casamento, iriam morar em São Paulo em residência próxima a dos pais de Sérgio. Enquanto aguardavam a data, que seria a mais importante de sua existência, dedicavam-se aos trabalhos fraternos do Centro Espírita, no atendimento dos necessitados.

Nesse ínterim, Sérgio assumiu a chefia clínica de um grande hospital público em São Paulo, retomando antigos planos de assistência, voltados à população carente. Ele tinha algumas idéias em mente, para cuja consecução contava com o auxílio de sua futura esposa, no momento oportuno. Na verdade, o médico estava tão radiante de felicidade com a iminência da data do casamento, que as suas atitudes eram extremamente positivas, chegando a contagiar os colegas não só com isso, mas também por ser um chefe jovem e aberto ao diálogo e às sugestões.

Para suportar a saudade e para que o tempo pudesse passar mais rapidamente, os jovens se revezavam num vai-e-vem constante, alternando as visitas de Sérgio à noiva em Paineiras, num final de semana, e, no outro, as de Cristina ao noivo em São Paulo.

Desnecessário é dizer que os pais dele adoraram a futura nora e que estavam muito satisfeitos com a felicidade do filho. Cristina, criatura meiga e doce, logo conquistou os corações dos futuros sogros.

Ela manifestou o desejo de que o casamento fosse realizado em Paineiras, em uma chácara de amigos, os quais a disponibilizaram prazerosamente para o feliz evento, que seria o acontecimento mais aguardado da cidade. Portanto tal fato estava sendo comentado em todas as rodas sociais e nas melhores conversas das fofoqueiras de plantão.

O médico aquiesceu de bom grado, pois realmente essa seria a última lembrança que ele teria da pequenina Paineiras: um acontecimento tão feliz e importante em sua vida, que guardaria para sempre em suas melhores recordações.

Não haveria festa, apenas o casamento no civil, seguido de uma prece ao ar livre, para celebrar aquela união abençoada por Deus, a qual Jerônimo se prontificou em proferir de boa-vontade.

A notícia de que o enlace matrimonial seria efetuado ao ar livre, com apenas uma oração, em vez do tradicional na igreja, era algo insólito, o que atraía a curiosidade das pessoas e a maledicência das línguas afiadas das comadres faladeiras, as quais começaram a propalar ser isso um desrespeito à igreja e a Deus.

– Onde já se viu isso? – dizia uma delas. – Um casamento que não é abençoado pelo padre, não tem a bênção de Deus.

– Ainda bem que não é minha filha que está se casando com esse doutorzinho – comentava outra, despeitada. Eu jamais admitiria que o casamento não fosse na igreja.

– Imaginem um casamento sem a bênção de Deus e do padre... Isso não é casamento. Acho que nós não deveremos comparecer... – replicava ainda outra.

– Você tem toda a razão. Eu acho que, além de não irmos a essa celebração, é nosso dever falar com todas as pessoas de bem, para que não compareçam a uma cerimônia pagã – completava mais outra. – Imaginem só o Sr. Jerônimo fazendo o casamento como se fosse um padre!... Afinal, quem é o Sr. Jerônimo para fazer isso?

– É isso mesmo. Vamos impedir que as pessoas de bem compareçam a esse tipo de cerimônia, que afinal pode acabar virando moda. Já pensaram se essa moda pegar? Temos também que falar com o padre para que, durante a missa, possa defender os bons costumes e sua importância, para que os casamentos possam ser efetuados apenas na igreja.

Todas concordaram e planejaram uma ação direcionada para frustrar o casamento de Cristina e Sérgio, começando imediatamente, numa rede de intrigas, deitando falação para todos os cantos da cidade, atazanando os vereadores, o prefeito, inclusive o próprio pároco, que não somente não via com bons olhos aquele acontecimento, mas também não suportava a ação insidiosa daquelas beatas fofoqueiras, que gostavam de posar de santas.

Ignorando toda a trama que se desenrolava, os noivos prosseguiam felizes nos preparativos para o grande a data, que seria para ambos o dia mais importante e inesquecível de suas vidas.

***

Finalmente, chegou o dia do casamento.

O local era muito belo, e o palco da cerimônia foi escolhido por Cristina: o gramado ao lado de lindo jardim, que se encontrava coberto de rosas das mais variadas cores. Duas paineiras centenárias cruzavam suas folhas como se fosse o portal de entrada de um paraíso divino, enfeitando o ambiente. Foi colocada uma mesa coberta com uma toalha branca, para que o juiz e o escrivão pudessem concretizar a cerimônia civil. O espaço era bastante simples, porém sua beleza natural traduzia os sentimentos mais puros daqueles corações que souberam superar, com amor e humildade, os revezes que a vida havia lhes reservado, e agora colhiam o fruto do amor puro e verdadeiro.

O Sol brilhava no azul infinito sem nuvens, enquanto as cores do espectro solar espalhavam luz, calor e alegria por todos os recantos, como uma manifestação da natureza, que festejava aquele dia tão importante para Cristina e Sérgio.

Chegado o momento da cerimônia civil, os nubentes estavam perfilados diante do juiz, que proferiu o rito legal. Com exceção de Lia, nenhuma outra figura da sociedade havia marcado presença no local. Mas o gramado estava completamente lotado por uma platéia bastante singular: além de Lia e dos companheiros de ideal espírita, todos os pobres assistidos por Cristina e Sérgio, que lá haviam comparecido para prestarem um tributo de consideração e agradecimento ao casal que tanto havia feito em prol de todos.

Concluída a parte legal do casamento, Jerônimo pediu a todos que unissem os pensamentos numa prece a Deus, para que Ele abençoasse aquelas duas almas, cuja afinidade vibratória e de ideais se traduzia num matrimônio perene de amor. Fechou os olhos emocionado e, inspirado, proferiu belíssima prece:

– *Jesus, Mestre querido, te rogamos que abençoes a união de Sérgio e Cristina com Teu amor infinito, para que estes irmãos possam ser felizes sob Tua guarda; que abençoes os dias da existência destes irmãos amados; que os fortaleças nos momentos de tristeza, provações e dificuldades; que enchas estes corações de paz, harmonia, tolerância, mas, acima de tudo, de compreensão e amor. Que Cristina e Sérgio, Senhor, possam construir um lar onde reine Tua luz e Teu amor, recebendo com alegria os filhos que lhes forem confiados, os filhos que, como o sal da Terra, dão sabor à vida de todos nós! Que Cristina e Sérgio possam viver o Evangelho, trilhando Teus passos na caridade e na misericórdia; que venham dividir com os humildes e necessitados as bênçãos recebidas e que possam sempre oferecer da água da fonte da vida, como um dia ensinaste, Senhor, à samaritana! Que Cristina e Sérgio possam enriquecer seus dias com alegria, confiança, amizade, carinho, compreensão, afabilidade e doçura, a fim de que a chama do amor jamais se apague em seus corações! Quando da visita da dor, da doença, da dificuldade e das tribulações, que possam, sempre unidos, vencer as dificuldades, amparando-se mutuamente, e assim permanecerem na fé e na convicção de que aquele que busca o Reino de Deus e Sua justiça, jamais será desamparado! Que estejam sempre unidos no amor do Cristo, nos momentos de alegria e de tristeza, de dificuldades e de felicidade, nas tribulações e na paz, permanecendo sempre juntos na fé, que aquece os corações! Nós Te rogamos, Senhor, mais uma vez, que este momento de alegria e felicidade seja perene e, quando o inverno da existência encontrar nossos irmãos com os cabelos embranquecidos, o carinho dos filhos e dos netos, com os quais Teu amor os presentear, seja o corolário de uma existência profícua de amor e realizações na edificação de Teu Reino na Terra. Abençoa-os, Senhor de Misericórdia, para que Cristina e Sérgio sejam felizes, muito felizes! Assim seja, com a graça do Pai.*

Jerônimo concluiu a prece em profundo estado de emoção e alegria. Todos os presentes sentiam-se tocados

pelas palavras daquela oração singela, mas, acima de tudo, sincera. Os recém-casados se abraçaram, enquanto dos olhos marejavam-lhe lágrimas, e ao trocarem um beijo de amor e carinho, foram aplaudidos por todos os presentes.

Sérgio e Cristina observaram que os importantes da cidade não haviam comparecido, mas o mais importante para eles era a presença daqueles a quem dedicavam genuíno sentimento de amizade e apreço.

Receberam de cada qual um abraço carinhoso e os votos de felicidades. Quando o sol já declinava no horizonte, finalmente o casal deu adeus a todos, partindo em lua-de-mel.

***

Dois anos se passaram. Sérgio sentia-se feliz e realizado tanto profissionalmente quanto no amor. Seu pai havia se recuperado e gozava de boa saúde, e sua mãe paparicava a nora na expectativa do tão desejado neto. O casal estava tentando, mas, até então, não haviam obtido sucesso.

Naquela manhã, antes de dirigir-se ao hospital, o médico beijou a esposa como o fazia rotineiramente, notando, entretanto, que ela também estava trocada para sair. Estranhando o procedimento não habitual da jovem senhora, perguntou o porquê da saída, uma vez que não havia comentado nada a respeito, ao que Cristina respondeu que estava saindo com a sogra para efetuarem algumas compras. Não era nada importante, porém D. Amélia não queria sair sozinha e havia solicitado sua companhia.

Ele aquiesceu diante da justificativa arrazoada, mas, mesmo assim, ficou preocupado: alguma coisa não se encaixava bem naquela história, como se algo estivesse acontecendo sem seu conhecimento. No entanto, era preciso entender que estava exagerando. "Como eu poderia desconfiar algo de Cristina? Não, não tenho tal direito" – pensava, confortando-se. Dessa forma, procurou não dar importância ao fato, dirigindo-se ao hospital. Depois de algum tempo, entre os afazeres do dia-a-dia, esqueceu-se completamente do acontecimento.

Algo, contudo, se passava em seu coração. Não estava conseguindo distinguir o que era, pois, aproximadamente há um mês, vinha sonhando demais com Fabrício, e ambos se abraçavam como numa despedida. O irmão lhe dizia que se preparava para uma grande viagem, mas que, depois de algum tempo, haveriam de se reencontrar. Na última quinzena, não mais sonhou com o irmão nem sentiu sua presença espiritual. "A que viagem ele se referia? Quanto tempo estaria ausente? Como poderia ser esse reencontro?". Tais pensamentos o acompanhavam diuturnamente, o que o levava a sentir-se inseguro e muito preocupado.

Já passavam das nove horas e trinta minutos da manhã, quando o telefone tocou. Sérgio atendeu incontinenti, com o coração sobressaltado, pressentindo alguma notícia:

– Alô! Dr. Sérgio falando!

– Sérgio, meu amor, sou eu, Cristina!

– Oi, amor, tudo bem? O que aconteceu para me ligar assim, logo pela manhã? Não foi fazer compras com mamãe? Está tudo bem com você?

Ao perceber a voz nervosa do esposo, ela procurou tranqüilizá-lo.

– Sim, amor, está tudo bem comigo. Serene seu coração, pois quero dar-lhe uma notícia. Está sentado? Se não estiver, por favor, sente-se.

– Pelo amor de Deus, fale-me logo do que se trata, pois desse jeito vou acabar tendo um ataque cardíaco de tanta tensão!

– Está bem. Vou lhe dizer, mas prepare-se: vamos ser pais! Acabei de sair do consultório do Dr. Horácio e estou grávida! Querido, vamos ter um filho!!!

A voz de Cristina estava embargada pela emoção, ao passo que Sérgio, ao receber a notícia, começou a chorar de alegria.

– Meu Deus!!! – exclamou o médico, emocionado. – Obrigado, Senhor, por esta bênção que tanto desejava! Obrigado, Cristina, pela notícia, pois se ainda alguma coisa me faltava para ser o homem mais feliz do mundo, hoje nada mais falta, pois teremos um filho para alegrar nosso lar e nossos dias! – agradecia eufórico. – Meu Deus! Meu Deus! – repetia ele, sistematicamente. – Obrigado por esta graça, obrigado, meu Deus! – exclamava o futuro papai, em lágrimas.

Nove meses mais tarde, Cristina deu à luz um menino lindo, que todos diziam ser a cara do orgulhoso pai, que, com o apoio de toda a família, abençoou-o com o nome de Fabrício, em homenagem ao irmão. Quando tomou o filho nos braços, apertando-o contra si, o médico chorou. Chorou de emoção, de alegria, de felicidade, porque, pelos laços indefiníveis e imponderáveis do amor, que guarda seus mistérios no recôndito das almas afins, que se amam verdadeiramente com os sentimentos que vencem os séculos e milênios incontáveis, que transcendem o tempo e o espaço, Sérgio reconheceu o irmão querido, que reencarnava na figura de seu filho adorado e que agora ele tinha em seus braços.

É neste momento de grande júbilo, para finalizarmos esta história, que podemos refletir no Amor Maior, no Amor de Deus, no Verdadeiro Amor, que nos dá o dom da vida, o dom de existir, que nos presenteia com o sopro divino da existência em Seu seio, através de reencarnações, nesse Amor que permite ao Espírito novas experiências e novos aprendizados, em sua trajetória evolutiva a caminho da perfeição.

E aqueles que se amam com verdadeiro sentimento de amor, com Sublime Amor, jamais se perdem uns aos outros na noite dos séculos incontáveis e dos milênios sem fim. Os Espíritos que conquistaram o mais sublime dos sentimentos pela afinidade vibratória do Amor Sublime, jamais se separam no tempo e no espaço, pois sempre estarão unidos no Amor Infinito do Criador.

Sérgio e Cristina, felizes, embalavam, em seus braços, o fruto de seu amor, na figura de Fabrício, reencarnado pela bênção do Amor Maior de Deus.